08

조선 왕실의 행사 3
—

# 즉위식, 국왕의 탄생

08

조선 왕실의 행사 **3**

# 즉위식, 국왕의 탄생

—

2013년 2월 19일 초판 1쇄 발행

—

지은이  김지영·김문식·박례경·송지원·심승구·이은주

—

펴낸이  한철희

펴낸곳  돌베개

등록  1979년 8월 25일 제406-2003-000018호

주소  (413-756) 경기도 파주시 회동길 77-20 (문발동)

전화  (031) 955-5020

팩스  (031) 955-5050

홈페이지  www.dolbegae.com

전자우편  book@dolbegae.co.kr

—

책임편집  윤미향

디자인  박정영·이은정

제작·관리  윤국중·이수민

마케팅  심찬식·고운성·조원형

인쇄·제본  상지사 P&B

—

이 도서는 2007년도 정부재원(교육인적자원부 학술연구조성사업비)으로
한국학중앙연구원의 지원에 의하여 연구되었음(AKS-2007-BA-3001).

ISBN 978-89-7199-529-7 04900

978-89-7199-421-4 (세트)

이 도서의 국립중앙도서관 출판시도서목록(CIP)은 e-CIP홈페이지(http://www.nl.go.kr/ecip)와
국가자료공동목록시스템(http://www.nl.go.kr/kolisnet)에서 이용하실 수 있습니다.
(CIP제어번호: CIP2013000836)

왕실문화총서

08

조선 왕실의 행사 3

# 즉위식, 국왕의 탄생

김지영 · 김문식 · 박례경 · 송지원 · 심승구 · 이은주 지음

돌베개

## 책머리에

지금 당신에게 옛날 옛적 어느 왕의 즉위식을 상상해 보라고 한다면 어떤 광경을 떠올리게 될까? 십중팔구는 수많은 인파들이 모인 가운데, 장엄하게 치장된 공간을 가로질러, 무대처럼 높이 마련된 공간에서, 오랫동안 왕에게서 왕에게로 전해진 찬란한 왕관을 머리에 받아쓰는 장면을 상상하게 될 것이다. 영화나 그림 속에서 다양하게 재현된 서양의 대관식 장면들은 미인대회와 같은 현대 상업적 행사에서의 새로운 승리자를 공식화하는 장면에도 차용되면서 우리가 가지는 대관식, 즉위식에 대한 상상을 한계지운다.

우리의 전통시대에 그 이름을 다 외기 어려울 정도로 많은 왕들이 있었다. 그 모든 왕들이 처음부터 왕으로 태어난 것은 아니다. 생애의 어느 시기에 왕이 되는 의식을 치르고 나서 왕이 된 것이다. 선왕이 스스로 물러나면서 왕위를 물려받은 왕도 있었고, 선왕이 세상을 떠난 후 그 자리를 이어받은 왕도 있었다. 선왕을 내쫓고 왕위에 오른 이도 물론 있었다. 각각의 사정에 따라 즉위의 장소도 즉위의 환경도 즉위식의 모양새도 달랐다. 천차만별의 즉위식

스토리는 물론 흥미롭지만 이 책이 주로 관심을 기울이는 부분은 좀 다른 데 있다. 어떤 특정 시점에 있었던 특별한 행사, 이벤트로서의 즉위식이 아니라 한 시대가 의도적으로 만들어내고 시행했던 '즉위의례'가 그것이다.

　모든 문명에서 가장 보편적인 정치의 형식이 군주제이며, 역사상 모든 군주제 국가에서는 군주가 군주의 자리에 나아가는 의례에 형식이 갖추어져 있었다. 그리고 각 국가의 의례들은 '바람직한 군주'에 대한 그 국가 공동체의 바람과 기대를 반영하였다. 자연재해와 질병, 전쟁 등 자연과 인간사회의 무질서와 폭력에 많은 사람들이 고통받을 때에는 질서를 바로잡고 폭력을 종식시킬 수 있는 강력한 힘을 가진 군주를 기대했다. 또 그 군주가 인간사회의 그 어느 누구보다도 강하고 초월적인 힘에 의해 보호받기를 바라기도 했다. 여기에서 '강한 힘'은 모든 갈등을 조화로 이끌 수 있는 덕으로 해석되기도 하고, 갈등을 제압할 수 있는 물리력일 수도 있었다. 비유하자면 어린 시절 읽었던 이솝 우화에서 나그네의 옷을 벗길 수 있었던, 따사로운 햇살과 사나운 바람이 표상하는 두 가지 힘이다. 물론 두 가지 힘은 정치에서 모두 필요하지만 선후와 경중이 있었다. 주로 어떤 방식의 정치를 기대하느냐에 따라 각기 다른 자질을 가진 왕이 옹립되고, 새 왕의 탄생을 공인하는 즉위의례도 각각 다른 형식과 내용을 가지게 된다. 따라서 즉위의례는 시대의 산물이다.

　우리 전통시대에도, 왕을 감히 다가설 수 없는 위엄과 힘으로
이 세상을 다스리는 하늘의 자손으로 믿었던 때가 있었다. 왕이 여
러 역할을 하는 인격적 천天을 거느린 부처와 동일시되던 때도 있
었다. 하늘이건 부처이건 신이神異와 기적을 일으키고 자연까지도
제어할 수 있는 힘을 가진 존재라는 점에서는 다르지 않았다. 바다
용왕이나 산신이나 영험을 가진 존재라면 이 땅을 다스리는 왕의
보호자이자 후견인일 수 있었다. 왕과 피를 나눈 왕의 아들이나 형
제 가운데, 가장 강력한 군사력과 그 군사력을 유지할 수 있는 경
제력을 지녀 중앙이나 지방에서 난립하는 세력을 힘으로 누를 수
있어야만 새 왕으로 설 수 있었던 시절도 있었다. 더 큰 세력을 가
진 다른 형제가 쉽게 왕을 내쫓고 왕위에 오를 수 있었던 시절도
있었다.

　오랜 역사적 경험 속에서 힘의 논리를 그대로 추인追認한 채 강
한 힘에 기대어 힘을 누를 수 있기를 기대하는 방식으로는 진정한
통합과 화합의 사회를 만들 수 없다고 생각한 이들은, 이기심의 억
제와 공공의 조화를 추구하는 마음을 갖추는 것이야말로 정치를 위
해 가장 필요하다고 생각했다. 그리고 그러한 생각이 통용되는 사
회와 이러한 사회의 변화를 도울 국가질서를 만들고자 노력했다.
그 의지가 역사적으로 얼마나 실현되었는지, 그 시도가 성공했는지

의 여부를 떠나 조선은 이러한 방식의 통치를 이상으로 여기면서 새로운 왕위 계승자를 선택하고 그를 국왕으로서 받아들였다.

조선시대 국왕권의 계승과 국왕의 지위를 공인하는 의례로서의 즉위식은 바로 이러한 정치에 대한 생각과 바람직한 통치에 대한 기대를 반영한 것이었다. 왕이 생전에 왕권을 물려주거나(선양禪讓), 선왕의 사후에 계승하거나(사위嗣位), 선왕을 몰아내고 추대에 의해 왕위에 오르는(반정反正) 등 왕위 계승의 방식은 다양했다. 여러 정치가들 가운데 최고의 지위에 오를 새 국왕에게 요구되는 정치가로서의 자질과 덕목이 존재했고, 조선시대의 국왕 즉위의례는 바로 이러한 추상적 요구들을 의례의 형식 속에서 표현했다. 즉위식은 참여하는 모든 이들이 즐기는 축제의 장이 되기도 하고 모두가 애통해 하는 가운데 조심스럽게 새 왕에 대한 기대감을 보이는 자리이기도 했지만, 언제나 그들이 바라는 가장 바람직한 왕으로서의 자질과 덕목을 확인하는 자리였다. 또한 즉위식 직후에 거행된 새 왕을 승인하고 받아들이는 여러 의례들 즉 국왕으로서의 통치권을 합법화하기 위한 제사의식, 외교의례, 대민의례 등 여러 행사들은 조선에서는 최고 권력의 권위가 어떠한 의례적·문화적 장치들을 통해 만들어지고 설득되었는지를 보여준다.

또한 조선에서는 왕의 혈통을 이은 아들이나 손자 중에서 미리 후계자를 정하면서도, 후계자를 당시에 통용되는 자격을 갖춘 이로 성숙시키기 위한 교육제도를 마련했다. 한편 그 자질을 성취하기 위해 준비하거나 이를 성취했음을 보이는 의식을 통해서 후계 왕의 지위를 공인했다. 혈통 이외에 더 중요한 '왕으로서의 조건'이 필요했고 '이극'貳極으로 일컬어지는 후계자로서 합법화되기 위해서는 그 조건에 걸맞은 자질을 갖추었음을 보여주어야 했다. 왕위에 오를 왕세자일지라도 유교를 배우는 학생으로서 스승에 대한 예절을 지켜야 했다. 이러한 수련을 통해 학문과 덕망을 갖춘 성군聖君으로 성장할 수 있다고 믿었기 때문에 그에 따라 거행된 입학례, 평천관平天冠과 면복冕服을 갖춰 입고 남면南面을 함으로써 국왕의 뒤를 계승할 수 있는 책임 있는 성인이 되었음을 알리는 관례, 후계자로 정해졌음을 공식화하는 책봉의례를 통해 왕이 될 수 있는 도덕적 자질의 완성을 알렸다. 또한 왕을 대신해서 정치를 할 수 있는 능력을 보여주기 위해 대리청정을 선포하고 조정 신하들과 만나는 의식을 통해 왕으로서의 일을 본격적으로 해나갈 수 있는 준비가 되었음을 공식화했다. 후계자를 공인하는 모든 의례들은 조선이 어떤 왕을 바람직하게 여기고 어떤 방식의 통치를 기대했는가를 가장 명백하게 보여준다.

국가로서의 조선이 그 기능을 거의 상실해가고 있을 때 거행된 황제 즉위식은 왠지 한 편의 슬픈 코미디처럼 보인다. 채 10년도 지나지 않아 다른 나라의 보호국 신세로 전락하고 이어 국권을 넘겨주게 된 역사의 귀결을 아는 입장에서는 더욱 그렇다. 왜 그랬을까? 망해가는 나라에서 왕 노릇도 제대로 못하면서 황제라는 칭호를 갖고 싶었을까? 근대식 공사관들이 즐비하게 들어선 곳에서 그리 멀지 않은 곳에 새롭게 단을 만들고 하늘에 제사를 올리며, 무엇을 바라고 무엇을 기대했을까? 쉽게 이해하기 어렵다. 그러나 역사의 결과를 잠시 미뤄두고 왜 그런 선택을, 그런 의례를 도성 한복판에서 거행했던 것인지 살펴보면서 일단 사정을 이해해 본 후 평가를 해보면 어떨까? 서로 조선을 보호국으로 두려 하는 열강들이 경쟁하는 현실, 힘이 없으면 아버지 자격도 없다고 어르고 메치는 현실 속에서, 당장 조금 힘은 없을지라도 정의로운 정치문화를 만들기 위해 노력해온 전통과 그 결과로 형성된 도덕적 문명을 그대로 부인해 버리지 않고 그 기조를 유지하면서 변화하는 현실에 적응할 방법을 스스로 그리고 다른 제국과 평화적으로 협력하는 가운데 찾아보겠다는 선언이었다고 생각하면 어떨까…… 1897년 대한제국의 황제 즉위식을 둘러싼 논의들과 국호, 황제 즉위의례를 자세히 살펴봄으로써 여러 질문들에 대한 해답에 다가갈 수 있을 것이다.

즉위의례의 형식과 내용이 국왕권에 대한 조선시대적 정의를 보여준다면, 즉위의례를 위해 만들어진 다양한 상징물들은 권력과 권위를 표현하는 조선시대의 문화적 방식을 잘 보여준다. 왕세자나 국왕의 자리에 오르는 순간 갖게 되는 다양한 상징물들의 정교함과 화려함, 희소성 등을 통해 당시 다른 지위에 있는 이들과의 권력감의 차이를 알 수 있고, 상징의 내용이나 절제된 형식을 통해 권력이 어떤 내용이어야 하는가에 대한 조선시대인들의 생각을 엿볼 수 있다. 또한 선왕들이 즉위한 장소와 즉위식의 에피소드들은 후대에 다양한 방식으로 기억되고 또 기념되었다. 그 기억을 되살려내고 역사화하는 일이 바로 후대 왕들이 선왕을 '계지술사'繼志述事하는 것이었고 선왕의 덕 즉 '심법'心法을 계승하는 일로서 후계 왕의 통치를 정당화하는 데 기여하기도 했다.

이 책에서는 조선시대 최고 통치자로서 국왕이 왕의 자리에 오르는 국왕 즉위식을 중심으로 하지만, 황제 즉위식과 후계자로서 왕세자의 지위를 공식화 해가는 의례들을 함께 다루었다. 중국과의 비교, 고려시대와의 비교 속에서 조선 국왕 즉위식의 의미를 순차적으로 읽어나가는 것이 이해에 도움이 될 것이라 생각하여 경전 속 즉위의례의 의미, 중국 황제 즉위의례의 역사적 변천과 의미를 먼저 다루고 국왕 즉위의례, 황제 즉위의례, 왕세자 계승의례를 차례로 배치하였다.

본서는 '왕실의 행사'를 다루는 연구팀의 세번째 연구 결과물이다. 이 책의 책임집필과 국왕의 즉위의례, 황제 즉위의례의 역사에 대해서는 김지영이 서술을 맡았다. 중국에서의 황제 즉위의례의 연원과 의미에 대해서 박례경 선생님, 왕세자 의례의 역사는 김문식 선생님이 집필하였다. 즉위의례의 복식은 이은주 선생님, 음악 및 즉위의례의 장소, 기록, 기억 부분은 송지원 선생님, 즉위의례의 활용과 현대적 의미에 대해서는 심승구 선생님께서 담당하여 집필하였다. 공동 연구의 마지막 책인데도 불구하고 집중력을 잃지 않고 유종의 미를 거둘 수 있게 해주신 여러 선생님께 책임집필자로서 감사드린다.

이밖에도 여러분의 노고과 협조가 있었다. 보조연구원으로 김우진과 임근실이 참여했다. 김우진이 3년간 사업의 관리를 전담하며 여러 곳에 흩어져 있는 연구자들을 성심껏 지원해 주었다. 연구팀의 원고를 꼼꼼하게 읽고 논리적으로 부족한 부분부터 작은 문장상의 오류까지 검토해 주신 이욱, 허태구 선생님께도 감사드린다. 마지막으로 완성도 높은 책으로 만들어 주신 돌베개 편집실의 여러분께 감사드린다.

이 책은 일반인을 위한 교양서적으로 쓰였다. 인문 독자가 다변화되고 정보의 양과 통찰의 수준이 점차 고양되어 가고 있는 시대에, 이 책은 두 측면에서 모두 부족한 부분이 많다. 독자 여러분들의 질정을 구한다.

2013년 2월
집필책임 김지영

차 례

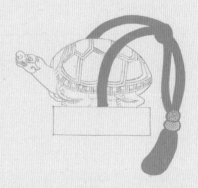

# 제6부 국왕 즉위식의 활용과 현대적 의미

선양에 담긴 이상적 가치는 덕德과 공공성公共性 두 가지로 집약된다. 고대 성왕들의 이야기에서 보듯이 덕은 '공손하고 겸양하며' '효도하고 우애하는' 등의 개인적인 덕성에 그치지 않고 그 덕성이 백성의 화목과 나라의 안정 및 번영의 공적功績으로 확대되고 가시화되는 것이다. 또한 원천적이고 궁극적으로는 민심民心과 민생民生의 안녕을 통해 하늘, 즉 상제上帝의 의지와 소통할 수 있는 통로가 된다는 점에서 왕권의 정당성 여부가 판가름나는 지점이다. 선양의 즉위의례는 물론 이후의 모든 즉위의례의 중심적인 내용이 조상의 사당과 하늘에 대한 제사 및 고유告由의식으로 이루어진 것은 바로 이러한 이유 때문이다.

즉위의례의 연원과 의미

即
位
儀
禮

# 1 유교 경전에 보이는 즉위의례의 연원

순舜 임금과 선양禪讓의        동아시아 유교정치의 이상적 모델로
즉위의례             인구에 회자되는 요순堯舜시대는 전
설에 가까운 이야기지만, 유교 문명의 시작과 그 특성을 제시했다
고 할 수 있다. 이들이 구현한 이상적인 정치의 핵심은 '선양禪讓'이
라는 왕위 승계 방식에 집약되어 있다. 자신의 형제나 장자長子에게
왕위를 계승하는 혈연적 세습 방식이 아닌 덕과 능력을 가진 자에
게 왕위를 양보한다는 선양의 이념은 실제로 혈연적 세습을 법도로
삼았던 후대의 정치 현실 속에서도 유교정치의 이념적 지향으로 찬
양되었다.

요순堯舜시대는 당唐이라 불리는 씨족의 우두머리인 요堯와 우虞
라 불리는 씨족의 우두머리인 순舜이 다스리던 옛 상고上古시대를
가리킨다. 중국 상고시대 선정善政의 기록과 훌륭한 말들을 모아놓
은 『상서』尙書의 기록에 따르면, 요는 중국 민족의 시조로 받들어지
는 황제黃帝의 후손으로 공손하고 겸양한 덕을 가진 완벽한 인품의
소유자였다. 그는 모든 친족들을 화목하게 하고 아래 관리들을 화
합하게 하여 백성들이 편안하고 스스로의 덕을 밝히며 살아갈 수
있도록 하는 정치를 펼쳤다. 요는 특히 해와 달과 별과 별자리를

관찰하고 기록하여 백성들이 절기에 맞추어 농사를 잘 지을 수 있도록 하는 일에 최선을 다했다. 동·서·남·북에 각각 관리를 파견하여 봄·여름·가을·겨울에 맞는 민정民政을 펼치도록 했으며, 곤鯤으로 하여금 산과 언덕으로 질펀하게 넘실대는 대홍수를 다스리도록 했다.

요는 재위한 지 70년이 되자 사방의 관리들을 총괄하던 직책인 사악四岳에게 자신의 제위帝位를 물려받을 인물을 천거하도록 했다. 이때 거론된 인물이 순舜이다. 아내도 없이 미천한 지위에 있던 순이 추천된 이유는 소경이면서 미련하고 악한 아버지와 어리석은 계모에게 효도하고, 오만한 이복동생을 한결같이 우애로 대하여 화합함으로써 그들이 더 이상 간악한 데까지 이르지 않게 한 덕을 지녔기 때문이었다. 요는 순에게 자신의 두 딸을 시집보내서 집안을 다스리는 덕을 살펴보고 도덕을 관장하는 직책·백관을 총괄하는 직책·빈객을 맞이하는 직책들을 맡겨본 결과, 집안이 화목하고 백성이 순종하며 백관이 모두 때에 맞게 원활히 운용되었으며 사방이 화목했다. 이처럼 요는 3년간 순의 공적功積을 살펴본 뒤에 드디어 순에게 제위에 오를 것을 명했다.

순은 깊고 명철한 지혜와 성실하고 독실한 덕으로 요의 제위를 물려받았다. 요에게는 단주丹朱라는 활달하고 영리한 맏아들이 있었지만 요는 그가 충신忠信의 덕이 없고 다투기를 좋아한다고 판단하여 자신의 아들이 아닌 유덕한 순에게 제위를 선양한 것이다. 제위를 선양한 대강의 과정에 대해서 『상서』는 다음과 같이 기록했다.

정월 상순上旬의 좋은 날에 요가 끝마친 제위의 일을 순이 문조文祖의 사당에서 받았다. 선기璿璣(북극北極) 옥형玉衡(북두北斗)으로 천문天文을 살펴서 칠정七政을 고르게 하셨다. 드디어 상제上帝에게 유類 제사를 지내고 육종六宗에 인禋 제사를 지내고 산천에 망望 제사를 지내고 여러 신에게 두루 제사 지냈다. 다섯 가지 서옥瑞玉을 거두는 데 길한 달과 날을 택하여 사방의 제후인 사악四岳과 구주九州의 우두머리인 목백牧伯들을 만나보시고 서옥을 여러 제후와 목백들에게 나누어 돌려주셨다. …… 28년 만에 요가 마침내 승하하셨다. 백성들은 부모의 상을 당한 듯이 슬퍼했다. 3년 동안 사방에 음악을 그쳐 조용했다. 정월 원일元日에 순이 문조의 사당에 나아가셨다.[1]

순은 이듬해 정월에 문조文祖의 사당에서 요의 제위를 선양 받았다. 문조의 사당은 요의 조상인 태조를 모신 태조묘太祖廟인데, 예학가들은 이곳을 천신天神을 모신 곳으로서 훗날 주周 왕조의 명당明堂에 해당되는 건물로 보기도 한다. 구체적인 기록이 없어 선양의 자세한 의식 절차는 알 수 없지만, 선양의 의식을 마친 순은 북극北極과 북두北斗의 별자리를 중심으로 천문을 살펴서 정사政事를 펼쳤고, 하늘의 상제上帝 신에게 자신이 제위를 맡게 되었음을 아뢰는 유類 제사를 지냈으며, 천지의 조화를 도와 민생에 중요한 역할을 하는 해(日), 달(月), 별(星辰), 큰 산(岳), 큰 바다(海), 큰 강(河)의 육종六宗과 산천과 여러 신에게 두루 제사를 지내어 왕자王者의 면모를 보였다. 또한 즉위한 제왕으로서 제후와 목백들의 조회를 받았다. 따라서 『상서』에서 볼 수 있는 고대 선양의 과정은 크게 다음과 같은 내용으로 이루어진다.

첫째. 선양 받는 사람이 선양하는 사람의 유래由來가 되는 조상신이 있는 곳에 나아가 제위를 받는다.
둘째, 하늘의 상제에게 자신이 제위를 맡게 되었음을 아뢰는 제사를 지내고, 천지天地의 신명神明들에게 제사를 지낸다.
셋째, 제후와 목백 등 신료들의 조회를 받는다.

순이 제위에 오른 지 28년 만에 요가 죽자, 순은 삼년상三年喪을 마치고 정월 원일元日에 문조의 사당에 나아가 요를 받들어 제사를 지냈는데, 원일元日의 '원'元은 '시작'(始)의 뜻으로, 진정한 의미에서 순의 시대가 시작되었음을 나타내는 것이다. 순은 요의 사업을 넓히는 것을 정치적 목표로 표방했다. 우禹에게 사공司空의 지위를 맡겨 홍수를 다스리도록 했고, 기棄를 후직后稷에 등용하여 온갖 곡식의 파종과 농업을 담당하도록 했으며, 설契을 사도司徒에 등용하여 백성들에게 부자父子, 군신君臣, 부부夫婦, 장유長幼, 붕우朋友의 도리를 가르치되 너그러움으로 교화하도록 했다. 그밖에도 고요皐陶, 수垂, 익益, 백이伯夷, 기夔, 용龍을 기용하여 각각 형벌과 공업工業과 제사와 음악과 왕명의 출납을 담당하도록 하여 공경함의 덕으로 하늘의 일을 돕도록 했다. 순은 요의 덕행을 이어서 유우有虞의 백성을 잘 다스리다가 제위에 오른 지 39년에[2] 남쪽을 순시巡視하다가 죽음으로써 요순의 태평시대를 상징하는 인물이 되었다.

당唐의 요가 순에게 전한 '선양'의 왕위 승계 방식은 다시 우虞의 순과 하夏(B.C.21C~B.C.16C)의 우禹에 의해서 계승되었다. 『상서』「대우모」大禹謨 편의 기록에 따르면, 순은 제위에 오른 지 33년 되던 해에 자신의 아들 상균商均이 아니라 치수治水의 공을 쌓고 부지런함과 검소함의 덕을 지닌 우에게 제위를 선양했다. 우는 자신의 덕이 부족하여 백성들이 귀의하지 않을 것을 이유로 사양했지만, 결국 순이 그랬듯이 이듬해 정월 초하루 아침에 순이 끝마친 제위의 일을 신종神宗 즉 요의 사당에서 선양 받았다.[3] 우는 요가 치수를 맡겼던 곤鯀의 아들로, 홍수를 다스리지 못한 죄로 처형당한 아버지의 뒤를 이어서 치수사업에 발탁되었다. 그는 아버지의 한을 가슴에 품고 치수사업에 혼신을 다했다. 익益과 직稷의 도움을 받아 중국 전역을 아홉 개의 주州로 나누어 차례로 산길과 물길을 정비함으로써 곡식을 파종하고 재화를 교역하게 하며, 각 지역의 토질과 풍토에 따라 조세 기준과 공물 내용을 정함으로써 홍수의 폐해를 다스렸다. 우는 왕위에 올라 행정구역을 정비하고 부세賦稅를 알맞게 하여 하夏의 백성들을 잘 다스리다가 죽기 전에 익益에게 제

2_ 『사기』史記 「오제기」五帝紀.

3_ 『상서』 「대우모」大禹謨.

위를 넘겨주었다. 그러나 제후들은 우왕의 아들 계啓를
현명하다고 여겨 받들었다. 계는 유호씨有扈氏의 반란을
정벌함으로써 천하를 귀속시켰다. 따라서 요에서 순, 순
에서 우로 이어지던 선양의 전통은 하의 두번째 왕위 계
승에서 끊어지고 아들에게 왕위를 세습하는 세전世傳이
시작된 것이다. 이후 하夏는 17대 걸왕桀王에 이르기까지
두 차례의 형제 세습과 한 차례의 조카 세습을 제외하고
는 모두 부자父子 세습으로 제위를 계승하게 된다.[4] 도1

주周 무왕武王과
개국開國의 즉위의례

하夏를 멸망시키고 이어서 은
殷(B.C.16C~B.C.11C)을 개국한
탕왕湯王은 하의 마지막 왕이자 폭군으로 유명한 걸桀을
정벌하고 스스로 은 왕조를 열었다. 하는 14대 공갑孔甲
이후로 쇠퇴를 거듭하여 걸왕桀王에 이르러서는 가혹한 폭정으로
제후들과 민심의 이반이 극심했다. 모두가 불안 속에서 태만과 불
화를 거듭하면서 '이 해(위정자 즉 왕을 가리킨다)는 어느 때나 없어질
까? 내 너와 함께 모두 망했으면 좋겠다.'[5]라는 절망적인 원사怨詞
를 퍼부었다. 탕은 순이 사도司徒의 임무를 맡겼던 설契의 후손으로
설이 순에게 분봉 받은 상商의 부족을 이끌고 있었다. 탕은 사방의
제후들을 규합하여 걸왕을 정벌하고 새로운 왕조를 열었는데, 『상
서』에는 탕왕의 즉위 과정에 대한 기록은 없지만 개국의 변辯이 기
록되어 있다. 탕이 걸왕을 칠 당시에 내세운 명분은 하 왕조의 덕
을 백성이 싫어하므로 자신은 상제上帝를 경외하여 하늘의 명으로
하의 죄를 벌한다는 것이었다.

덕이 쇠락한 하 왕조를 대신하여 은을 개국한 탕왕은 어진 인품
으로 이윤伊尹과 같은 훌륭한 신하를 등용하여 덕정德政을 시행했
다. 은은 30대 주왕紂王에 이르기까지 부자 세습과 형제 세습을 통
해 번영과 쇠퇴를 거듭하다가 주周의 무왕武王에게 멸망당한다. 주

왕은 음란한 연회와 잔혹한 형벌을 일삼아, 폭정을 그치도록 간언하는 왕자 비간比干의 심장을 갈라 죽이고 충신이었던 기자箕子를 가두었다. 그러자 미자微子 등 현명한 신하들은 모두 은을 탈출하여 도망했다. 결국 은은 주왕에 이르러 은 왕조에서 서백西伯(서쪽의 수령)으로 봉해져서 주周 족을 이끌던 창昌(이후 주의 문왕으로 추존된다)의 아들, 즉 주의 무왕武王에게 멸망을 당하게 된다. 무왕은 아버지 문왕 창이 덕정德政을 통해 얻은 주족周族의 민심과 주변 제후들의 신망을 이어서 주족을 다스렸다. 무왕은 은과의 목야牧野(은의 교외에 있는 지역명) 대전투에서 주왕을 토벌하고 전쟁을 승리로 이끌었다.

주(서주西周: B.C.11C~B.C.771)의 무왕은 목야의 전투를 앞두고 군사들과의 맹세에서, 은이 선조의 제사에 소홀하고 정치에 태만하며 악인들을 신하로 두어 덕행을 상실했으므로 하늘을 대신하여 징벌하는 것임을 천명했다. 고문『상서』「무성」武成 편에는 주 무왕이 개국의 천자로서 등극하는 일련의 과정이 보인다.

전쟁을 끝낸 무왕은 먼저 은에 입성하여 은의 마지막 충신들이자 현자였던 기자, 비간, 상용商容의 신원을 각각 회복해 주고 곡식을 풀어 백성들을 구휼해 줌으로써 민심을 위무했다. 그리고 아버지 문왕의 옛 도읍인 풍豊에 도착하여 전쟁에 사용했던 말과 소를 방목해 줌으로써 다시는 무력을 사용하지 않을 것을 천하에 드러내 보였다. 또한 천자로서 사방의 제후와 백관들의 조회를 받음으로써 새로운 주周 왕조의 시작을 정립하고, 주周의 조상신을 모신 주묘周廟에서 개국開國의 사실을 조상신에게 아뢰는 제사를 거행했다. 3일 뒤에는 하늘에 번시燔柴(섶을 태워 올리는 제사 방식)의 제사를 지내고 산천에 망望(멀리 산천 등을 바라보며 지내는 제사 방식)의 제사를 지내서 무왕의 공功이 이루어진 사실을 아뢰었다.[6]

개국 군주인 주 무왕의 즉위식에 관해서는『일주서』逸周書에 또 다른 기록이 남아 있는데 이에 따르면, 무왕은 은을 정벌한 이튿날 은의 사社(토지신을 모신 제단)에서 즉위식을 가진 것으로 되어 있다.[7]

6_『상서정의』尚書正義「주서·무성」周書·武成, 공영달孔穎達 소疏.

7_『일주서』逸周書「극은」克殷.

무왕은 주공周公과 소공召公의 두 동생을 비롯한 대신들의 호위를 받으며 사社에 나아가 이미 덕德을 상실한 은을 바꾸라는 하늘의 명을 받았음을 하늘에 고하는 의식을 거행한 것이다. 무력으로 은을 정벌한 뒤에 적진의 수도에서, 대월大鉞(큰 도끼)과 소월小鉞(작은 도끼) 등의 무기를 의장儀仗으로 삼아 간략하지만 엄숙하게 치러진 혁명革命 선포의 즉위식이라고 할 수 있다. 이러한 기록들을 종합해 보면 적진에서 하늘의 명이 바뀌어 새로운 나라가 시작되었음을 알리는 약식의 즉위식을 치르고, 본국으로 돌아와 백관의 조회를 받고 조상신을 모신 사당에서 제사를 거행하고, 천지·산천에 정식으로 고유하는 의식을 거행한 것으로 보인다. 개국의 즉위의식은 다음과 같이 정리된다.

① 적진에서 전 왕조의 실덕失德을 징벌하여 천명天命이 바뀌었음을 선포하는 의식을 치른다(적진에서 천지·조상에게 약식의 고유 의식을 거행한다).
② 본국으로 돌아와 백관의 조회를 받는다.
③ 종묘에 제사하고 개국의 즉위 사실을 고유한다.
④ 천지의 신에게 제사하고 개국의 즉위 사실을 고유한다.

적진에서의 다양한 퍼포먼스로 시작되는 개국의 즉위의례는 무력의 정당화가 아니라 전 왕조의 실덕失德을 징벌하고 새로운 덕치로 대체하는 것이 천명天命이며, 무력은 그 천명을 수행하는 도구라는 점을 밝히는 것에 그 의미의 핵심이 있었던 것이다.

주周 강왕康王과
사위嗣位의 즉위의례

번성했던 은 왕조를 무력으로 멸망시키고 서쪽의 변방에서 중원의 주인이 된 주周의 무왕은 아버지 문왕을 비롯한 선조들을 추존追尊(죽은 선조를 왕이나 대왕으로 높여 호칭을 올리는 일)하고, 주공이나 소공을

　제1부 즉위의례의 연원과 의미

비롯한 개국공신들에게 땅을 나누어 주고 제후로 봉해 주었으며, 현명하고 유능한 신하들을 찾아 열심히 선정을 베풀었다.

무왕의 아우이자 최고의 보좌관이었던 주공周公은 무왕이 한때 병이 들자 그 조상신 앞에서 자신이 무왕 대신 병들게 해달라고 기원할 정도로 충직한 신하이자 우애 깊은 형제였다. 무왕이 죽고 그의 아들 성왕成王이 어린 나이에 뒤를 잇게 되자 주공은 제후들의 반란을 진압하고 7년간 섭정攝政(왕 대신 정치를 주관함)을 한 뒤에 성인이 된 성왕에게 천자의 지위를 돌려주고 물러났다. 주공은 주나라의 예악禮樂제도를 완성했다고 칭송되는 인물로서, 비록 전설적인 선양의 전통은 깨졌지만 주 왕조에 부자 세습의 전통을 확립함으로써 혈육 간의 피비린내 나는 왕권 다툼으로 국정을 혼란에 빠뜨리지 않도록 한 유가적 덕과 이상적인 인격을 구현한 자로 추앙되었다.

성왕이 죽고 그의 아들 강왕康王이 뒤를 이어 즉위함으로써 주 왕조는 성강지치成康之治로 불리는 태평성대를 이루며 덕정德政의 맥을 이어갔다. 부자 승계의 전형이라고 할 수 있는 강왕의 즉위식은 성왕의 상중喪中에 거행되는 사위嗣位(왕위를 이음)의 의식이었다. 다음은 『상서』 「주서周書 · 고명顧命」편과 「강왕지고」康王之誥 편에 기록된 사위의 과정이다.

① 성왕이 병이 위중해지자 왕이 몸을 씻고 면복冕服을 입은 뒤에 옥궤玉几에 기대어 육경六卿 이하의 신하들을 불러 대명大命을 내렸다. 원자元子(태자인 강왕)를 잘 보필하고, 주변의 크고 작은 여러 나라들을 잘 다스리고 권면할 것을 당부하고 운명했다.

② 노침路寢(왕의 정전)의 익실翼室(정전 좌우에 있는 방)로 태자를 모셔와 여막의 종주宗主(주인)가 되게 한다.

③ 왕이 생시에 조회를 받고 정사를 다스리고 연향을 베풀던 장소에 생존했던 때와 같이 예기禮器 들을 진설하고 호위한다.

④ 강왕이 마면麻冕(베로 만든 면관)과 보상黼裳(도끼 모양의 보 무늬가 있는 치마)[8]을 입고 빈전殯殿(시신을 모셔 놓은 장소)의 서쪽 계단으로 당에 올라가 자리에 나아가서, '주周의 군주가 되어 문왕 무왕의 가르침을 따라 천하를 다스리라'는 성왕의 마지막 명령이 적힌 책冊을 받는다.

⑤ 왕이 재배再拜하고 일어나 답을 한 뒤, 세 번 술잔을 잡고 나아가, 세 번 술을 땅에 붓고, 세 번 잔을 신에게 올리면 상종上宗(예관)이 신께서 흠향하셨다고 아뢴다.

⑥ 조정朝廷에서 제후들이 새로운 왕에게 규圭와 폐백을 바치고 재배하면 왕이 답배한다.

⑦ 군신群臣들이 왕에게 재배하고 경계의 말씀을 올리면 왕이 군신과 제후들에게 도움을 구하고 당부하는 답사를 한다.

⑧ 여러 공公들이 모두 명령을 듣고 서로 읍하고 나간다. 왕이 면복을 벗고 다시 상복喪服을 입는다.

사위의 즉위식은 크게 강왕이 죽은 성왕의 유명遺命을 받아 왕위에 오르는 책명冊命의 의식과 신하들의 조회를 받는 의식으로 나뉘었다. 책명의 의식은 노침路寢에 마련된 빈전殯殿에서 거행되고, 조회의 의식은 조정朝廷에서 거행되었다. 비록 거상居喪 중이지만 천자에 등극하는 의례이므로 왕은 길복吉服인 면복으로 갈아입고 의식을 거행했다. 그러나 참여하는 경사卿士와 제후들은 검은색 의상蟻裳을 입음으로써 순수한 길사吉事가 아님을 보이고, 새로운 왕 역시 조회의식이 끝나는 대로 상복으로 갈아입고 거상에 들어갔다.

주周는 문왕, 무왕, 주공, 성왕, 강왕의 시대를 거치면서 서주西周의 성대한 덕치를 이루어 예악禮樂정치를 꽃피웠다고 일컬어진다. 그러나 서주는 소왕昭王 때부터 점차 주변국에 대한 무력 사용과 현신賢臣의 충간忠諫을 중시하던 전통이 쇠락하면서 하의 걸왕桀王, 은의 주왕紂王에 못지않은 폭군으로 기록되는 유왕幽王에 이르러서는

몰락의 조짐이 뚜렷했다. 결국 13대 평왕平王 때에 수도를 동쪽의
낙읍洛邑(이후의 낙양)으로 옮기는 동천東遷을 단행하여, 정치적 혼란
과 쟁탈로 점철된 동주東周 시기를 열었다. 춘추春秋, 전국戰國의 시
대로도 불리는 동주는 37대 난왕赧王에 이르러 진秦에게 멸망당하
고, 주가 표방했던 덕치와 예치禮治 대신 무력武力과 획일적 효용성
을 중시한 진의 법치法治시대가 등장하게 된다.도2

即
位
儀
禮

## 2 유교 경전을 통해 본 즉위의례의 의미

유교 경전에 나타난 선양禪讓, 개국開國, 사위嗣位 세 가지 형태의 즉위의식은 이후 동아시아의 중국과 한국 등 전통적인 유교국가의 즉위의례를 형성하는 데 주요한 근거로 작용했다. 사실 후대 역사 속에서 실제 이루어진 것은 개국과 사위, 두 가지 형태의 즉위식이었고, 전설에 가까운 요순시대의 선양은 그 실질적인 내용에서는 일찍이 구현된 적이 없는 유가적 이상理想이었다고 보는 것이 타당하다.

은殷 왕조의 기록이 담긴 갑골문甲骨文(점을 칠 목적으로 거북이 껍질이나 짐승의 뼈에 새겨 넣은 글자들)의 내용을 보아도, 은대에는 이미 형제 세습과 부자 세습이 일반화되었다. 주周에 이르러서는 주공周公이 어린 조카의 왕위를 탐내지 않고 굳은 의지와 도덕적 인격으로 부자 세습을 통한 왕위 계승의 초석을 놓음으로써, 이후 장자長子에 의한 부자 세습은 중국 역사에서 왕위 계승의 정도正道이자 상법常法(불변의 원칙)으로 존중되었다. 따라서 이후의 역사 현실은 새로운 왕조가 들어서는 개국이 아닌 이상 선왕의 제위를 계승하는 사위를 통한 즉위가 대부분이다.

역사 속에서 선양의 예가 없었던 것은 아니지만 그 실제 내용은 거의 대부분 평화로운 덕德의 계승과는 거리가 먼 것이었다. 예를 들어 조조曹操의 아들 조비曹丕가 한漢의 헌제獻帝에게 선양을 받아 위魏의 문제文帝로 즉위했지만(220년) 그 속사정은 헌제를 압박하여 지위를 내놓게 한 것이므로 선양이라는 표현은 미화된 것에 불과하다. 그럼에도 불구하고 고대 선양의 외피를 버리지 않는 것은 선양이 상징하는 덕치德治의 이상理想을 통해 정당한 왕위 계승임을 포장하기 위한 것이다.

덕과 능력을 가진 인재에게 제왕의 자리를 평화롭게 넘겨준다는 선양의 권력 승계 방식은, 역사적 사실이기보다 부자 형제 간 혈연 세습의 권력 승계 방식이 보편화되고 폭력을 통한 격렬한 왕위 쟁탈전이 그나마 혈연 세습의 안정성을 항상 위협하는 경험을 해본 후대인들이 꿈꾸는 정치에 대한 이야기라고 볼 수 있다.

선양에 담긴 이상적 가치는 덕德과 공공성公共性 두 가지로 집약된다. 고대 성왕들의 이야기에서 보듯이 덕은 '공손하고 겸양하며' '효도하고 우애하는' 등의 개인적인 덕성에 그치지 않고 그 덕성이 백성의 화목과 나라의 안정 및 번영의 공적功績으로 확대되고 가시화되는 것이다. 또한 원천적이고 궁극적으로는 민심民心과 민생民生의 안녕을 통해 하늘, 즉 상제上帝의 의지와 소통할 수 있는 통로가 된다는 점에서 왕권의 정당성 여부가 판가름나는 지점이다. 선양의 즉위의례는 물론 이후의 모든 즉위의례의 중심적인 내용이 조상의 사당과 하늘에 대한 제사 및 고유告由의식으로 이루어진 것은 바로 이러한 이유 때문이다.

이처럼 하늘과 사람을 연결하는 덕은 바로 유가적 공공성이 기초하는 지점이기도 하다. 『예기』에서는 선양과 혈연 세습에 대해, 세상을 공적인 것으로 여기는가 사적 소유물로 여기는가의 문제로 해석했다.

위대한 도가 행해지면 천하는 공적인 것이 되어(天下爲公) 현명하고 능력있는 자를 선발하며 신의를 익히고 화목을 닦는다. 그러므로 사람들은 자신의 부모만을 부모로 여기지 않고, 또 자신의 자식만을 자식으로 여기지 않는다. …… 이제 위대한 도가 이미 숨고 잘 나타나지 않게 되어 천하가 사가私家의 소유물이 되어(天下爲家) 각기 자기 부모만 부모로 여기고 자기 자식만 자식으로 여기고, 재화와 노동력을 제 몸을 위해서 쓴다.⁹

9_ 『예기』禮記 「예운」禮運.

'천하가 공적인 것이 된다'는 것은 선발할 만한 현명한 자나 능력있는 자가 있으면 곧 그에게 전해주는 선양을 의미하고, '천하가 사가私家의 소유가 된다'는 것은 천하를 자기 집안의 소유물로 여겨 자손에게 전한다는 것이다. 선양을 통해 공공성에 기초한 정치가 이루어지는 사회에서 신의와 화목함의 덕이 돈독하다는 것은 앞서 살펴본 『상서』의 관점과 일치한다. 후대에 강압에 의한 탈취를 선양으로 미화하는 경우는 물론이고 『상서』에서 보는 무력에 의한 개국이나 혈연적 세습인 사위의 즉위 과정에서도 끊임없이 전 왕조의 실덕失德에 대한 하늘의 징벌을 이야기하고 선왕先王의 공덕功德에 대한 계승을 이야기하는 것도, 선양에 담긴 덕과 공공성에 대한 이상을 포기하지 않고 왕위 계승의 정당성으로 표방하고자 했기 때문이라 하겠다. 『시경』詩經에는 혈연적 세습인 사위의 즉위 과정에서도 신하가 새로 즉위하는 왕에게 덕에 힘쓸 것을 경계하고 새로운 왕이 이에 답하는 시가 실려 있다.

공경할지어다. 공경할지어다. 천명이 밝은지라.
천명을 보전하기가 쉽지 않으니
높고 높아 저 위에 있다고 말하지 말지어다.
그 일에 오르내리어 날로 살펴보심이 이에 계시니라.

나 소자小子가 총명하지 못하여 공경하지 못하나
날로 나아가고 달로 진전하여

제1부  즉위의례의 연원과 의미

배움이 이어 밝혀서 광명함에 이르려 하니

이 말은 짐을 도와주어서 나에게 드러난 덕행德行을 보여줄지어다.[10]

10_ 『시경』詩經 「주송·경지」周頌·敬之.

이는 주周의 성왕成王이 즉위하면서 군신群臣이 올리는 경계警戒를 받고 답하는 시이다. 즉위의례의 핵심적인 의미가 '덕정德政의 승계'에 있음을 단적으로 보여준다.

## 3 중국 역대의 즉위의례

진한秦漢 시기의 즉위의례:
봉선封禪과 황제 공덕의 과시

동주東周의 오랜 전쟁과 혼란의
시기를 마감하고 중국의 대통

일을 이룩한 것은 진왕秦王 정政(후의 진시황)이었다. 그는 장양왕의
뒤를 이어 13세의 나이로 즉위한 뒤, 이후 한韓·초楚·제齊 등 제후
국들을 멸망시키며 B.C.221년에는 드디어 중국을 통일했다. 중국
최초의 대제국을 건설한 그는 주의 봉건 제후국 제도를 폐지하고
전국을 36개의 군郡과 그 아래 현縣으로 개편하는 중앙집권적 군현
제를 실시하였다. 또한 최고 통치자의 명칭을 천자나 왕이 아닌 황
제皇帝로 칭하도록 했으며, 법률과 도량형과 문자를 통일하는 위업
을 달성했다.

진시황은 황제에 즉위한 지 3년 되는 해(B.C.219)에 동쪽으로 군
현을 순시하다가 스스로 행렬을 이끌고 수레를 몰아서 직접 태산泰
山의 정상에 올라가 하늘의 상제에게 봉封 제사를 지내고, 북쪽 길
로 내려와서는 양보梁父에서 땅을 쓸고 선禪 제사를 지냈다. 또 자신
의 위대한 공덕을 돌에 새긴 송덕비를 제작하여 영원한 기념물로
남겼다. 이렇게 하늘과 땅에 자신의 위대한 공덕을 아뢰는 제사를
봉선封禪의식이라고 한다. 이 봉선의식은 황제로 즉위한 지 한참 뒤

에 이루어졌지만 진한 시기에 봉선의례는 진정으로 황제가 되었음을 인정받는 중요한 의식으로 간주되었다.

진시황이 죽고 2세 황제 호해胡亥와 재상인 이사李斯의 가혹한 법치法治로 진은 호해 즉위 3년 만에, 통일 후 15년을 넘기지 못하고 항우項羽를 비롯한 전국의 반란군들에 의해 멸망했다. 이후 유방劉邦과의 싸움에서 항우가 패하면서 B.C.202년 유방은 새로이 한漢을 개국하고 황제로 즉위했다. 유방은 항우와의 전쟁에서 승리한 뒤 공신들을 제후 왕으로 봉했는데, 제후 왕들이 황제로 즉위하도록 주청하는 것을 세 차례 사양하다가 범수汜水의 남쪽에서 황제로 즉위했다.[11] 이때 교외에 제단을 만들고 하늘에 고유의 의식과 제사를 지냈는데 『한서』漢書의 기록에 따르면 고조가 즉위할 때 신하들이 존호尊號를 올리는 의식을 거행하면서 "공功이 성대하고 덕德이 크시며 제후 왕들에게 은혜를 더하셨다"고 찬미함으로써[12] 황제로 받드는 이유가 공덕에 있음을 명시했다.

11_ 『사기』 「고조본기」 高祖本紀.

12_ 『한서』漢書 「고제기」 高帝紀.

한 고조가 죽고 혜제 때에 고조의 사당(高祖廟)을 건립했는데, 이후에 선대 황제를 이어서 즉위하는 황제들은 모두 고조의 사당에 가서 알현하고 선조가 창업創業한 공을 계승함을 밝혔다. 경전에 나타난 고대 성왕들의 즉위의식에 담긴 의미를 계승하여 즉위의례를 치렀음을 알 수 있다. 이후 혜제惠帝를 거쳐 문제文帝와 경제景帝는 문경지치文景之治의 태평성대를 이룬 황제들로, 모두 즉위식을 거행하고는 이어서 과부·홀아비·고아·노인·장애인들에게 쌀과 고기·옷감을 하사하고 대사면을 단행했으며, 백성들에게 작위를 하사하는 행사를 치름으로써 덕정德政의 시작을 알렸다.

B.C.140년 그 뒤를 이은 무제武帝는 눈부신 무공武功과 뛰어난 정치적 업적을 쌓은 카리스마 넘치는 황제였던 만큼 자신의 공덕에 대한 자부심과 과시욕도 대단했다. 그는 태산에 올라 자신의 공덕을 하늘에 아뢰는 봉선의식에 큰 의미를 두었다. 진시황 때와 마찬가지로 서한 시기에는, 성왕聖王의 덕치가 이루어지면 신기한 물건

이나 동물들이 출현함으로써 하늘이 상서로운 길조를 나타내어 봉선의 시기가 도래했음을 알려준다는 도사道士들의 말이 유행하여, 무제의 봉선에 대한 의욕을 더욱 부추겼던 것이다.[13] 결국 B.C.104년에 태산에서 성대한 봉선의식을 마치고 연호까지 원봉元封으로 바꾸었으며, 그 뒤로도 5년마다 봉선의식을 거행했다. 진한 시기 봉선의식은 덕정의 실증이 되는 자신의 위대한 공덕을 하늘에 인정받음으로써 황제의 권위와 정당성을 현시하려는 의례였다고 볼 수 있다.

13_ 『한서』 「교사지」郊祀志.

### 위진魏晉 남북조南北朝 시기의 즉위의례: 선양禪讓으로 미화된 권력 쟁탈

『삼국지』三國志로 잘 알려진 위魏의 조조曹操는 촉蜀의 유비劉備와 오吳의 손권孫權과 더불어 쇠락한 후한後漢 왕조를 대신하는 북방의 실력자였다. 조조가 죽자 아들 조비曹丕는 한의 마지막 황제 헌제獻帝를 압박하여 제위를 선양 받아 220년 위 문제文帝로 즉위했다. 『위지』魏志의 기록에 의하면, 문제의 즉위의례는 교외에 조성된 제단에서 거행되었다. 왕이 제단으로 올라가 백관百官이 함께한 자리에서 즉위식이 거행되었고, 의식이 끝나고 제단에서 내려와 하늘에 연기를 올리는 의식을 거행한 뒤에 마쳤다. 즉위한 뒤에는 연호를 바꾸고 대사면을 단행했다.[14] 선양을 받지 않은 유비나 손권의 즉위식 역시 단을 만들어 거행했고 하늘에 연기를 피워 올리는 고천告天(하늘에 아룀)의 의식을 거행한 것은 모두 동일한 형식으로 이루어졌다.[15]

14_ 『삼국지·위지』三國志·魏志 「문제기」文帝紀.

15_ 『삼국지·촉지』 「선주전」先主傳, 『삼국지·오지』 「오주전」吳主傳.

촉蜀을 멸망시킨 진晉의 사마소司馬昭는 그의 아들 사마염司馬炎에 이르러 위魏의 원제元帝를 압박하여 퇴위시키고, 사마염은 265년 진 무제武帝로 즉위했다. 진은 오의 항복을 받아들여 281년 통일을 이루었고 이후 36년간 통일시대를 구가했다. 그러나 북방 흉노족의 발호로 서진西晉 시기는 막을 내리고, 북방 이민족에게 밀려 강남으로 쫓겨가게 된다. 이후 황하 이북 지역에서는 136년간 흉노, 선비,

갈, 저, 족 등의 이민족이 흥망을 거듭했다. 진 무제의 즉위 역시 선양으로 미화됐지만 속사정은 위 문제의 경우와 동일했다. 무제의 즉위의례는 『진서』晉書에 비교적 자세히 기술되어 있는데, 역시 남교南郊에 단壇을 설치하고 백관이 함께 자리한 가운데 거행되었다. 검은 수소(玄牝)를 땔나무에 태워 연기를 하늘로 올린 뒤, 황제가 단 위로 올라가 상제에게 새 황제의 즉위를 고했다. 여기서는 황제가 천제天帝의 명에 따라 제위를 양위 받아 부득이하게 즉위하게 되었음을 천명했다. 고천의 의례가 끝나고 황궁에 등극하여 즉위 사실을 고시告示한 뒤, 대사면을 내리고 연호를 개정하며 시혜를 베풀었다. 다음 날은 조상신이 있는 태묘太廟(태조의 사당)에 아뢰는 의식을 거행했다.[16] 이것은 섭행攝行(관리를 보내어 대신 거행함)을 한 것에 불과했지만, 삼국三國에서 거행되지 못했던 고대의 의례를 재현한 것으로 진의 즉위의례가 보다 제 모습에 근접했다고 평가할 수 있다.

16_ 『진서』晉書 「무제본기」武帝本紀.

한편 화북지방을 버리고 남쪽으로 내려온 한족漢族의 진 왕조는 317년 강남의 건강建康(지금의 남경)에서 동진東晉 시기를 열고 한족의 대규모 남하가 이루어졌으나 420년 이후 송宋(420~479), 제齊(479~502), 양梁(502~557), 진陳(557~589)이 차례로 제위를 양도 받는 형식으로 교체되었다. 이 시기를 북방 이민족의 북조北朝 시기에 대해 화북의 본거지를 버리고 남하한 한족의 남조南朝 시기라고 한다. 남조의 4개국 군주들은 모두 외양상 선양의 형태로 제위에 올랐고, 그 형식조차 이전의 미화된 선양의식과 크게 다르지 않았다.

439년 황하 이북을 통일한 선비족의 북위北魏는 이후 약 100년간 화북의 통일을 유지하며 북조北朝 시기를 꽃피웠다. 북위를 개국한 탁발규拓跋珪 도무제道武帝는 무용武勇이 뛰어날 뿐만 아니라, 한족의 농경문화와 선진문화를 적극적으로 수용하여 선비족의 유목사회와 접목하고자 하는 변혁에 힘씀으로써 국가제도와 예의제도를 혁신하고, 관료정치의 기초를 만들어냄으로써 이후 160년간 선비족의 장기 집권을 가능하게 한 군주였다. 도무제는 398년 제단을 세우고 천지天地에 고제告祭를 올린 뒤에 새로운 왕조의 복색服色을 개정하도록 했다. 이듬해 정월에는 황제가 친히 남교南郊에서 상제에게 제사를 지냈는데 시조始祖(처음 조상)인 신원황제神元皇帝를 함께 제사 지냈다. 이때 사방의 방위신과 일월성신日月星辰을 비롯하여 일천여에 가까운 온갖 신들을 함께 제사 지냈고, 땅의 신(地祇)에도 제사를 지냈다. 조상에 대한 제사는 개국한 지 3년째 되는 400년에 도무제의 아버지인 헌명제獻明帝와 이전 조상들의 사당이 건립된 뒤에 거행되었다.[17]

17_ 『위서』魏書 「예지」禮志 1.

534년 북위가 동위東魏와 서위西魏로 갈라지고 550년 동위 황제의 선양을 받아낸 북제北齊의 선문제宣文帝와 557년 서위 황제의 선양을 받아서 북주北周를 개국한 효민제孝閔帝도 또한 남교에서 하늘에 아뢰는 즉위식을 거행했다. 이들 북조의 개국 군주들은 강압에 의한 정권의 탈취를 선양으로 미화했을 뿐만 아니라, 각 나라 안에서의 왕위 계승 또한 선양에 의한 것이 빈번했는데, 그 실제에 있어서는 이 또한 권력 다툼에 의한 강압적 이양이 많았다. 예를 들어 북위北魏의 헌문제獻文帝가 태자인 조카 탁발굉拓跋宏에게 황제의 지위를 선양할 당시 그의 나이는 18세에 불과했고, 그렇게 해서 즉위한 탁발굉 효문제孝文帝 또한 5세에 불과한 나이에 제위를 선양받은 것이다. 따라서 남북조 시기에는 실제 개국에 해당하는 외선外禪과 국가 내부의 권력 이양에 해당하는 내선內禪으로 구분될 만큼 선양이 남발했으나, 덕과 공업에 의한 현명한 인재의 선발이라는 선양의 본래 의미와는 동떨어진 것이었다. 실제로는 이민족의 흥망이 반복된 격동의 남북조 현실을 여실하게 보여주는 수식에 불과했다. 이후 북제北齊가 북주北周에 의해 멸망당하고 북주의 3대 황제인 나이 어린 정제靜帝가 태후의 부친이자 양견楊堅에게 제위를 선양함으로써 수隋의 문제文帝가 즉위하게 된다. 이로써 동진의 남하에서부터 시작된 273년의 남북조 시기는 마감되고 수·당의 통일국

제1부 즉위의례의 연원과 의미

가 시대가 시작되었다.

## 당송唐宋 시기의 즉위의례:
## 예전禮典의 편찬과 즉위의례의 정비

오랜 혼란기를 마감하고 중국의 대통일을 완수한 수隋 왕조였지만 37년 만에 농민 반란으로 멸망하고 말았다. 비록 수 왕조는 대규모 운하 건설과 현재 대만에 해당하는 유구琉球, 한반도의 고구려高句麗 등 이민족에 대한 정벌 전쟁으로 단명했지만, 율령律令제도를 정비하여 중앙집권적인 국가의 체제를 마련하고 피폐해진 경제와 심각한 인구의 감소를 회복시켜 이후 당唐 제국의 300년 번영의 밑거름을 마련했다. 618년 수 공제恭帝에게 제위를 양위 받은 당唐 고조高祖 이연李淵은 대제국의 황제로 즉위했다. 당 고조의 즉위의례에 대해서는 『구당서』舊唐書와 『신당서』新唐書에 모두 간략하게 서술되어 있다. 그해 5월에 고조는 태극전太極殿에서 즉위식을 거행하고 형부상서로 하여금 남교南郊에 나아가 하늘에 고유하게 했다. 이어서 대사면을 단행하고 연호를 개정했으며, 관인官人 백성百姓에게 작위를 1급씩 하사했다. 또한 태극전에서 백관百官에게 연회를 베풀고 비단을 하사했다.[18]

18_ 『구당서』舊唐書 「고조본기」 高祖本紀.

고조의 즉위는 사실 외선外禪으로 미화된 정권 탈취였으나, 이후 당의 왕위 계승은 황제가 생존 시에 태자에게 제위를 물려주는 내선內禪과 황제가 죽은 뒤에 새로운 황제가 제위에 오르는 사위嗣位의 형태, 두 가지였다. 내선의 경우에는 제위를 선양한다는 선위禪位의 사실을 고시하고 태자에게 제위를 전해준다는 전위傳位의 책문冊文을 내리며, 사위의 경우에는 황제의 유조遺詔(황위 승계에 관한 유언)가 있게 된다. 또한 새로운 황제의 즉위에 이어서 황후와 황태자에 대한 책봉의식이 거행되고, 여러 제왕帝王과 대신大臣, 이하의 신하들과 내명부內命婦에 대한 책명冊命의식이 부대적으로 거행된다. 당대唐代에는 안정된 정치를 바탕으로 국가의례의 반복적이고 안정적인 거행이 이루어졌는데, 당대唐代 초기의 『현경례』顯慶禮를 거쳐

| 책례의 대상 | 의례 명칭 | 책봉의 주체와 장소 |
|---|---|---|
| 황후 | 임헌책명황후 臨軒册命皇后 | 황제가 태극전太極殿의 북벽 헌軒에 나와 황후를 책봉하는 의식을 맡을 관리를 명하면, 황후가 정전正殿에서 책봉을 받음. |
| 황태자 | 임헌책명황태자 臨軒册命皇太子 | 황제가 태극전의 북벽 헌에 나와 직접 황태자를 책봉함. |
| | 내책황태자 內册皇太子 | 황제가 직접 책봉의식을 하지 않고, 태극전의 북벽 헌에 나와 의식을 맡을 관리를 명하면, 황태자가 동궁東宮에서 책봉을 받음. |
| 친왕親王 및 대신大臣[19] | 임헌책명제왕대신 臨軒册命諸王大臣 | 황제가 태극전의 북벽 헌에 나와 친왕과 대신들을 책명册命함. |
| 제신諸臣[20] | 조당책명제신 朝堂册命諸臣 | 황제의 제서制書를 받은 관리가 조당朝堂에서 제신들에게 책명의 의식을 행함. |
| 이품 이상의 내명부 | 책내명부이품이상 册內命婦二品以上 | 황제의 제서를 받은 관리가 침전寢殿의 뜰에서 이품 이상의 내명부에게 책명의 의식을 행함. |

〈표1-1〉 당대唐代 국가 예전인 『개원례』에 등재된 책례 항목들

19_ 대신大臣은 삼사三師, 삼공三公, 개부의동삼사開府儀同三司, 태자삼사太子三師, 표기대장군驃騎大將軍, 좌우승상左右丞相, 경조목京兆牧, 하남목河南牧이 해당된다.

20_ 제신諸臣은 태자소사太子少師, 태자소부太子少傅, 태자소보太子少保, 특진特進, 보국대장군輔國大將軍, 광록대부光祿大夫, 진국대장군鎭國大將軍, 시중侍中, 중서령中書令, 제위대장군諸衛大將軍, 육상서六尙書, 태자첨사太子詹事, 태상경太常卿, 도독급상주자사재경자都督及上州刺史在京者가 해당된다.

『개원례』開元禮와 같은 공식적인 국가 예전禮典이 편찬되었다. 『개원례』에는 황제가 즉위한 후에 거행되는 다양한 책봉의식인 책례册禮의 절차를 자세하게 규정한 의주儀注들이 가례嘉禮(국가의 경사가 되는 의례) 항목에 마련되었다. 이는 주周는 물론 한漢, 위진, 남북조에 이르기까지 시행된 의례가 정형화된 문자로 예전禮典에 등재된 것이다(〈표1-1〉 참조).

고조의 개국 이후 289년의 성세盛世를 누렸던 당은, 907년 후량後粱의 주전충朱全忠이 마지막 황제인 소선제昭宣帝에게 양위를 받아 제위에 오름으로써 멸망하고, 이후 959년까지 후당後唐, 후진後晉, 후한後漢, 후주後周의 5대代 왕조가 흥망을 거듭했다. 요遼와 전쟁 중이던 후주後周의 근위군近衛軍 장군 조광윤趙匡胤은 부하들의 추대로 회군回軍하여 후주의 어린 황제인 공제恭帝에게 제위를 선양 받아 수도 개봉開封에서 송의 태조太祖로 즉위했다. 960년 숭원전崇元殿에서 문무백관이 모인 가운데 공제의 선위禪位 제서制書가 선포되고 태조가 황제의 지위에 올랐는데, 당일에 즉위 사실을 천하에 고시했지만 선양의 형식을 취했으면서도 스스로 병사를 이끌고 제위를 탈취한 것이므로 천지天地 사직社稷에 즉위 사실을 아뢰는 의례

에 관리를 파견하고 친히 참여하지는 않았다. 그러나 송으로 국호를 바꾸고 건륭乾隆으로 연호를 바꾸며, 대사면을 단행하고 내외 백관에게 작위를 하사하는 사작賜爵의 예를 행하는 등의 부대 의식을 거행하는 것은 당을 비롯한 역대의 선례를 벗어나지 않았다.[21] 대체적으로 당의 제도를 답습했던 송은 당의 『개원례』를 이어서 국가 예전을 편찬했으나 『태상인혁례』太常因革禮나 『정화오례신의』政和五禮新儀 모두 제대로 갖추어진 예전은 아니었다. 『태상인혁례』는 책례가 미비했고, 『정화오례신의』에서 그나마 황후, 황태자, 제희帝姬(공주), 내명부에 대한 책례가 마련되었다.

21_ 『송사』宋史 「태조본기」太祖本紀.

# 4 명대明代의 즉위의례

즉위의례의 실제,  
명明 태조太祖의 즉위의례

송은 1125년 금金의 힘을 빌려 요遼를 멸하는 이이제이以夷制夷(이민족으로써 이민족을 제압한다)에 성공했으나 1127년 흠종欽宗에 이르러 금에게 공략당하고 말았다. 고종高宗이 양자강 이남의 항주杭州로 천도함으로써 남송南宋 시기를 열었으나, 역시 외환外患에 시달리다가 1279년 몽고족인 원元에게 멸망당했다. 그러나 원은 제위의 승계 방식이 갖추어지지 않아 끊임없는 상속 쟁탈로 혼란을 거듭하면서 내란과 농민 봉기로 와해되어 91년 만에 멸망하고, 당시 홍건적紅巾賊에 가담하고 있던 주원장朱元璋이 1368년 명明 제국의 태조太祖로 즉위했다. 이민족의 치하에서 민족의식이 고취된 한인漢人의 민족국가를 개창한 명 태조는 형법을 정비한 『대명률』大明律을 제정하고, 송에 비해 한층 정비된 국가 예전인 『대명집례』大明集禮를 편찬하는 등 유교적 황제의 위덕威德을 보이고자 한 전제군주였다.

『명사』明史에는 명 태조의 즉위 과정과, '등극의'登極儀라는 조목 아래 자세한 즉위의례가 기록되어 있다. 먼저 「태조본기」太祖本紀에 기록된 2일간의 태조 즉위의례는 다음과 같다.

① 홍무洪武 원년元年 춘春 정월正月 기해己亥일에 남교南郊에서 천지天地에 제사하고 황제에 즉위했다.

② 국명을 명明으로 정하고, 연호를 홍무洪武로 개정하는 개원改元을 단행했다.

③ 돌아가신 고조(高祖考), 증조(曾祖考), 조부(祖考), 부친(皇考)을 각각 황제로 추존追尊하고 각각 묘호廟號를 올리며, 돌아가신 비妣들을 모두 황후로 추존했다.

④ 비妃를 황후로, 세자를 황태자로 책립했다.

⑤ 모든 공신功臣들에게 관작官爵을 수여했다.

⑥ 병자丙子일에 즉위 사실을 천하에 고시했다.

⑦ 돌아가신 백부(皇伯考) 이하를 모두 왕王으로 추봉追封했다.

①에서 ⑤까지는 즉위 당일에 남교에서 천지제사를 지낸 뒤에 그 자리에서 황제에 즉위하면서 함께 거행한 의례들이다. 즉위 이튿날 ⑥·⑦의 내용, 즉 즉위 사실을 천하에 반포하고 친왕親王들을 추봉追封하거나 책명冊命하는 의례를 거행했다. 「예지」禮志에는 이날의 즉위의례가 세부적인 의주(의식 절차와 기물들을 기록한 것)들과 함께 '등극의'로 기록되어 있어, 「본기」에 기록된 내용에 대한 좀 더 구체적인 정황들을 살펴볼 수 있다. 다음은 그 내용을 간략히 정리한 것이다.

① 즉위일에 먼저 천지에 아뢰는 제사를 지냈다(고사천지告祀天地).

② 남교에서 즉위했다. 승상丞相이 백관 이하와 도성의 백성과 기로耆老(노인으로 지위가 있는 자)들을 이끌고 경하를 드리며 세 차례 만세萬歲를 연호했다(남교즉위南郊即位).

③ 노부鹵簿(호위 의장)와 도종導從(호위 의장을 이끌고 따르는 인원들)을 갖추고 태묘太廟(조상의 사당)에 나아가 사세四世(돌아가신 부친에서 고조까지)를 추존하는 책보冊寶(추존의 내용을 기록한 책문과 존호를 새

긴 도장)를 올렸다(상추존上追尊).

④ 사직社稷에 즉위 사실을 아뢰는 제사를 지냈다(고사사직告祀社稷).

⑤ 면복冕服을 갖춰 입고 봉천전奉天殿에 나아가자, 백관들이 표表(경하의 글)를 올려 경하드렸다(상표하上表賀).

⑥ 관원을 파견하여 황후를 책배册拜하고, 황태자를 책립册立했다(책례册禮).

⑦ (즉위한 이튿날) 천하에 즉위 사실을 고시했다(조고천하詔告天下).

종합해 보면, 명 태조의 즉위식은 먼저 천지에 즉위 사실을 아뢰는 제사를 거행한 뒤에 바로 남교에서 문무백관과 도민都民이 참여한 가운데 거행되었고, 그 당일에 종묘宗廟에 나아가 고조까지의 조상을 추존하는 추상존호追上尊號의 의례를 거행하고, 사직社稷에 아뢰었으며, 조회에서 백관들의 경하를 받고 황후와 황태자를 책봉하는 의례를 빠짐없이 성대하게 거행했다. 이튿날에는 즉위 사실을 온 나라에 고시하고, 돌아가신 친속들은 왕으로 추봉追封하고, 생존하는 친속들 역시 친왕으로 책명했다. 황태자의 책립에 황제가 직접 임헌臨軒(정전의 북벽 헌에 직접 나아가 거행함)하는 대신 관원을 파견한 것은 당대 『개원례』에 기록된 정중한 책례와 차이가 있다 하겠지만, 전체적으로 즉위의례의 의미와 형식을 갖춘 성대한 개국開國대전大典이었다고 할 수 있다.

명 인종仁宗 이후로는 대부분 천지와 종묘, 사직에 관리를 파견하여 고사告祀를 지냈고, 성조成祖처럼 즉위 이후에 천지에 고사告祀를 지내는 경우도 있어 개국의 대전과는 다를 수밖에 없었으나, 명 태조의 즉위의례가 갖춘 전체적인 틀이 전형으로서 준수되었다고 할 수 있다.

명대 예전禮典에 등재된
즉위의례와 관련 의례들

명 태조는 한족漢族의 민족국가를 개국한 뒤 『홍무예제』洪武禮制나 『대명집례』와 같은 예전 편찬을 국가적으로 시행하여, 유교적 전제 군주로서 한漢 민족 전통의 예악禮樂정치를 내외에 표방하고자 했다. 태조太祖 홍무 연간(1369~1398)에 편찬된 『대명집례』와, 효종孝宗 홍치弘治(1488~1505) 연간에 편찬되어 가정嘉靖(1522~1566), 만력萬曆(1573~1615) 연간에 잇따라 중수重修된 『대명회전』「예부」禮部에는 명대의 즉위의례와 즉위 관련 의례들의 의주가 마련되어 등재되었다. 명대의 이 예전들은 당의 『개원례』와 함께 조선시대 『국조오례의』國朝五禮儀를 비롯한 국가 예전 편찬의 준거로도 활용되었다.

아래의 〈표1-2〉는 『대명집례』와 『대명회전』에 등재된 황제 즉위 의례와 관련 의례들의 목록이다.

『대명회전』에는 등극 의례와 책립 의례 및 상존호 의례가 실려 있고, 『대명집례』에는 등극이나 책례를 할 때에 미리 천지와 종묘, 사직에 관원을 파견하여 사실을 아뢰는 의례와, 책례에 대한 자세한 세부 의례들이 망라되어 있다. 특히 『대명집례』의 책례는 책황후冊皇后, 책황태자冊皇太子, 책친왕冊親王, 책공주冊公主, 책내명부冊內命婦의 총 5개 항목 아래 각각 대상별 또는 절차별 세부 의례를 마련하고 자세한 의식 절차를 적은 의주를 싣고 있다.

양 예전에 등재된 의례들은 이를 통해 명대 즉위의례의 전모를 알 수 있을 뿐만 아니라, 중국의 역대 즉위의례와 즉위 관련 의례들이 오랜 시행 과정과 변화를 겪으면서 최종적으로 정비된 형태라는 점에서 중요한 의미를 가진다.도3

도3 서안우호위후천호소백호인西安右戶衛后千戶所百戶印
명 태조가 자신의 둘째 아들을 진왕秦王에 책봉하면서 내린 인장印章이다.

『대명회전』의
황제 등극의

『대명회전』에는 홍무洪武 원년에 거행된 황제 등극의가 실려 있다. 이 등극의 의주는 역대 황제의 즉위의례에 대한 정식 명칭(등극의)과 의식 절차에 대한 최초의 예전 기록이라는

| 출전 | 의례의 분류 | 의례 명칭 및 의주 | 의례 명칭 및 의주 |
|---|---|---|---|
| 『대명회전』 | 등극登極 | 등극의登極儀 | 등극하는 의례 |
| | 책립册立 | 황후책립의皇后册立儀 | 황후를 책립하는 의례 |
| | | 황비책립의皇妃册立儀 | 황비를 책립하는 의례 |
| | | 황빈책립의皇嬪册立儀 | 황빈을 책립하는 의례 |
| | | 황태자책립의皇太子册立儀 | 황태자를 책립하는 의례 |
| | | 황태자비책립의皇太子妃册立儀 | 황태자비를 책립하는 의례 |
| | | 친왕책립의親王册立儀 | 친왕을 책립하는 의례 |
| | | 친왕비책립의親王妃册立儀 | 친왕비를 책립하는 의례 |
| | | 공주책립의公主册立儀 | 공주를 책립하는 의례 |
| | 상존호上尊號 | 황태후상존호의皇太后上尊號儀 | 황태후에게 존호를 올리는 의례 |
| | | 태황태후상존호의太皇太后上尊號儀 | 태황, 태후에게 존호를 올리는 의례 |
| 『대명집례』 | 고사告祀/<br>(등극, 책례 시에) | 견관주고환구의주遣官奏告圜丘儀注 | 관원을 보내어 원구에 아뢰는 의주 |
| | | 견관주고의遣官奏告儀 | 관원을 보내어 (종묘에) 아뢰는 의례 |
| | | 견관주고사직의주遣官奏告社稷儀注 | 관원을 보내어 사직에 아뢰는 의주 |
| | 책황후册皇后 | 책배황후의주册拜皇后儀注 | 황후를 책배하는 의주 |
| | | 백관칭하상표전의주百官稱賀上表箋儀注 | 백관이 경하하며 (경하의 글을 적은)표와 전을 올리는 의주 |
| | | 황제회군신의주皇帝會群臣儀注 | 황제가 신하들에게 회례를 베푸는 의례 |
| | | 황후회내명부의주皇后會內外命婦儀注 | 황후가 내외에게 회례를 베푸는 의주 |
| | | 알묘의주謁廟儀注 | (황후가) 종묘를 알현하는 의주 |
| | 책황태자册皇太子 | 책배의주册拜儀注 | (황태자를) 책배하는 의주 |
| | | 사중궁의주謝中宮儀注 | (황태자가) 중궁에게 감사를 올리는 의주 |
| | | 제왕하동궁의주諸王賀東宮儀注 | 제왕들이 동궁에게 경하를 올리는 의주 |
| | | 제왕하중궁의주諸王賀中宮儀注 | 제왕들이 중궁에게 경하를 올리는 의주 |
| | | 백관칭하진표전의주百官稱賀進表箋儀注 | 백관이 경하하여 표와 전을 올리는 의주 |
| | | 백관진전하동궁의주百官進箋賀東宮儀注 | 백관이 동궁에게 전을 올려 경하하는 의주 |
| | | 내외명부하중궁의주內外命婦賀中宮儀注 | 내외의 명부가 중궁에게 경하를 올리는 의주 |
| | 책친왕册親王 | 책배친왕의주册拜親王儀注 | 친왕을 책배하는 의주 |
| | | 영책보안봉친왕전의주迎册寶案奉親王殿儀注 | 책문과 도장을 받친 그릇을 맞이하여 친왕의 궁전에 받들어 놓는 의주 |
| | | 친왕유년내궁행책례의주親王年幼內宮行册禮儀注 | 친왕이 어려서 내궁에서 책례를 대신하는 의주 |
| | | 친왕사중궁의주親王謝中宮儀注 | 친왕이 중궁에 감사를 올리는 의주 |
| | | 친왕사동궁의주親王謝東宮儀注 | 친왕이 동궁에 감사를 올리는 의주 |
| | | 친왕자행하례의주親王自行賀禮儀注 | 친왕이 경하를 베푸는 의주 |
| | | 백관칭하상표전의주百官稱賀上表箋儀注 | 백관이 경하하여 표와 전을 올리는 의주 |
| | | 황태자하중궁의주皇太子賀中宮儀注 | 황태자가 중궁에 경하를 올리는 의주 |
| | | 내외명부하중궁의주內外命婦賀中宮儀注 | 내외의 명부가 중궁에게 경하를 올리는 의주 |
| | | 제왕수책백관진전하동궁의諸王受册百官進箋賀東宮儀 | 제왕들이 책문을 받고 백관이 동궁에게 전을 올리는 의례 |
| | 책공주册公主 | 발책의주發册儀注 | (공주를 책명하는) 책문을 내는 의주 |
| | 책내명부册內命婦 | 책내명부의주册內命婦儀注 | 내명부를 책명하는 의주 |

〈표1-2〉 『대명집례』와 『대명회전』에 등재된 즉위의례와 관련 의례 목록

　　　　　제1부　즉위의례의 연원과 의미

| 의례 절차 | 내용 |
|---|---|
| ① 진설陳設 | 원구에 고유하는 제사가 끝나면, 교위校尉는 남교의 단壇에 금의金椅(금으로 된 의자)와 면복冕服을 진설(배열함)한다. |
| ② 취위就位 | 승상丞相이 대신들과 백관을 이끌고 망료위望燎位(제사를 지낸 뒤 축판과 폐백을 태우는 자리)에 나아가 황제가 자리에 앉기를 청한다. 황제가 신하들의 부축을 받으며 금의에 앉는다. 백관이 위치에 맞게 자리한다. |
| ③ 면복冕服을 바침 | 신하들이 꿇어앉아 면복을 바친다. 승상이 황제에게 면복을 입힌다. 백관이 위치에 맞게 자리하고 음악이 연주되는 가운데 국궁鞠躬(몸을 굽힘) 사배四拜(네 번 절함)를 한다. 음악이 그친다. |
| ④ 어보御寶를 바침 | 백관이 무릎을 꿇고 앉으면 승상이 황제의 옥보玉寶를 받들고 "황제께서 대위大位에 나아가 오르셨으니, 신들은 삼가 어보御寶(황제의 도장)을 올립니다."라고 말하며 어보를 올린다. 상보경尚寶卿이 어보를 받아서 녹盝(도장을 담는 함) 안에 넣는다. |
| ⑤ 삼무도三舞蹈, 삼고두三叩頭, 산호山呼 | 백관이 삼무도三舞蹈(세 번 손을 흔들며 발을 구름)와 삼고두三叩頭(세 번 머리를 땅에 조아림)와 산호山呼, 산호山呼, 재산호再山呼를 한다(만세, 만세, 만만세를 외침). 백관이 국궁 사배를 한다. |
| ⑥ 해엄解嚴 | 황제가 해엄解嚴(호위 의장을 해제함)을 하면 백관이 물러나고, 의례가 끝난다. |

〈표1-3〉『대명회전』에 실린 '등극의'의 절차

점에서 동아시아 즉위의례 연구에 중요한 자료이다. 이것은 대한제국의 황제로 즉위한 고종高宗의 즉위의례를 거행할 때에도 중요한 전거로서 참용된 바 있다.[22]

〈표1-3〉은『대명회전』에 등재되어 있는 '등극의'의 구체적인 절차이다.

이 등극의의 절차가 끝나면 곧바로 노부와 도종을 갖추고 태묘太廟에 나아가 사대四代의 조상을 추존追尊하는 의례를 거행하고, 국가의 영토신과 곡식신을 모신 사직社稷에 고유하며, 봉천전奉天殿에 나아가 백관을 조회하고 하례를 받는 절차를 거친 뒤, 황후와 황태자를 책립하는 것으로 기록되어 있다.

『대명회전』에 보이는 '등극의'는『명사·예전』의 '등극의' 기록이 놓치고 있는 의례의 핵심 절차들을 간명하고도 빠짐없이 싣고 있다. 『대명회전』에서 보는 등극의의 핵심은 원구圜丘에서 고유제를 먼저 지내고 바로 그 자리에서 신하들이 황제의 상징인 면복冕服과

22_『(고종)대례의궤』(高宗)大禮儀軌(2001)「의주」儀注 '등극의'登極儀 참조.

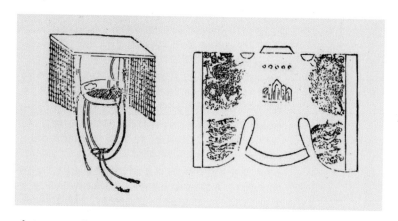

어보御寶를 새로운 왕에게 바친다는 데에 있다.도4 이는 고대 경전의 즉위식에서는 볼 수 없는 형식 절차이자, 오랜 즉위의식의 역사에서 명시되지 못했던 내용이다. 그럼에도 불구하고 하늘에 고유하고, 조상을 기리며, 백관을 남면南面(군주의 자리는 남쪽을 향한다는 뜻으로 군주의 정치 행위를 상징함)하여 조회하는 기본적인 의식의 골격은 그 오랜 세월을 견디며 유지되었다.

예전禮典에 실린 등극의의 정형화된 의례 형태에는 피비린내 나는 정권 탈취나 복잡한 정치적 계산을 뒤로하고, 하늘에 고유하여 천지신명에게 정당성을 승인받고 종묘에 고유하여 조상의 공덕을 승계하리라는 유학적 치도治道의 이상으로 국가 구성원들의 의지를 응집하려는 의례적 목적이 담겨 있다. 이것이 오랜 세월의 무쌍한 변화와 함께 불변의 형식으로 견지하고자 한 핵심일 것이다.

국왕의 즉위를 표현하는 조선시대 당시의 용어는 '등극'登極이다. 등극에서 '극'은
뭇 별들의 중심인 북극성을 의미하기도 하고 도덕적 표준이자 중심 원리로서 황
극皇極을 의미하기도 했다. 따라서 등극이란 각각의 해석에서 모두 '최고의 자리
에 오른다'는 의미를 지녔다. 새 군주가 자리에 오를 때 오른쪽 계단을 이용한다고 해서
'이조'履祚 또는 '즉조'卽祚라고도 하였다. 국왕의 등극의식은 계승의 형식에 따라 수선受禪, 사위嗣位, 반정反正 등
으로 구분되었다.

제 **2** 부

국왕의 즉위의례

即
位
儀
禮

# 1 조선시대 이전의 즉위의식

고려시대에 이르는 역대 즉위의례의 상세한 내용은 확인하기 어렵다. 『고려사』高麗史나 『고려사절요』高麗史節要 등의 사료에도 간략한 즉위 사실에 대한 기록 외에 즉위식 자체의 내용을 상세하게 기록하지 않았으며, 『고려사』「예지」禮志에도 즉위의례가 기록되어 있지 않다.

조선시대에는 왕 즉위식의 하나인 사위嗣位의식을 오례 중 흉례凶禮의 하나로 기록하고 있다. 『고려사』「예지」의 흉례에도 고려의 국휼國恤제도에 대해 기록하고 있는데, 역대의 장례의식에 대해 개관하고 있을 뿐 사위의식 자체를 독립시켜 서술하지 않았다. 『고려사』「예지」흉례 국휼 조의 첫머리에서 "고려 사람들은 국상에 관한 의식을 제정하지 않았다. 나라에 큰 상사가 나면 언제나 다 임시로 고전을 참고하고 전례를 인용하여 일을 치르고 나서는 기록을 남기지 않았으므로, 역사에 나타난 것은 다만 대체적인 것뿐이다." 라고 한 것처럼 후계자가 돌아가신 선왕에 대한 애통함을 표현하는 조선과 같은 의례의 체계가 마련되지 않았다.

고려는 유교식 정치제도를 받아들였지만, 유교 정치사상이 안정적으로 정착되지 않아 사적私的 은혜를 넘어서는 의리義理를 토대로 한 유교적 정치원리는 고려사회의 운영원리로서 기능하지 못했다.[1] 고려 태조가 안정된 국가의 운영을 위해 후손들에게 내린 훈계인 '훈요십조'訓要十條에는 왕위 계승에 대한 내용도 실려 있다. "나라를 전하는 것을 적자嫡子로써 하는 것이 상례라고는 하지만, 단주丹朱가 불초하여 요堯가 순舜에게 선위한 것이 실로 공심公心에서 나온 것이다. 만일 원자元子가 불초하고 그 차자次子가 또 불초하면 그 형제 가운데 추대를 받는 자가 대통을 잇게 한다"[2]고 하여 적자라도 무능하면 왕이 될 수 없고, 자질이 있는 자가 왕위를 승계해야 한다고 명시했다. 실제 고려 왕의 계승은 어떠했을까?

고려시대에는 적장자 계승인지 아닌지의 여부를 떠나 정변에 가까운 힘에 의한 왕위 교체가 잦았다. 고려 국왕의 계승 원리를 살펴보는 것은 조선적 계승 원리가 정착되어 가는 이유를 이해하는 데 도움이 되므로, 고려 태조로부터 우왕에 이르기까지 역대의 왕위 계승 사례를 잠시 개관해 보기로 한다.

우선 고려에서는 장자에 의한 계승의 사례가 적다. 고려 태조太祖 이후 혜종惠宗·정종定宗·광종光宗은 모두 태조의 아들이었고, 5대 경종景宗이 광종의 아들로서 왕위를 이었다. 태조는 병이 위중해지자 혜종에게 왕위를 계승하도록 한다는 유명遺命을 남긴 후 세상을 떠났고, 혜종은 백관들을 모아놓고 태조의 유명을 선포한 후 즉위하였다. 태조의 상이 발인할 때 또다시 유명을 선포했다. 이후 고려의 모든 왕들은 죽기 전에 유명을 남겨 후계 왕의 지위를 확고하게 했는데, 그만큼 후계가 불안정했던 현실을 반영한다. 5대 경종도 후계자를 지명하는 유언을 남겼다. 그 유언에는 자신의 국상을 한나라 제도에 의해 이일역월以日易月(상기喪期의 한 달을 하루로 바꾸어 장례를 치루는 법으로 한나라 때부터 시작되었다)하여 13일 만에 소상을 26일 만에 대상을 지낼 것, 왕릉제도는 검약하게 할 것, 지방의 병권을 책임진 관원은 임지를 떠나지 말고 3일 후에 상복을 벗도록 할 것 등의 내용도 포함되어 있었다. 경종의 이 유교는 이후 고려

1_ 이범직, 「고려시기의 오례」 『역사교육』 35, 1984, p.70.

2_ 『고려사』 권2, 세가 2, 태조 26년 하4월.

왕실에서 실천하는 국휼제도의 기본이 되었다.

나라 일을 맡을 해<sup>楷</sup>는 지혜롭고 명철한 성품은 하늘에서 타고났으며 임금의 자격을 가져 사람들의 존경을 받고 있으니 나의 유명을 받들어 왕위에 올라야 할 것이다. 일체 군국 대사는 전부 새 임금의 처분을 받게 하라! 상기<sup>喪期</sup>는 하루를 한 달로 계산하며 능묘제도는 되도록 검박하게 하라! 모든 지방의 책임 관원들은 다만 자기 있는 곳에서 애도의 뜻을 표하고 함부로 임지를 비우지 말며 상복은 3일을 지나서 벗게 하라! 아아! 사생<sup>死生</sup>이란 인력으로 좌우할 수 없는 것이니 생전 사후의 모든 일을 옳게 한다면 내 또한 무슨 유감이 있으랴? 다만 바라는 것은 사직의 신령이 복을 주고 신하들이 한마음으로 협력하여 새 임금을 함께 보좌함으로써 왕실을 길이 편안하게 하고 우리 나라의 운명이 만세무궁하도록 하는 데 있을 뿐이다. 슬프다! 전체 백성과 신하들은 나의 뜻을 체득할지어다![3]

3_ 고려 경종의 유교 중에서, 『고려사』 권2, 세가 2, 경종 6년 7월.

6대 성종<sup>成宗</sup>은 태조의 아들인 욱<sup>旭</sup>의 아들이었다. 성종은 즉위한 후 친아버지 욱을 대종<sup>戴宗</sup>으로 추숭했다. 성종이 죽은 후에는 그의 유명을 받고 경종의 맏아들인 목종이 즉위했다. 목종 다음에는 다시 태조의 다른 아들인 욱<sup>郁</sup>의 아들 현종이 즉위했다. 현종은 1009년 2월에 즉위하였고, 4월에 죽은 아버지를 안종<sup>安宗</sup>으로 추숭하였다. 태조의 손자로서 즉위한 것은 현종이 마지막이었다. 현종 이후에는 현종의 아들인 덕종, 정종, 문종이 차례로 형제 승계하여 왕위를 이었다. 문종 다음으로는 문종의 아들들인 순종과 선종이 차례로 계승했다.

순종은 거상 중에 너무 슬퍼하다가 일찍 세상을 떠났고, 그 아우인 선종이 계승했다. 선종은 유교를 내리고 아들 헌종에게 왕위를 넘겼는데, 헌종은 채 1년을 채우지 못하고 숙부인 숙종에게 왕위를 내주고 물러났다. 이에 대해 이제현<sup>李齊賢</sup>(1287~1367)이 남긴

사평史評이 있는데, 장자 계승 대신 형제 간에 왕위를 주고받는 데 익숙한 고려인들의 정서를 잘 지적하고, 이를 비판하고 있다.

고대 중국의 하우씨夏禹氏가 왕위를 아들에게 전한 것은 후세의 찬역簒逆을 염려한 조치였던 바 그 후 유복자를 임금으로 세워 곤룡포袞龍袍를 입혀 놓아도 세상이 동요하지 않은 것은 명분이 정해져 있기 때문이었다. …… 나라 사람들이 여러 왕대에서 형제끼리 왕위를 주고받은 데 견문이 익어서 대번에 '선종은 아우가 다섯이나 있는데 어린 아들을 세운다'고 하여 이것만을 잘못으로 여긴다. 오히려 문제가 되는 것은 근친 중에 주공周公과 같은 이가 없고 신하들 가운데 곽광霍光과 같은 사람이 없어서 나라 일을 맡겨 정치를 보좌하지 못하였기 때문이다. 이렇게 되면 나라 운명이 위태롭고 정치가 어지럽게 될 것은 뻔한 일이다. 후세에 만일 불행한 일이 있어서 강보에 싸인 어린아이에게 중대하고 어려운 사업을 맡기게 될 때에는 이것으로써 교훈을 삼아야 할 것이다.[4]

4_ 『고려사』 권10, 세가 10, 헌종.

위의 글에서 이제현이 단지 형제 계승보다 장자 계승이 더 낫다는 것을 지적한 것은 아니다. 스스로를 지킬 힘이 있는 왕이 왕위를 계승하지 못할 경우 언제라도 권력다툼이 벌어지고 왕위가 찬탈될 수 있는 고려 정치의 현실, 고려 왕실과 정치문화의 불안정성을 아쉬워한 것이다.

15대 숙종肅宗 이후 18대 의종毅宗까지는 모두 장자에 의한 계승이었다. 의종은 재위 기간 동안 수많은 불사佛事를 일으키고 은혜와 복을 구하는 기도를 하느라 재정을 탕진시키고 사치와 방탕으로 세월을 보냈다. 이는 결국 무신의 난을 초래하여 왕과 태자가 각각 거제와 진도로 피난하거나 추방되었다. 무신의 난을 주도했던 정중부鄭仲夫(1106~1179) 등은 왕의 아우인 익양공翼陽公 왕호王晧를 데려다가 왕위에 앉혔으니 그가 명종明宗이다. 그 뒤를 이은 신종神宗도

최충헌崔忠獻(1149~1219)이 명종을 폐위시키고 세웠다. 그 뒤를 신종의 아들 희종熙宗이 이었는데 다시 최충헌이 희종을 폐위시키고 명종의 장자인 강종康宗을 세웠다.

강종 이후 23대 고종高宗부터 29대 충목왕忠穆王까지는 장자에의한 계승이었다. 충목왕이 즉위한 지 3년 만에 원이 옥새를 회수하여 그의 서제庶弟인 충정왕忠定王을 세웠다. 원 간섭기의 비정상적왕위 계승의 사례를 잘 보여준다. 31대 공민왕恭愍王은 충숙왕忠肅王의 아들이자 충혜왕忠惠王의 배다른 동생으로, 충혜왕의 폭정 시기부터 왕으로 추대하려는 움직임이 있었다. 1374년 9월 공민왕이최만생崔萬生(?~1374), 홍윤洪倫(?~1374) 등에 의해 죽임을 당하자그의 후계자로 정해졌던 우왕禑王이 10세의 나이로 즉위했다. 우왕은 당시에 공민왕이 아닌 신돈辛旽(?~1371)의 아들로 여겨지기도 했다. 후에 명나라를 공격하기 위해 출병했던 이성계李成桂(1335~1408)가 위화도에서 군사를 돌려 온 후 우왕 대신 우왕의 아들인 창왕昌王을 세웠으며, 다시 신종의 7세손인 공양왕恭讓王을 세웠으니 그가바로 고려의 마지막 임금이었다.

이상에서 살펴보았듯이 고려시대에도 중기 이후로 왕의 맏아들이 있는 경우 승계시킨다는 원칙이 형성되었지만, 후계자가 어린경우에는 왕의 형제들이 승계하는 경우가 많았다. 앞서 이제현이지적했듯이 고려시대에는 후계 왕을 미리 정하고 어려서 즉위한 경우에도 이를 보좌해 정치를 이끌어가야 한다는 공감대나 제도가 안착되지 못했다. 그러한 상황 속에서 어린 왕은 국가를 혼란에 빠뜨리는 무능한 존재였고, 국가를 경영할 더 강한 종실에서 왕위를 승계하는 것에 거부감이 없을 수밖에 없었다.

그럼에도 불구하고 왜 이제현과 같은 이는 형제 승계를 비판하였을까? 우리의 기준으로는 무능할 수밖에 없는 적자인 어린 아들을 세우는 것이 왜 능력 있는 삼촌이나 형제에게 왕위를 승계하는것보다 정당한가? 내 핏줄이기 때문이라면 왜 적장자가 더 나은 나의 승계자인가? 내 아들 가운데 나를 더 닮고, 내 재주를 더 닮아 내가 더 사랑하는 아들에게 계승시키는 것은 왜 문제일까? 태조 왕건이 국가를 사적으로 하지 않는 '공심'公心을 말했던 것처럼 국가의 토지와 인민은 왕의 것이 아니다. 왕이 물려주는 것은 나라에 대한 책임이다. 후계자에게 필요한 것은 나와 얼마나 가까운가, 내가 얼마나 아끼는가 하는 것이 아니라 그 책임을 감당할 수 있는 능력이다. 그 능력은 고려의 정치가들이 중시했던 누구보다 큰 힘이나 세를 다룰 수 있는 정치적 경륜일 수 있었다. 그렇지만 세나 지위로써 굴복시키는 것은 오래 가지 않는다. 여기에서 더 나아가 권력을 인정하고 받아들이도록 하려면, 그 권력이 도덕적 토대 위에서 행사되어야 했다.

고려시대에 이러한 정치문화를 극복하려는 시도가 없었던 것은 아니다. 고려 성종은 태묘와 사직을 세우고 환구에 제사하며 적전의례를 거행하는 등 유교적 사전祀典제도를 갖추었다. 이후 왕들도 태묘에서의 제사를 지내어 고려 태조 이래 왕실의 전통을 환기시키고 그 전통을 잇는 계승자임을 보여주려 했다. 환구에서 기우제나 적전의례를 거행하여 하늘에 복을 빌며 민생을 돌보는 것을 보여줌으로써, 공덕에 바탕하여 통치의 정당성을 마련하려는 시도들이 있었다.

그러나 여전히 왕국의 안녕과 왕 자신의 복을 구하기 위한 대규모 불교의례와 귀신에게 호소하는 경우가 더욱 우세했다. 고려시대 태조 왕건의 유훈에서 매년 빠짐없이 거행하도록 했던 연등회나 팔관회, 고려 궁궐 안과 밖에 설립된 제석원帝釋院에서 거행되었던 제석의례 등에서도 개인이나 개인이 속한 지역공동체의 안녕을 기원하는 기복적 성격을 확인할 수 있다. 특히 고려 왕조에서 즉위의례의 일환으로 거행되었던 제석도량帝釋道場[5]은 강한 물리적 힘에 의지해 왕조와 왕권의 안정을 도모하려는 고대 이래 제천·제석의례의 기본적 성격을 공유하고 있었다. 아래 사료는 지속적으로 자연이

5_ 안지원, 『고려의 국가 불교의례와 문화』, 서울대학교출판부, 2005.

나 인간사회의 불안정함을 두려워하면서 더 큰 물리력에 기대어 안정을 도모하고자 하는 고려 왕조의 국가의례에 대해 비판한 글이다.

국가를 경영함에 있어 두렵게 생각할 나위가 없는 것이 다섯 가지요 매우 두렵게 생각해야 할 것이 여섯 가지입니다. 즉 삼진三辰(해·달·별)이 제 궤도를 어기는 것은 두렵게 생각할 나위가 없으며, 하늘에 변괴가 나타나는 것은 두렵게 생각할 나위가 없으며, 소인들이 퍼뜨리는 거짓말은 두렵게 생각할 나위가 없으며, 산이 무너지고 냇물이 고갈되는 것은 두렵게 생각할 나위가 없으며, 수해·한재·충재는 두렵게 생각할 나위가 없으되, 어진 사람이 자취를 감추는 것을 매우 두렵게 생각해야 하며, 사람들의 염치와 도의가 없어지는 것을 매우 두렵게 생각해야 하며, 윗사람과 아랫사람이 잘못을 서로 감싸주는 것을 매우 두렵게 생각해야 하며, 비방과 칭찬이 공정하지 못함을 매우 두렵게 생각해야 하며, 바른말이 들리지 않음을 매우 두렵게 생각해야 합니다. 의종 왕은 불교를 숭봉하고 귀신을 받들어 경색經色이니 위의색威儀色이니 기은색祈恩色이니 대초색大醮色이니 하는 것들을 특별히 만들어 놓고 재를 올리며 기도를 하는 데 드는 비용을 대중없이 거두어들여서 부처와 귀신을 섬기기에 몰두하였는데 …… 변란이 임금의 눈앞에서 일어났건마는 마침내 알지 못했으니 이것이 바로 두려워하지 않을 데 두려워하고 두려워할 데는 두렵게 여기지 않아서 그렇게 된 것인가 합니다.[6]

6_ 고려 의종에 대한 사신 김양경의 평 중에서, 『고려사』 권19, 세가 의종.

또 고려에서는 부모에 대한 효성이 매우 강조되었지만 혈친의 은혜에 보답하는 것(親親) 이상의 사회윤리로 확대되지 못하여 사적인 은혜나 이해관계를 넘어서는 보편적 정치윤리로 나아가지 못하였다. 이는 고려의 종묘제도 운영에서도 마찬가지였다. 고려에도 신라와 마찬가지로 국가 사전에 종묘제사가 포함되었지만 실제 운영은 조선과 크게 달랐다. 성종의 대종戴宗 추숭, 현종의 안종安宗 추숭 사례에서 볼 수 있듯이 사친私親을 높여 왕으로 추대하는 것이 문제시되지 않았을 뿐만 아니라, 오히려 자식이 부모를 위하는 당연한 행동으로 받아들여졌다. 의종 대 대묘와 별묘의 구성에서도 볼 수 있듯이 고려시대의 종묘는 정통正統보다는 친속의 계보를 확인시켜 주는 공간에 가까웠다. 훗날 다산茶山 정약용丁若鏞(1762~1836)이 지적했던 것처럼 고려와 원의 종묘제도 운영은 오히려 같았다고 볼 수 있다.[7]

결국 고려 왕위 계승의 방법이나 즉위식을 비롯하여 통치를 합리화시키는 의례들은 패권적 질서를 확인하는 것 이상으로 나아가지 못했다. 이러한 힘의 우위만이 유일한 잣대가 되는 정치 현실을 제어할 만한 철학적 토대도 제도화하지 못했다. 왕실은 언제라도 다른 힘에 의해 전복될 수 있었다. 혼란이 가중되는 사회 속에서 종교적 구원 이외의 다른 희망을 정치가 주지 못했다. 이러한 상황을 문제삼았던 고려 말의 개혁가들은 단지 성을 바꾸어 다른 왕을 세우는 것에 그치지 않고 정치 및 사회 운영의 근본 원리를 바꾸어 나가려 했고 패권적 세계를 제어할 근본적인 원리와 이를 구현한 제도를 모색해 나갔다. 조선시대 즉위의례의 시행은 고려적 질서에서 벗어나 위로는 국왕부터 일반 백성들에 이르기까지 힘을 넘어서는 더 큰 정의의 기준을 내면화하고, 이를 통해 지속적인 통합과 안정을 추구하는 조선적 질서를 구축하려는 시도와 관련되어 있었다.

7_ 정약용 저, 박종천 역주·해설, 『국조전례고』, 2010, pp.96~99.

# 2 조선시대 즉위식의 유형

『주역』周易에, "성인의 큰 보배는 위位요, 천지의 큰 덕은 생生이니, 무엇으로 위를 지킬 것인가? 바로 인仁이다."라고 하였다. 천자天子는 천하의 봉공奉貢을 누리고 제후諸侯는 경내境內의 봉공을 누리니, 모두 부귀가 지극한 사람들이다. 현능한 사람들은 지혜를 바치고, 호걸들은 힘을 바치며, 백성들은 분주하여 각기 맡은 역役에 종사하되, 오직 인군의 명령에만 복종할 뿐이다. 그것은 위位를 얻었기 때문이니 큰 보배가 아니고 무엇이겠는가?

인군의 위位는 높기로 말하면 높고 귀하기로 말하면 귀하다. 그러나 천하는 지극히 넓고 만민은 지극히 많다. 한번 그들의 마음을 얻지 못하면 아마 크게 염려할 일이 생기게 되리라. 하민下民은 지극히 약하지만 힘으로 위협할 수 없고, 지극히 어리석지만 지혜로써 속일 수 없는 것이다. 그들의 마음을 얻으면 복종하게 되고, 그들의 마음을 얻지 못하면 배반하게 된다. 그들이 배반하고 따르는 그 간격은 털끝만큼의 차이도 되지 않는다. 그러나 그들의 마음을 얻는다는 것은 사사로운 뜻을 품고서 구차스럽게 얻는 것이 아니요, 도를 어기어 명예를 구하는 방법으로 얻는 것도 아니다. 그 얻는 방법 역시 인仁일 뿐이다.

인군은 천지가 만물을 생육시키는 그 마음을 자기의 마음으로 삼아서

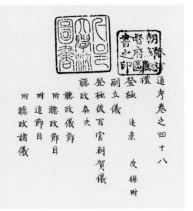

불인인지정不忍人之政을 행하여, 천하 사방 사람으로 하여금 모두 기뻐해서 인군을 마치 자기 부모처럼 우러러볼 수 있게 한다면, 오래도록 안부安富·존영尊榮의 즐거움을 누릴 수 있게 될 것이요, 위망危亡·복추覆墜의 환患을 끝내 갖지 않게 될 것이다. 인仁으로써 위位를 지킴이 어찌 마땅한 일이 아니겠는가.[8]

조선 건국 이후 통치자의 도덕성을 중시하는 정치적 문화를 정착시키려 할 때, 왕의 후계자는 혈통의 계승자만이 아니라 덕의 계승자가 되어야 했다. 조선이라는 국가의 예제를 제안한 『조선경국전』朝鮮經國典에서 정도전은, 군주의 지위도 천지의 생생지덕生生之德(인仁, 공공심)이라는 도덕성에 기초할 때만이 지속 가능하다고 주장했다. 덕 있는 자가 군주가 되어야 한다는 이상을 어떤 방식으로 제도화할 것인가는 이러한 이상에 공감한 조선시대 정치가들에게 중대한 과제였다. 조선의 즉위식은 바로 그러한 고민의 결과물이다.

국왕의 즉위를 표현하는 조선시대 당시의 용어는 '등극'登極이다.[9] 등극에서 '극'은 뭇 별들의 중심인 북극성을 의미하기도 하고 도덕적 표준이자 중심 원리로서 황극皇極을 의미하기도 했다. 따라서 등극이란 각각의 해석에서 모두 최고의 자리에 오른다는 의미를 지녔다. 새 군주가 자리에 오를 때 오른쪽 계단을 이용한다고 해서

8_ 정도전鄭道傳, 『조선경국전』, 정보위正寶位.

9_ 『춘관통고』, 권48, 가례嘉禮, 등극登極.

'이조'履祚 또는 '즉조'卽祚라고도 하였다. 국왕의 등극의식은 계승의 형식에 따라 수선受禪, 사위嗣位, 반정反正 등으로 구분되었다.되1, 2

수선受禪        수선이란 선왕으로부터 직접 자리를 물려 준다는 전교(선위교禪位敎)를 받고 왕위에 오르는 것을 말한다. 수선에 의해 자리를 물려준다는 뜻에서 선위禪位, 선양禪讓이라고도 한다. 수선은 요堯임금이 전하고 순舜임금이 이어받은 사례를 통해 아름다운 왕위 계승의 전형으로 인식되어 왔다. 특히 통치자의 도덕성을 중시하는 조선의 정치문화 속에서 수선에 의한 계승은, 실제로는 혈통에 의한 계승임에도 요에서 순으로의 심법心法 즉 통치자로서 최고의 자질인 덕성의 계승으로 전변시킴으로써 후계자의 정치적 권위를 안정화하는 데 기여할 수 있었다.

조선에서는 조선 초기의 정종定宗, 태종太宗, 세종世宗이 모두 선위교를 받고 왕위에 올랐다. 초기의 왕위 계승 과정은 순조롭지 않았다. 정종은 왕자의 난의 결과로 세자 자리에 올라 후계로 결정되었다. 처음 폐세자된 방석과 새로이 세자가 된 영안군(정종)은 유자幼子 대 적장자嫡長子로서만 대비되고 있었을 뿐 왕이 될 자질이나 덕성이 논의되지 않았다. 난이 평정되었음을 알리는 교지에서는 '성품과 행실이 순수하고 근신하며 뜻은 충효忠孝에 있음', '대소 신료들이 전부 말을 올려 청함'을 이유로 계승하게 되었다고 말하였다.

정종이 태종에게 선위할 때에는 '말 달리고 활쏘기만 좋아하여 학문을 하지 않은' 자신의 부덕함과 '배우기 좋아하여 이치에 통달하고 공덕이 있는' 세자(태종)의 자질을 비교했다. 권근權近(1352~1409)이 지은 선위교서禪位敎書에서는 창업을 도운 공, 재조再造와 반정反正의 공과 함께 어진 덕을 강조하면서 왕으로서의 자질이 무엇보다 중시된 계승이라는 점을 분명히 했다.

조선에 들어와 왕위가 유덕자에게로 계승되어야 한다는 관념이 가장 분명하게 표현된 것은 태종이 막내아들인 세종에게 선위한 일에서였다. 태종은 강력한 왕권을 확립했고 맏아들을 세자로 세웠으며, 명분상 하자가 없는 승계의 원칙에 도전하는 정치세력이 존재하지도 않았다. 그러나 애초에 태종은 적장자를 생물학적인 맏아들로만 여기지는 않았다. 태종은 '원자'元子와 '세자'世子를 구분했다.

원자元子란 맏아들이란 칭호稱號라, 반드시 봉封해야 할 필요는 없다. 경전의 글귀를 찾아보아도 원자의 책봉이란 말은 분명히 없을 것이다. 전일에는 자세하게 상고할 겨를이 없이 이 일을 행하였지만 바로 뒤따라서 하례賀禮하는 것은 잘못된 것이다. 『서경』書經에 말하기를, '왕王은 비록 작으나 원자元子이십니다!' 하였으니, 이것은 소공召公이 성왕成王에게 아뢰었던 말이다. 어찌 원자를 봉했다 하여 칭하稱賀하겠는가? 경전經傳에 '자'子 자를 '생'生 자와 같이 썼다. 전傳에 말하기를, '천하에 나면서부터 귀한 자는 없다. 천자天子에게 맹세한 뒤에야 세자世子가 된다.'고 하였으니, 만약 세자를 봉했다면 나라의 근본을 정한 것이라. 진하陳賀함이 옳다.[10]

10_『태종실록』 권3, 태종 2년 4월 19일(신미).

원자는 맏아들을 일컫는 말로, 반드시 봉해야 할 필요가 없다는 말은 태어난 순서에 따라 자연스레 정해지는 것이므로 정치적 행위의 결과가 아니라는 뜻이다. 따라서 원자를 '봉'封하는 것 자체가 잘못이며 '칭하'稱賀 즉 축하할 일로 공표하고 축하의식을 거행함으로써 신민들과 함께 의미를 공유할 일도 아니었다. 세자는 이와 다르다. 세자는 천자에게 맹세한 뒤에야 결정되는 것으로 귀한 자로서 공인받는 것이고, 따라서 축하할 만한 일이었다. 태어난 순서에 따라서가 아니라 그가 가진 자질로 평가받고 '귀한 자'가 되는 것이었다. 논리상의 귀결로, 세자가 되었던 이라도 자질이 부족한 것으로 판명이 날 경우 폐해질 수 있었다.

태종이 양녕대군讓寧大君 대신에 충녕忠寧(세종)을 세운 후 선위하

도3 세조가 대보를 전해 받은 경복
궁 경회루 ⓒ김성철

려 했는데, 이 선위야말로 고려와 다른 조선식 왕위 계승의 정신과 의미를 가장 잘 표현해 낸 정치적 행위였다. 당시 선위에 반대하는 여론이 높았다. 태종은 반대하는 신하들에게 '아들을 아는 것은 아비와 같은 이가 없다. 내가 제禔(양녕대군)가 선하지 않다는 사실을 알았기에 전위하지 않았다가 이제 전위하는 것이다'라고 하며 유덕자에게 전하는 일임을 강조하였다. 부덕한 세자의 폐위, 덕성을 갖춘 새로운 세자의 책봉, 선위에 의한 왕위의 계승 등 일련의 과정 속에서 아버지에게서 아들로의 핏줄을 따른 계승은 고대 성왕들처럼 덕성에 따라 승계하는 것으로서의 의미를 획득할 수 있었다.

조카인 단종端宗을 대신하여 왕위에 오른 세조世祖의 경우에도 형식적으로는 단종의 선위교서가 있고 나서 왕에 즉위하였다. 1453년 안평대군安平大君을 옹립하려는 역모를 진압한다는 명분하에 군사를 일으켰던 수양대군首陽大君은 그 뒤로 영의정의 자리에 올라 국사를 전단하고 있었다. 1455년 금성대군錦城大君을 왕으로 세우려

는 역모가 다시 발각되자, 관련자들에 대한 처리를 마친 후 단종은 내시를 통해 수양대군에게 왕위를 넘겨준다는 선위전교를 내렸다. 한확韓確(1403~1456) 등 군신들이 합사合辭하여 그 명을 거둘 것을 굳게 청하고 세조 또한 눈물을 흘리며 완강히 사양하였다. 그러나 단종은 대보를 들이라는 명을 내린 후 경회루慶會樓 아래에서 세조를 불러 대보를 전해주었다. 의정부에서 집현전 부제학 김예몽金禮蒙(1406~1469) 등으로 하여금 선위교서 및 즉위교서를 짓도록 하였다. 세조가 익선관翼善冠과 곤룡포袞龍袍를 갖추고는 백관을 거느리고 근정전勤政殿 뜰로 나아가 선위교서를 받았고, 사정전思政殿으로 가 단종을 알현한 후, 다시 근정전으로 가 면복을 입고 즉위하였다.도3, 4

세조를 이은 예종睿宗도 세조의 선위교를 받고 즉위했다. 세조는 병이 위중해지자 수강궁壽康宮으로 이어移御하였고, 예조판서 임원준任元濬(1423~1500)을 불러 전위 절차를 준비하도록 했다. 정인지鄭

11_ 『예종실록』 권1, 예종 즉위년 9월 7일(계해).

麟趾(1396~1478) 등이 반대했지만 죽음을 예감한 세조는 세자를 불러 면복을 친히 내려주었고, 이어 세자가 수강궁 중문에서 즉위하면서 세조를 태상왕으로 모시고 모비를 왕태비로 하며, 오직 군국軍國의 중한 일은 태상왕에게 아뢴 후에 행한다는 교서를 내렸다.[11] 예종이 즉위한 후 태상왕이 정한 일은 새 왕의 즉위 다음 날 소훈昭訓 한씨를 왕비로 삼게 한 일뿐이다. 그리고 이날 세조는 태상왕으로서 백관의 하례를 받은 후 수강궁에서 훙서薨逝하였다.

중종 또한 생전에 내선에 의해 왕위를 물려주고자 했다. 중종 33년, 중종은 내시를 시켜 세자를 불러오게 한 후 대보를 전해주려 했다. 내선內禪, 즉 조정에 알리지 않고 보위를 넘겨주려 한 것이다. 세자가 울며 받으려하지 않아 결국 조정 대신들에게 알려졌고, 대신들은 전위를 극구 반대했다. 중종은 태종이 세종에게 전위한 일을 강조했고, 대신들은 문종이 장성했음에도 불구하고 선위하지 않았던 일을 부각시켰다. 왕이 건강하고 나라가 평안할 때 후계 왕에게 자리를 물려주는 것이 가장 좋은 방법이라고 중종은 생각했지만, 대신들은 조정에 공식화되지 않는 '내선'이라는 형식을 불편하게 여겼고 결국 중종의 내선 시도는 실패로 돌아갔다. 중종은 이후로도 6년간 왕위에 더 있었고, 그가 세상을 떠난 후에야 세자는 대통을 이을 수 있었다.

결국 예종을 마지막으로, 조선시대에 수선에 의해 왕위에 오른 예는 더 이상 없었다. 인종仁宗의 뒤를 이은 명종明宗의 경우에도 선위내교를 받기는 했으나 인종이 훙서하기 하루 전의 일이며, 즉위식의 절차는 사위의식에 준해 거행되었다. 대한제국 시기 순종황제가 선위를 받고 황제위에 올랐으나, 이는 일본의 강압에 의한 것이었을 뿐 수선이라는 정치적 의미를 취하고자 한 일이 아니었다.

수선에 의한 즉위는 미리 왕위 계승을 확고하게 하고 왕위 교체로 인한 국정의 혼란과 공백을 최소화할 수 있다는 장점이 있었다.[12] 그러나 수선의 계승에서 가장 중요한 부분은, '생전에'가 아니

12_ 민현구 외, 「조선시대 즉위의 례와 조하의례의 연구」, 고려대학교 민족문화연구소, 1996, p.13.

라 '덕 있는 이에게'이다. 그런 면에서 조선의 수선에 의한 계승이 고려의 내선과 어떤 차별성이 있었는지 질문해야 한다. 왕정의 안정이라는 실용적 목적뿐 아니라 조선의 왕위 계승이 단지 피의 계승이나 세勢에 의한 지위의 계승이 아닌 덕의 계승이라는 점을 보여주어야 했다. 그런 면에서 태종은 덕성이 부족한 적장자를 폐위시키고 덕 있는 중자衆子를 세자로 세웠고, 생전에 그에게 선양함으로써 조선이 이루려는 덕의 승계를 구현하려는 의지를 보여주었다.

하지만 후계 왕의 대상은 제한되어 있었다. 공개적으로 논의하는 것 역시 불가능했다. 그런 상황에서 덕 있는 후계 왕은 선왕의 독단에 의해 선택될 수밖에 없었다. 이렇게 왕의 자의적 판단에 의해 승계가 이루어진다면 다시 덕의 계승 원칙은 파괴될 수 있었다. 도덕적 정치문화가 자리를 잡아갈수록 이러한 승계 방식은 왕정의 권위를 위태롭게 할 수 있었다. 승계의 원칙이 분명치 않은 가운데 왕이 세상을 떠나버린다면 왕정은 더욱 위험해질 수 있었다. 따라서 재위 기간 동안 미리 합법적인 후계자를 세우고, 통치자로서의 자질을 기르기 위한 교육에 힘쓰고, 그의 통치자로서의 자질을 여러 차례 공인하는 의식을 통해 후계자로서의 지위를 확고하게 함으로써 자의적인 선양도 막고, 사위嗣位 계승의 불안함을 보완할 수 있었다. 이렇게 길러진 세자가 왕위를 계승할 때 그의 '덕'은 연속된 즉위의례의 장에서 가시화되어야 했다. 조선의 선택은 사적 즐거움을 뒤로 미루는 슬픔 속의 사위의식이었다.

사위嗣位　　　　　선왕이 세상을 떠난 후 후계자가 국왕의 자리에 오르는 것을 사위嗣位라고 한다. 왕조국가에서 특별한 변란이 없는 경우 대부분의 왕위 계승은 사위의 형식으로 이루어졌지만, 사위에 의한 계승이 표현되는 양상에는 차이가 있었다. 즉 선왕의 죽음이라는 애통한 상황과 정통을 계승한 새로운 군주가 즉위한다는 경사 가운데 어느 것이 우선시되었는지는 시대에 따라 달랐다.

고려에서는 '효'의 윤리가 매우 강조되었지만 선왕의 죽음에 대한 애도의 과정 자체가 즉위 과정의 일부가 되지는 못했다. 친아버지를 계승한 고려의 왕들조차도 현종을 계승한 덕종, 문종을 계승한 순종, 단 두 명의 왕을 제외하고 선왕을 잃은 애통을 앞세운 경우는 없었다. 선왕의 죽음을 슬퍼하지 않았다는 것이 아니라 이것이 '공식적인 슬픔'으로 표현되지 않았다는 뜻이다. 거의 모든 사왕嗣王들은 선왕이 훙서한 그날로 즉위했고, 국휼제도도 역월제易月制를 시행하여 매우 짧은 기간 내에 장례를 마치고 부묘한 후 새 왕의 즉위를 축하하는 행사를 거행했다.

조선의 경우는 달랐다. 개국 이후 일관되게 지켜진 것은 아니었지만 조선의 왕위 계승은 정통의 계승으로 설명되었고, 순수한 혈통의 계승과 차별화되었다. 이것이 종법에 의한 계승 방식이었다. 후계 왕이 아들이건 조카건 혹은 숙부이건 관계없이 선왕을 의리상의 부모로서 여겨 효를 다해야 했고, 지극히 애통한 가운데 벌어지는 사위의 과정은 왕으로서의 기본 자질을 그대로 보여주는 무대가 되었다.

국휼제도에 있어서도 세종 대에 이미 고려 이래의 '역월제'를 폐지하고 졸곡卒哭 후에 상복을 벗고 심상心喪(특별한 형식 없이 마음으로 상기를 다하는 것)으로 3년을 다하도록 했다. 당시 시왕時王의 제도[13]로서 조선 국가의례의 성립에 큰 영향을 주었던 명나라조차도 황실에서 역월제도를 그대로 시행하고 있었고 국휼제도가 사적인 것이라며 국가 전례서에서 배제되었던 당 이래의 전통을 잇고 있었던 것에 비하면,[14] 조선이 얼마나 성리학적 사회질서의 정착을 위해 근본주의적 태도를 보였는지 알 수 있다.

실록에서는 사위한 왕들이 사위 자체에 관심을 두지 않았다는 점을 매우 강조하여 서술하고 있다. 실제 사위의식도 왕이 세상을 떠난 다음 6일 후 성복成服 즉 복제에 의거하여 상복을 입는 의식을

13_ 이상적 고대문화인 고제古制와 대비하여, 현재 중국에서 시행하고 있는 제도라는 의미로 '시왕지제'時王之制라는 말을 쓴다.

14_ 『명집례』明集禮 권36, 흉례凶禮, 총서總敍.

거행한 후 임시로 길복을 입고 거행되었다. 왕의 즉위식이 선왕의
죽음을 애통하는 의식인 국상의 일부로 포함되고 그 과정은『세종
실록』「오례」및『국조오례의』단계에서 이미 의례로서 제도화되었
다.[15] 이 의식은 선왕의 죽음 이후에 왕위에 오르는 후계자들이 인
간이라면 누구나 가져야 할 애통의 마음을 지녔고, 이러한 공적 마
음을 자각하고 묵묵히 실천하는 모습을 통해 국왕의 공적 책임을
공적 판단력으로 재량할 수 있는 자질을 가졌음을 보여준다. 또한
하늘, 부처, 산천에 대한 제의보다 국상國喪 중 사위의식을 가장 중
요한 즉위의례로 놓음으로써 후계자의 혈통이 아니라 도덕적 자질
이 가장 중요한 정치가의 자질이 되어야함을 표상해 냈다.

15_『춘관통고』권81, 상례보편편
집시말喪禮補編編輯始末.

　이 선양화된 사위의례를 통해 조선의 왕은 단지 할아버지에서
아버지로 이어지는 혈통의 계승자(the heir)가 아니라, 조선 문화가
바탕해야 할 성덕聖王의 덕을 이은 자(the sage-king)이며, 스스로 가
치있는 자로 천명되었다. 재력과 무력, 인력의 동원을 토대로 한
대규모 제의祭儀가 없이도 마음에 부여된 천리天理(인仁)를 자각하고
실천함으로써 하늘의 덕(天德)을 함께할 수 있음을 보여주고자 했
고, 이로써 정치를 하늘과 가까운 특별한 이들의 일이 아닌 덕 있
는 이라면 누구나 참여할 수 있는 일로 만들어가고자 했다. 조선의
사위의례는 매우 간단하고 작은 의례였지만, 조선 정치문화의 지향
을 압축적으로 표현하고 있었다.

　조선의 경우 사위한 첫번째 왕은 문종文宗이었다. 문종은 1450
년 2월 17일 세종이 영응대군永膺大君의 집에서 세상을 떠난 지 6일
째 되는 2월 23일 성복한 후 빈전 문밖에서 대보를 받았고 임시로
마련한 창전帳殿에서 즉위하였다. 그때 왕의 나이는 37세였다. 사위
의식은 세종 때에 그 의식 절차가 모두 마련되었으나 실제로 시행
된 것은 이때가 처음이었다. 이어 예종이 수강궁 중문에서 19세로
사위하였고, 1452년에는 단종이 12세의 나이로 근정문에서 즉위하
였다.

도5 단종과 성종, 선조 등이 즉위한 경복궁 근정문 ⓒ김성철

도6 인종이 즉위한 창경궁 명정전 ⓒ김성철

예종의 뒤를 이어 왕위에 오른 성종의 경우도 사위에 해당하지만, 그 절차에는 약간 차이가 있었다. 예종이 후사가 없이 사정전에서 갑작스레 세상을 떠나자 신숙주申叔舟(1417~1475), 한명회韓明澮(1415~1487), 홍윤성洪允成(1425~1475) 등이 대비전에 찾아가 상주를 누구로 정할 것인지를 물었다. 대비는 잠시 후 강녕전康寧殿으로 나와 원자는 아직 강보에 있고 월산군月山君은 질병이 있으니, 비록 나이가 어려도 세조가 그 그릇이 태조와 같다고 칭찬했던 자산군者山君(성종)을 세우자고 하였다.

또한 일반적으로 사위의식은 성복 후에 거행해야 하지만 갑자기 후사를 세우는 것에 이론이 있을까 하여 바로 즉위식을 거행하는 것으로 결정되었다. 예종이 승하한 때가 진시(오전 8시)였는데 바로 이날 신시(오후 4시)에 근정문에서 성종의 즉위식이 거행되었다. 종묘와 사직에 고하는 것도 모두 당일에 시행되었다. 성종은 또한 자신의 사친인 의경세자懿敬世子를 왕으로 추숭했다가 다시 덕종으로 추숭하여 부묘하였다. 종묘에서의 소목昭穆의 차례도 형제의 차서에 따라 예종睿宗보다 앞세워 전례상의 시비거리를 남겼다.

16_ 정전 좌우의 월랑. 즉위를 사양하는 의미를 담아 정전을 피하여 월랑에 자리를 마련한 것으로 추정된다.

인종仁宗은 1544년 11월 20일 창경궁의 명정전明政殿 무랑무廡[16]에서 사위하였다. 인종은 성복한 후 즉위식을 위해 백관들이 모두 모였

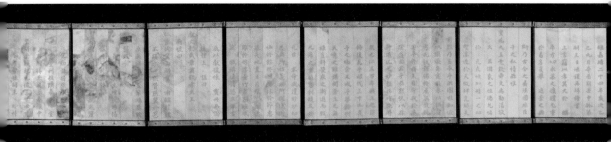

는데도 면복 입기를 거부하고 나오지 않다가 석전夕奠을 마치고 대
신들이 여차廬次 앞에까지 가서 여러 차례 권한 후에야 나와서 대보
를 받았다. 그리고 그때는 이미 날이 저물었다.도5, 6

　그로부터 1년도 채 안 되어, 1545년 7월 1일 인종이 경복궁의
청연루淸讌樓 아래 소침小寢에서 훙서하였다. 이보다 앞서 6월 29일
에 인종은 이복동생인 경원대군慶原大君에게 선위한다는 유교遺敎를
승전내시를 통해 밖에 알렸다. 오랜 병으로 쇠약해진 인종이 내시
를 통해 전한 이 말만 가지고 국가의 큰일을 정할 수 없다고 하여
영의정 등이 들어가 단자에 계자인啓字印[17]을 받아 명종으로의 승계
를 명문화했다. 명종은 7월 6일 성복 후에 빈전인 사정문 앞에서
유교와 대보를 받은 후 경복궁 근정문에서 즉위하였다.도7, 8

　명종의 뒤를 이은 선조宣祖 또한 1567년 7월 3일에 성복의식을
거행한 후 경복궁 근정전에서 즉위하였다. 6월 27일에 명종의 병세
가 위독하자 영의정 이준경李浚慶(1499~1572)이 달려왔는데 왕이 위
독하여 유교를 남기지 못하였다. 이에 중전이 을축년 왕의 병이 위
독하였을 때 하성군河成君(선조)으로서 후사를 삼으라는 봉서를 내린
일이 있다고 하면서 그를 후사로 삼도록 했다. 하성군은 중종의 일
곱째 아들인 덕흥군의 아들로 훗날 사림들에 의해 추대되었다고 할
정도로 왕으로서의 자질을 인정받았다. 선조는 즉위 후 친아버지인
덕흥군에게 대원군의 이름을 부여하고 왕으로 추대하지 않아, 남의
후사가 된 왕이 사친私親에 대해 시행한 전례典禮에 있어 가장 모범
이 되었다고 칭송을 받았다.

도7_ 인종 옥책 국립고궁박물관 소장.
명종 즉위년인 1545년 인종에게
"獻文懿武章肅欽孝"라는 존호와
"明宗"이라는 묘호를 올리면서 제
작한 옥책이다.

17_ '계'啓 자를 새긴 나무 도장.
임금의 재가를 맡은 서류에 찍었
다.

69

이후 광해군光海君, 효종孝宗, 현종顯宗, 숙종肅宗, 경종景宗, 영조英祖, 정조正祖, 순조純祖, 헌종憲宗, 철종哲宗, 고종高宗이 모두 사위로 왕위에 올랐다. 이 시기 동안 특기할 만한 것이 있다면, 1714년 숙종의 명에 의해 국휼에 완전한 삼년상의 제도가 갖추어진 점이다. 숙종은 왕이 살아있는 동안에 국휼제도를 고쳐야 후계 왕이 실제 국상을 치르는 동안의 논란을 없앨 수 있다며 삼년상의 제도를 명문화하도록 했다. 앞서 효종과 현종의 국상 때에 모두 복제 문제가 정쟁화하여 사왕에게 큰 정치적 부담을 남겼기 때문에 같은 일이 반복되지 않도록 한다는 생각에 생전에 국휼제도를 정비해야 한다고 한 것이다. 또 한편으로 이는 국휼제도를 더 원리적으로 실천함으로써 성리학적 의리론으로써 국가를 이끌어 나가려는 의지를 보인 것이었다. 실제 숙종의 국상과 경종의 국상 때 사왕인 경종과 영조는 삼년 방상方喪을 실천하였고, 국휼의 슬픔 속에서 새로운 책임을 다하려는 왕의 모습 속에서 새 왕의 도덕적 자질은 더욱 부각되었다.

정조는 영조의 손자로서 효장세자孝章世子의 후사가 되어 왕위에 올랐다. 즉위 후 국상을 마친 후 정조가 한 첫번째 조치는 효장세자를 진종으로 추숭하여 부묘한 것이다. 다음으로 아버지인 사도세자에게 장헌이라는 시호를 내리고 별묘에서 제사를 지내도록 했다. 정조는 국왕으로서의 책임감과 사적인 애통함이 모두 중요하지만 경중이 있다는 것을 분명하게 인식했고 끝내 사도세자를 왕으로 추숭하여 종묘에 부묘하지는 않았다.

반정反正

반정이란 난세를 바로잡아 바른 데로 돌아간다는 의미이다. 『공양전』公羊傳 「애공십사년」哀公十四年 조條의 "난세를 없애 돌이켜 바르게 한 것이 거의 춘추에 가깝다"(撥亂世 反諸正 莫近諸春秋)라는 말에서 연유하였다. 『서경』書經 「무성」武成 편에 나오는 주 무왕의 행적 즉 "한 벌의 융의에 천하가 크게 안정되거늘, 이에 상商의 정치로 돌아가 정사는 옛날을 따른다"(壹戎衣 天下大定 乃反商政 政由舊) 한 것을 반정하였다고 인식한 것처럼, 군사를 일으켜 새로운 정치를 연 것을 일컫는 말로 쓰였다. 조선에서는 잘 알려진 두 차례의 반정 이전에 태종이 1차 왕자의 난을 일으켜 영안군을 세자로 추대할 때에도 자신이 군사를 일으킨 일을 '반정'이라고 지칭한 바 있다. 중종반정이나 인조반정 모두 군사를 일으켜 왕을 폐위시키고 새 왕을 세웠지만 역성易姓하지는 않고 종실 가운데 유덕자를 국왕으로 추대함으로써 군사를 일으킨 것이 스스로 권력을 잡기 위함이 아니라 인정仁政을 펼치기 위함이라는 명분을 취하였다.

연산군의 폭정은 새 국가를 이끌어온 지 채 100년이 못 되어 그동안의 정치적 노력을 모두 무위로 돌릴 수 있을 만큼의 위기를 초래했다. 연산군은 두 번에 걸친 사화를 통해 수많은 신료들을 살상함은 물론 경연經筵의 폐지, 성균관成均館에서의 향락, 사냥을 위한 민가民家의 철거, 언문 사용 금지, 기녀들에 대한 과도한 지원과 그로 인한 국고 탕진 등 폭군으로서의 면모를 유감없이 발휘했다. 이에 박원종朴元宗(1467~1510), 유순정柳順汀(1459~1512), 성희안成希顔(1461~1513) 등이 정변을 일으켜 연산군을 폐위시키고 성종의 둘째

아들인 중종을 옹립하였다.[도9] 중종은 반정에 의해 연산을 폐위시키고 왕위에 올랐지만 그 역시 성종의 아들이었으므로 종묘 전례상의 문제는 발생하지 않았다. 연산군의 폐정 때문에 왕위에 올랐던 중종은 연산의 폐정을 극복하기 위한 조치를 취해 민심을 얻고 유교정치의 본령을 회복하고자 하여 사류들의 지지를 얻었다. 의례에 있어서도 중종은 친경·친잠의식, 기우제, 양로연 등 민생을 위해 애쓰는 모습을 보이는 데 치중했다. 교외 행차의 양상 또한 사냥이나 군사훈련을 위한 목적의 행차는 사라지고 능행이 위주가 되는 등 크게 변화하였다.

　　인조 역시 광해군에 대해 일으킨 반정에 의해 왕위에 올랐다. 광해군은 연산군과 같은 폭정을 행하지는 않았다. 하지만 붕당 간의 균형을 유지하지 못하고, 대북大北 세력에 치우친 상태에서 영창대군과 인목대비를 무리하게 탄압하고, 후금後金에 대해서도 일반 사대부들의 정서와는 거리가 먼 외교정책을 펼침에 따라 신료들과의 갈등이 심화되었다. 이에 이귀李貴(1557~1633), 김자점金自點(1588~1651), 김류金瑬(1571~1648) 등 서인西人을 중심으로 폐모살제廢母殺弟(어머니를 유폐시키고 아우를 죽임)와 배명背明이라는 명분하에 정변을 일으켜 광해군이 폐위되고 인조가 왕위에 오르게 되었다.도10

인조는 선조의 다섯째 아들이자 광해군의 이모제異母弟인 정원군定遠君의 아들이다. 광해군이 폐위됨으로써 선조를 이어 왕위에 오른 인조는 즉위 후 자신의 아버지인 정원군에게 대원군의 칭호를 올렸다가 원종으로 추숭하여 종묘에 부묘하였다. 반정을 주도했던 이들이 내세웠던 반정의 최대 명분이 광해군이 의리상의 어머니를 박대한 일, 의리상의 아우를 가혹하게 대우한 일, 이와 반대로 자신의 사친인 공빈 김씨는 왕후(공성왕후)로 추숭하여 사적인 친소관계를 대의에 앞세워 왕으로서 더욱 모범을 보여야 할 의리를 저버렸다는 점이었음을 생각해볼 때, 적절한 전례상의 조치는 아니었다.

即
位
儀
禮

3 조선시대 즉위의식의 실제

조선시대 즉위식은 매우 간단한 구성을 취하고 있다. 기본적으로 선왕의 유교 혹은 전위교서傳位敎書와 왕으로서의 가장 중요한 상징인 대보大寶를 받고 어좌에 오르는 의식, 신료들이 경하하는 의식, 즉위 사실을 온 나라에 고하는 교서를 반포하는 의식으로 구성되었다. 다만 즉위하는 상황의 차이, 즉 수선인가 사위인가 반정인가에 따라 절차상에 약간의 차이가 있었다.

개국,
태조의 즉위식

태조의 경우 새로 나라를 개창하면서 왕위에 올랐으나 부덕한 옛 왕을 폐하고 바른 정치를 위해 왕위에 오른다는 점에서 내용적으로나 형식적으로 반정反正에 가깝다. 새로 천명을 받는다는 의미가 적극적으로 의례화되지 않은 것이다.

태조의 즉위식은 1392년 7월 17일 고려의 역대 왕들이 왕위에 올랐던 개성 수창궁壽昌宮에서 있었다. 7월 12일, 이미 새 국가를 세우는 역성혁명에 동의한 이들이 왕대비를 설득하여 공양왕을 폐하고, 국새國璽를 대비에게 전하여 국가의 일을 임시로 처결하도록 했다. 대비는 이성계에게 정무를 담당하게 했다. 16일 배극렴裵克廉

(1325~1392), 조준趙浚(1346~1405), 정도전鄭道傳(1342~1398) 등이 국새를 받들고 태조의 집으로 가 국새를 대청에 올려놓고 왕위에 오르기를 청했다. 실랑이 끝에 태조가 나오자 북을 울리며 만세를 불렀다. 태조는 계속 왕위에 오르라는 권유를 사양하다가 17일 수창궁에서 왕의 자리로 나아가는 의식을 거행하였다. 태조는 궁문에서부터 말에서 내려 걸어서 전각 안의 어좌로 나아갔고, 어좌에 앉지 않은 채 신하들의 조하를 받고 신하들을 전 위로 불러올려 부덕한 왕을 보좌하여 소임을 다할 수 있도록 도와달라고 당부했다.

즉위식 이후 정치, 군사, 외교적으로 새 국가를 안정시키기 위한 방책을 논의해 가는 가운데 열흘이 지난 28일에서야 태조의 4대 조상에게 존호를 올려 왕으로 높이고, 팔도에 즉위교서를 반포해 새 왕이 어떤 마음으로 새 정치를 할 것인지 알렸다. 태조가 왕으로 추대되어 즉위하고 즉위식 이후 행한 조치들은 훗날 중종과 인조의 반정 후 즉위식에 토대가 되었다.

수선,
세종의 즉위식

살아있는 국왕이 왕위를 물려줄 경우 즉위식의 광경은 어떠했을까? 왕관을 벗어 머리에 씌워줬을까, 국새를 직접 전해줬을까? 이 의문을 세종의 즉위식을 통해 풀어보도록 한다.

1418년 8월 8일, 18년간 왕위에 있었던 태종은 경회루 아래에서 내선의 결심을 전했다. 이를 전해들은 정승과 판서, 참판들이 극구 만류하였으나 태종은 이미 결정된 일이라며 뜻을 바꾸지 않았다. 태종은 보평전報平殿으로 가서 국새를 쓸 일이 있다며 상서사尙瑞司에 보관되어 있는 국새를 내오도록 하고 세자를 보평전으로 불렀다. 태종은 급히 불려온 세자에게 국새를 내주고 받으라고 하였다. 세자가 엎드려 몸 둘 바를 알지 못하자 태종이 세자의 소매를 잡아 일으켜 대보를 전해주고 안으로 들어갔다. 이어 왕이 쓰는 의장인 홍양산紅陽傘을 세자에게 내려주고 자신은 연화방에 있는 옛

세자전으로 거처를 옮겼다. 백관들이 태종을 따라 세자전에 이르러 다시 왕위에 복귀하도록 청했고, 세자도 대보를 다시 바치면서 사양하였지만 태종의 의지를 꺾을 수는 없었다.

이틀 후 세종은 근정전에서 즉위하였다. 연화방의 세자전으로 거처를 옮긴 태종은 세자에게 가마와 의장을 보내고 궐 내에서 자신을 시위하던 각 차비관들을 보내어 왕세자를 맞이하여 오게 했다. 세자가 새 가마와 의장 대신에 평소에 쓰던 오장烏杖과 청양산青陽傘으로 전에 나아갔는데, 아직 전위의 명을 받을 수 없다는 의지의 표시였다. 태종이 노하여 꾸중하자, 세자는 다시 돌아가 주장朱杖과 홍양산을 세워 왕이 거둥할 때의 모양을 갖춰 태종이 있는 곳으로 갔다. 이미 대외적으로는 왕으로서의 면모를 갖춘 것이다. 세자가 품 안에서 왕위를 사양하는 글을 꺼내 올렸고, 신하들도 아직 세자를 공인하는 명나라의 명이 이르지 않았는데 전위할 수 없다며 반대했으나, 태종은 결국 충천각모衝天角帽 즉 익선관을 세자에게 씌워주고 국왕의 의장을 갖추어 경복궁에 가서 즉위하도록 했다.

거듭 사양한 끝에 왕위에 오르게 된 세종의 경복궁 즉위식은 자세하게 기록되어 있지 않다. 우리가 상상했던 것처럼 전왕이 새 왕에게 국왕의 상징을 바로 수여하는 식의 즉위식은 아니었음을 확인할 수 있다. 국왕은 천명을 받는 존재이기에 선왕에게 왕의 자리를 받는 것이 아니라 하늘이 부여한 명을 받고 그 자리에 오르는 것으로서 의례가 형상화되었다. 정전의 뜰에서 왕의 자리에 오르고 신민의 축하를 받는 의식(하례賀禮)의 절차는 세종 대에 마련되어 『세종실록』「오례」에 수록된 '사위의'嗣位儀와 크게 다르지 않았을 것으로 생각된다. 다만 새 왕의 즉위를 신민과 함께 축하한다는 의미로서 거행되는 축하의식은 선위 후 즉위식에서 더욱 본래의 경사스런 분위기를 잘 보여줄 수 있었다. 실록의 기사에 따르면 선위교를 받고 왕위에 오른 경우에 '왕위를 물려준 왕을 더욱 높이는 의례'를 거행하였다. 도11~13

도11~13 **세종대왕 즉위식 재연 장면** 사진 협조: 서울문화재단 하이서울페스티벌 제공.

　　세종의 경우 즉위식 다음 날 태종의 상왕전으로 나아가 감사하는 전문을 올렸다. 경복궁을 나와 상왕전에 거둥하는 이때의 행차를 통해 당시의 도성민들은 곤룡포에 면류관冕旒冠을 쓴 새 왕의 모습을 처음 볼 수 있었다. 왕은 근정문 밖에서 여에서 내려 상로象路 즉 연에 올랐고 경복궁 궐문 밖으로 나갔다. 문밖에서 기다리던 시위하는 관원들이 각각 자기 소속의 부하들을 독려하여 좌우에서 어가를 호위하고, 상서관尙瑞官이 어보御寶를 받들어 앞으로 인도하였다. 총제 이하 좌우 시신들이 어가 앞에 갈라서서 시위하며, 문무 시신들이 말에 오르기를 마치면 어가가 앞으로 나아가기를 청했다. 어가가 움직이면 취타吹打가 울리고, 문무 여러 신하들은 어가의 뒤를 따랐다.

　　태종이 거처하는 상왕전에 이른 후 전문殿門 안에 들어가 욕위褥

位에 이르러 북향하여 서서 전을 올려 읽기를 마친 후 네 번 절하고 자리에 있던 신하들도 네 번 절하였다. 이때 세종을 시위한 홍양산과 청선靑扇, 화개華蓋는 문밖에 있게 하였다. 의식을 마친 후 악차幄次에 나아가 면복冕服을 벗었고 문무백관도 평상시의 복장으로 갈아입고 시종하여 환궁하였다. 이때 세종은 왕으로의 자질이 부족하지만 창업하던 시기의 어려움과 맡겨진 책임이 중함을 깊이 마음에 새기고 어진 정치에 힘쓸 것을 다짐하는 글을 올렸다.

성군聖君의 대명大命이 어리석은 이 몸에 내리시니, 신자臣子 된 심정으로 놀랍고 두려움을 어찌 견딜 수 있겠습니까. 아무리 생각하여도 저에게는 마땅치 않으니, 이 무겁고 어려운 짐을 어찌 감당하겠습니까. 신은 성품과 자질이 어리석고 느슨하며 학문이 천박하여, 일찍이 동궁에 있을 때에도 종사를 받드는 일을 감당하지 못할 것이라 생각했고, 단지 양궁을 받들어 모시고 시선視膳이나 보살필까 하였습니다. 또한 신은 정사에 어두우니, 어찌 족히 백성을 다스릴 수 있겠습니까. 뜻밖에 이 몸이 갑자기 신기神器를 받잡게 되었습니다. 자애하시는 마음이 두터우시고 덕이 너그럽고 어지시어, '뒷사람에게 나아가 계책을 이어주고 위를 전하여 복을 내리게 하리라' 하시고는 잔약한 이 몸이 외람되이 큰 자리에 임하게 하셨습니다. 감히 나라를 초창하실 때의 어려움과 편안히 쉬실 겨를이 없으셨던 일을 우러러 생각지 않을 수 있겠습니까. 또 부탁하옵신 책임이 중난한 줄을 생각하여도, 오직 길이 도모할 바를 마음에 품고 힘쓰겠나이다.[18]

18_『세종실록』 권1, 즉위년 8월 11일(무자).

### 사위, 슬픔 속의 즉위식

세종의 아들, 문종의 즉위식은 조선시대에도 매우 새로운 형식이었다. 이전의 정종, 태종, 세종이 모두 선위의 형식으로 즉위하였던 반면 문종은 선왕이 세상을 떠난 슬픔 속에서 즉위하였다. 1450년 2월 17일 풍병으로 쓰러진 세종은 영응대군 집에 마련된 동별궁에서 세상을 떠났

다. 재위 32년 만이었다. 종기로 인해 건강이 좋지 않았던 세자는 소복 차림으로 머리를 풀고 3일 동안 먹지 않고 왕의 죽음을 슬퍼하였다.

세종 대에 마련된 오례의주五禮儀注에 따라 국장을 위한 세 도감(빈전도감殯殿都監, 국장도감國葬都監, 산릉도감山陵都監)이 설치되었고 상장의 절차를 진행하였다. 2월 19일 염습을 행하고 수강궁이나 경복궁으로 빈전을 옮기는 일이 논의되었다. 영응대군의 별궁은 비좁아 백관이 반열을 갖추기 어렵고 상사를 거행하기에 적합하지 않다는 의견이 많았다. 그러나 빈전은 옮기지 않는 것으로 결정되었다. 그날 이후 조석전朝夕奠을 올릴 때 백관이 별궁의 빈전에 와서 곡하였다. 3일째인 20일에 소렴을 하였고 제5일째인 22일에 대렴하고 빈전을 갖추었다. 6일째인 2월 23일 조전朝奠을 올리고, 왕세자가 종친과 백관을 거느리고서 상복을 입고(성복成服) 곡림哭臨한 후 빈전 밖에서 즉위의 예식을 거행하였다.

이 슬픔 속의 즉위식은 『세종실록』世宗實錄 「오례」 흉례凶禮, 사위嗣位 조條에 기록되어 있다. 이를 통해 재구성해 본 즉위식의 장면은 다음과 같다. 먼저, 유교와 대보를 전해 받는 의식으로 책명의

식을 의례화한 것이다.<sup>도14</sup>

① 즉위식을 위한 자리를 설치한다: 성복을 마치면 빈전 문밖 동쪽에 임시 천막과 같은 악차를 설치하고 그 안에 어좌를 설치한다. 또 욕위褥位 즉 절하는 자리를 빈전의 뜰 동쪽에 북향하여 설치한다. 호위 군사가 무기와 군복을 갖추고 안팎에 도열한 가운데 문관 1품 이하 관원의 자리를 전정殿庭에 설치한다. 도승지가 유교함을 빈전 내의 찬궁 남쪽에 동쪽 가까이 진설陳設하고, 상서관尙瑞官은 대보大寶를 그 남쪽에 놓아 둔다.

② 의식에 참석하는 인원의 자리를 배치한다: 종친과 문무백관들이 조복朝服으로 바꾸어 입고 문외위門外位에 나아가고 봉례랑奉禮郎이 인도하는 가운데 동편문東偏門과 서편문西偏門을 지나 들어와서 자리에 나아간다. 봉례랑이 영의정과 좌의정을 인도하여 빈전殯殿의 동남쪽 모퉁이에 나아가서 서향하여 부복俯伏하도록 한다. 예조판서가 나아가 여차廬次 앞에 가서 부복俯伏하고 꿇어앉아 면복冕服을 갖추기를 청하고, 상의원尙衣院의 관원이 면복으로써 받들어 올리면 왕세자가 최복衰服(부모나 조부모 상에 입는 상복)을 벗고, 면복을 갖추어 입고 동문東門을 지나 들어와서 욕위褥位에 나아가서 북향하여 서게 한다.

③ 의식의 시작을 알리다: 즉위의 의식은 모두 자리에 꿇어앉게 한 후 향을 올리는 것으로 시작된다. 사향司香 2인이 향안香案 앞에 나아가서 북향하여 꿇어앉아 세 번 향을 올리고 부복한 후 물러난다. 사왕嗣王이 부복俯伏하였다가 일어나서 몸을 바로하고 종친과 백관들도 이와 같이 한다. 다시 사왕嗣王이 국궁하여 네 번 절하고 일어서서 몸을 그 전대로 펴고, 종친과 백관들도 이와 같이 한다.

④ 유교遺敎와 대보大寶를 전하다: 의식의 가장 중요한 부분은 선왕의 유교遺敎와 대보大寶를 사왕에게 전하는 것이다. 이 일은 영의정과 좌의정이 맡는다. 영의정은 유교를 받들고 좌의정은 대보를 받들고 일어나, 조금 뒤로 물러나서 모두 서향하여 선다. 사왕嗣王이 동계東階로부터

올라가서 들어와 향안 앞에 나아가 북향하여 선다. 사왕이 욕석 위에 꿇어앉으면 종친과 백관들도 이와 같이 한다. 영의정이 선왕의 유교를 사왕에게 주면, 사왕이 유교를 받아서 보고, 이를 다시 근시近侍에게 준다. 근시가 전해 받들어 물러가서 뒤에 꿇어앉는다. 영의정이 내려와 본 반열(本班)에 나아간다. 좌의정이 대보를 사왕에게 주면, 사왕이 받아서 근시에게 준다. 근시가 전해 받들어 물러가서 뒤에 꿇어앉는다. 좌의정이 내려와서 본 반열(本班)에 나아간다. 사왕이 네 번 절하고 일어나면 근시가 각각 유교와 대보를 받들고 차례대로 먼저 내려가서 욕위의 동쪽에 선다. 왕이 욕위에 나아가 네 번 절하고 종친과 백관들도 이와 같이 한다.

이상 유교와 대보를 전해 받는 의식을 마치면 이제 왕으로서 백관 앞에 나아가 진하를 받는 의식을 거행하게 된다. 새 왕의 즉위를 공식적으로 선포하는 조회의식이 다음과 같은 절차로 진행되었다.

① 진하의식을 위한 자리의 배치 1 ─ 악차 내의 배치: 왕이 동문東門으로 나가면, 근시가 각각 유교와 대보를 받들고 앞에 간다. 왕이 들어가는 악차는 이제 왕이 임어하는 전각이 된다. 악차에 들어가서 자리로 나아가면, 근시가 유교와 대보를 상서원尙瑞院의 관원에게 준다. 악차에는 왕을 상징하는 의장인 홍양산과 청선이 서고 여러 호위관이 전 내에서 왕을 시위하는 의식에 맞춰 벌여 선다.

② 진하의식을 위한 자리의 배치 2 ─ 전정의 자리 배치: 왕이 악차에 있는 동안 어좌를 설치하고 보안寶案을 어좌 앞 동쪽 가까이 설치하고, 향안 2개를 계단 위 좌우에 설치한다. 헌가軒架를 뜰의 남쪽에 북향하여 진열하는데 연주는 하지 않는다. 전정에는 왕의 대가의장을 설치한다. 대가의장은 왕이 쓰는 가장 큰 의장으로 이 의장을 썼다는 것은 즉위식의 중요성을 상징적으로 보여주는 것이다. 병조에서 여러 위衛의 군사를 거느리고 의장을 진열하고, 군사를 뜰에 정렬하기를 평상시의 의식과

같이 한다. 악기와 연주자, 지휘자도 자리를 잡는다. 예를 진행하는 관원들이 먼저 자리하고 종친과 문무 3품 이하의 관원을 나누어 인도하여 들어와서 자리에 나아간다.

③ 왕이 입장한 가운데 진하의식을 거행하다: 모든 준비를 마치면 왕이 악차에서 나와 여興를 타고 나가는데, 홍양산과 청선이 앞에 선다. 왕이 어좌御座에 오르면, 향로의 연기가 피어오른다. 상서원 관원이 대보를 받들어 안案에 둔다. 산선傘扇과 여러 호위하는 관원이 어좌의 뒤와 계하階下의 동쪽·서쪽으로 나누어 늘어서고, 다음에 승지承旨가 계하의 동쪽·서쪽으로 나누어 나아가서 부복하고, 사관史官은 그 뒤에 자리한다. 종친과 문무 2품 이상의 관원을 나누어 인도하여 동편문東偏門과 서편문西偏門을 지나 들어와서 자리에 나아간다. 종친과 백관들이 네 번 절하고 꿇어앉아 홀笏을 꽂고 세 번 고두叩頭하고 "산호"山呼의 창에 맞춰 "천세千歲, 천세千歲, 천천세千千歲"라고 외친다. 이때 악공樂工과 군교軍校들이 일제히 소리를 내어 이에 응한다. 종친과 백관들이 홀笏을 내어 쥐고 부복하였다가 일어나서 네 번 절하고 일어나서 몸을 그전대로 편다.

④ 의식을 마치고 슬픔 속으로 돌아가다: 어좌 앞으로 나아가 예를 마쳤음을 고하면 왕이 어좌에서 내려와 여興를 타고 산繖과 선扇과 호위관이 시위하는 가운데 여차廬次로 돌아와서, 면복을 벗고 상복喪服을 도로 입는다. 종친과 문무백관도 차례로 나가 조복朝服을 벗고 상복을 도로 입는다.

『세종실록』「오례」에는 이 하례를 받는 의식이 근정문에서 거행되는 것으로 되어 있으나 문종의 경우에는 빈전 문밖에 임시로 창전을 설치하고 거기에서 즉위하고 하례 또한 약식으로 거행되었다. 실록은 그 장면을 다음과 같이 기록하고 있다.

임금이 면복冕服 차림으로 널(柩) 앞에서 유명遺命을 받고 빈전 문밖의 장전帳殿에 나가서 즉위卽位의 예식을 행하였는데, 의식대로 하였다.

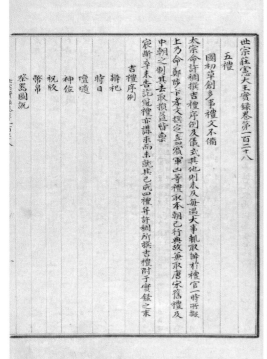

슬피 울면서 스스로 견디지 못하니 옷소매가 다 젖었다. 임금이 면복을 벗고 상복喪服을 다시 입었다.[19]

19_ 『문종실록』권1, 즉위년 2월 23일(정유).

간단한 즉위의 예식을 마친 후 문종은 교서를 반포하였다. 교서를 반포할 때 어떤 옷을 입을지도 논란거리였다. 상복 차림으로 행사하자는 의견과 즉위식이 가례이므로 조복 차림으로 행사해야 한다는 의견으로 나뉘었다. 그러나 문종은 세종이 생전에 여러 의례의 의주를 논의할 적에 즉위의식에서조차 길복을 사용하지 않으려 했다는 일화를 전하면서 교서를 반포할 때 당연히 상복을 입고서 예를 거행해야 한다고 주장하였다. 교서를 반포할 때에는 문종이 직접 참예하지 않았고 문종의 자리만을 설치해 놓고 교서를 반포하였다. 그러나 어좌는 흰 것을 사용해 슬픔 속에서 거행되는 즉위식이라는 점을 강조했다. 이 교서를 반포하는 의식 또한 『세종실록』

「오례」에 실려 있는 기록을 인용하여 재구성해 본다.<sup>도15</sup>

① 교서 반포의식을 위한 준비 및 자리 배치: 우선 액정서掖庭署에서 어좌御座를 근정문勤政門의 한복판에 남향하여 고쳐 설치한다. 교의도 흰 것을 사용한다. 교서안敎書案을 어좌御座 앞에 설치한다. 종친과 문무백관의 자리를 뜰의 동쪽과 서쪽에 설치하기를 평상시와 같이 하고, 병조에서 여러 위衛의 군사를 거느리고, 의장儀仗을 진열하고 군사를 정렬하기를 평상시와 같이 한다. 교서를 펼쳐 읽는 자리를 계단 아래 동쪽 가까이 서향하여 설치한다. 여러 호위護衛의 관원과 사금司禁이 각각 무기와 제복을 갖추고 어좌의 뒤와 계하의 동쪽·서쪽에 진열하기를 평상시와 같이 하고, 흰색의 산繖과 선扇을 진열하기를 평상시와 같이 한다. 최복을 입은 종친과 문무 2품 이상의 관원을 나누어 인도하여 들어가서 자리에 나아가게 한다.

② 교서를 종친과 문무백관 앞에서 반포하다: 자리가 모두 준비되면 전교관傳敎官인 승지가 들어와 여차廬次 앞에 나아가서 교지敎旨를 받들고 부복하였다가 일어나서 나가, 선교관宣敎官의 북쪽에 나아가서 서향하여 선다. 전교관 2인이(내직內直 별감別監은 백의白衣를 입는다) 어좌 앞에 나아가 부복하였다가 일어나서 교서안敎書案을 마주 들고 이를 뒤따른다. 전교관이 "교지敎旨가 있다"고 하면 종친과 백관들이 모두 꿇어앉는다. 전교관이 교서를 선교관에게 주면, 선교관이 꿇어앉아 이를 받아서 전교관에게 준다. 전교관이 마주서서 펴고, 선교관이 이를 선포한다. 이를 마치면, 부복하였다가 일어나서 물러나와 그 전 자리로 돌아간다. 전교관이 교서를 안案에 두고 부복하였다가 일어나서 물러간다. 종친과 백관들이 네 번 절하고 차례로 물러나간다.

③ 교서를 팔도에 반포하고 팔도에서 축하하는 글을 올리다: 승정원에서 교서를 받들어 각 도에 나눠 보내어 펼쳐 읽는 것을 의식대로 한다. 사신使臣과 외관外官, 목사牧使 이상의 관원이 전문箋文을 받들어 진하陳賀한다.

문종은 이와 같이 선왕을 여읜 슬픔 속에서 왕의 자리에 올랐다. 즉위식 이후에도 여차에서 상복을 입은 채 왕으로서의 날들을 보내야 했다. 아들로서 선왕에 대한 예를 다하는 것은 물론 가장 중요한 일이었지만 즉위 후에 밟아야 할 여러 절차들이 여전히 남아 있었다. 우선 즉위식 다음 날 종묘, 사직과 휘덕전輝德殿(세종 비 소헌왕후의 혼전), 영녕전에 즉위 사실을 고하였다. 중국에도 왕이 세상을 떠난 사실을 알리고 시호를 청하는 표문과 전문을 보냈다. 이를 알리는 사신을 고부사告訃使라고 한다. 고부사가 떠날 때에도 백관들이 상복을 벗고 조복을 입은 후 표문과 전문에 배례한 후 역시 조복을 입고 도성 밖까지 전송하였다. 조복을 입고 전송하는 것은 『국조오례의』에는 최복을 입고 전송하는 것으로 고쳤고, 『국조속오례의』와 『상례보편』에는 포공복布公服을 입고 전송하도록 했다.

새 왕의 즉위를 공인하는 외교의식은 그로부터 석 달 후에 있었다. 황제의 고명誥命(중국 황제가 제후국 국왕을 인준하는 문서)과 면복을 받는 것은 경사스러운 의례이고, 나라 안에서는 삼년상을 치르고 있는 중이라 예를 어떻게 적용할 것인지 논란이 많았다. 사위하는 왕의 즉위식에서 어떤 옷을 입을 것인지를 고민했던 것과 같은 것이지만, 조선의 정서와 외교상의 의리가 맞부딪치기에 더욱 논란이 많았다. 특히 명나라의 경우에는 이일역월以日易月하는 국상제도를 고수하고 있었다. 이러한 명나라식 제도에 의하면 왕이 즉위한 후 3개월 이후라면 당연히 국상이 끝났을 때였다. 그러나 조선은 세종대 이후로 졸곡 후에 상복을 벗지만 흰옷으로 애도를 표하며 삼년상을 마치도록 했다. 이 때문에 외교의례에서의 복색을 어떻게 정할 것인지 문제가 되었다. 중국과 같이 역월제를 쓰던 고려에서는 전혀 문제되지 않던 일이었다.

역월제도는 한나라·당나라 이하의 보통 임금이 하던 일이요, 선왕의 법은 아니다. 대비大妃의 초상에 예관이 부왕의 명령에 순종하여 역월제도를 제정하여 사용하였으나, 내가 부왕께 두 번이나 청하여 산릉에 모신 뒤에 효복孝服을 벗었다. 이제 25일 만에 벗게 되면, 도리어 전번 초상만도 못하게 되는 것이다. 나는 최복으로 3년을 지내려고 한다. 그러나 최복으로는 정사를 볼 수 없으므로, 졸곡 뒤에는 도로 상복을 벗고 흰옷과 검은 사모·검은 각대로 정사를 볼 것이며, 상사에 관한 일이 있을 때에는 상복을 입고, 소상小喪·대상大喪·담제의 법도 일체 고례古禮에 따를 것이다. 백관은 역월제도에 의하여 상복을 벗는 것도 가하다.[20]

20_ 역월제 폐지에 대한 세종의 전교, 『세종실록』권16, 4년 5월 13일(기사).

문제는 중국 황제의 책봉 고명誥命을 맞이하는 경사스런 의식을 거행할 때 왕과 조정의 신하들이 어떤 옷을 입을 것인지, 중국 사신이 들어올 때 산대(연희를 베풀기 위한 장식 무대 혹은 그 연희를 지칭하는 말)와 나례儺礼(잡귀를 쫓아내기 위해 벌이는 벽사의례) 등 잡희雜戲(여러 가지 잡스러운 놀이)를 베풀 것인지 중지할 것인지에 대한 것이었다. 문종은 고명을 맞이할 때에는 거의 검정색에 가까운 아청색의 단령을 입고 금은으로 장식하지 않은 검은 허리띠, 검은 가죽신을 입고자 하였다. 또 온 나라가 국상 중에 있는 것을 고려하여 산대와 나례도 없애 애통을 표현하되 단지 화려한 색의 천으로 결채結綵(색색의 비단을 엮어 누각·교량·동네 어귀 등에 내걸어 장식하는 일)하여 경사를 나타내고 향탁을 설치하기로 했다. 고명을 받는 일이 드문 경사인데 슬픔을 나타내는 복색을 갖추는 것이 타당한지 의문이 당연히 제기되었다. 논의 끝에 사신을 영접하고 칙명을 맞이할 때에는 길의장을 쓰고 가마도 주홍색의 연을 쓰고 왕도 길복을 입도록 했고, 사신과의 연회에는 소복으로 참예하도록 했다. 채붕綵棚을 설치하고 잡희를 하는 것은 번국의주藩國儀註에도 없고 조선 고유의 습속일 뿐인지라 설치하지 않아도 된다는 의견이 많았으나, 사신이 올 때마다 채붕을 설치하고 나례를 행한 것이 오랜 관행이 되어왔기 때문에 그대로 설치하는 것으로 결정되었다. 상중임에도 고명을 받는 외교적 의례의 자리는 경사스러운 모습을 띠게 되었다.

『국조오례의』에는 모화관慕華館, 태평관太平館, 숭례문崇禮門에 결채하는 규정이 있으며, 국왕이 모화관으로 갈 때 익선관, 백포, 오서대, 백피화를 착용하고 소연素輦을 타고 흰 천으로 싼 산선傘扇으로 시위하게 했으며 문무백관은 백의, 오사모, 흑각대, 백피화를 입는 것(졸곡 이전에는 최복)으로 규정되었다. 모화관에서 고명을 받을 때에 국왕은 아청원령포에 익선관, 푸른 띠(청정靑鞓), 소옥대素玉帶를 입고 대연大輦도 검은색 면포로 씌운 것을 사용했고 문무백관은 조복을 입고 의식을 행한 후 다시 환궁할 때에는 옷을 갈아입어 슬픔을 표현하도록 했다.『국조상례보편』에도 모화관에 오갈 때 국왕이 시사복視事服,[21] 소연小輦, 문무백관이 포공복布公服을 입도록 했다. 고명을 받는 자리에서의 규정은『국조오례의』단계에서와 같았다.

대부분의 사위의식은 그 절차 자체가『세종실록』「오례」이후 거의 의주에 변화가 없었다. 조선 전기에는 근정문에서 즉위하던 것이 조선 후기에 임금이 계시던 궁궐의 정전 정문에서 거행하는 것으로 바뀌었을 뿐이다.

## 반정, 중종·인조의 즉위식

조선시대 두 차례의 반정은 모두 군사적 정변에 의거했다. 반정 직후에는 '바름을 회복한다'는 명분에 걸맞게 이를 정당화하기 위한 절차를 밟았다. 반정 후의 즉위식 과정은 이를 잘 보여준다.

선위禪位의식에서 왕이 새 왕에게 익선관을 씌워주고 국새國璽를 내어준 것처럼 사위의식에서도 선왕의 유교함遺敎函과 대보大寶를 내려주는 것으로써 이전 국왕의 승인에 의한 승계임을 보여주었다. 반정의 경우에는 관을 씌워줄 왕도 선왕의 유교도 존재하지 않았다. 물론 반정을 일으킨 세력들은 종실에서 누구를 왕으로 세울 것인가를 미리 결정하였지만, 그들이 스스로 왕을 세운 것이라고 할 수는 없었다. 따라서 왕실의 최고 어른인 대비의 승인을 받는 형식을 취하였다. 예종이 후사도 없고 사왕에 대한 유교도 없이 세상을

21_ 베로 만든 포, 베로 싼 익선관, 베로 싼 허리띠, 흰색 갓신을 갖춰 입은 복장.

떠났을 때 왕대비가 왕실의 어른으로서 강보에 싸인 원자 대신에 자산군(성종)을 세웠던 전례, 명종이 후사 없이 세상을 떠났을 때 중전이 선왕이 써 두었던 봉서封書의 존재를 들어 하성군(선조)을 왕으로 정하도록 했던 것과 같았다.

중종의 경우에는 반정군이 창덕궁으로 향하는 한편 경복궁으로 가 대비전에 고하고 추대하기로 한 진성대군晉成大君의 집에도 사람을 보내 반정을 알렸다. 반정군은 창덕궁 앞에 진을 치고 다시 대비전으로 들어가 진성대군을 세울 뜻을 보였다. 대비는 연산군의 아들인 세자가 이미 장성했으니 그를 왕으로 세우는 것이 어떻겠느냐고 했지만 박원종 등은 진성대군을 고집했고 대비는 이를 승인할 수밖에 없었다. 박원종 등은 다시 진성대군의 집으로 사람을 보내 궁궐로 모셔오도록 했다. 진성대군은 여러 차례 사양하다가 연을 타고 창덕궁으로 왔다. 연산군은 이미 인심이 진성대군으로 기울었으니 국새를 내놓고 정전을 피하라는 반정군의 요구에 순순히 응했다.

결국 이날 미시未時에 백관이 도열한 가운데 대왕대비의 교지가 내려졌는데 그 내용은 다음과 같았다.

우리 국가가 덕을 쌓은 지 백년에 깊고 두터운 은택이 민심을 흡족하게 하여 만세토록 뽑히지 않을 기초를 마련하였는데, 불행하게도 지금 크게 임금이 지켜야 할 도리를 잃어 민심이 흩어진 것이 마치 도탄에 떨어진 듯하다. 대소 신료가 모두 종사宗社를 중히 여겨 폐립廢立의 일로 와서 아뢰기를, '진성대군晉城大君 이역李懌은 일찍부터 인덕仁德이 있어 민심이 쏠리고 있으니, 모두 추대하기를 청합니다.' 하였다.
내가 생각하니, 어리석은 이를 폐하고 밝은 이를 세우는 것은 고금古今에 통용되는 의리이다. 그래서 여러 사람의 의견을 따라 진성을 사저私邸에서 맞다가 대위大位에 나아가게 하고 전왕은 폐하여 교동喬桐에 안치하게 하노라. 백성의 목숨이 끊어지려다가 다시 이어지고 종사가 위태로울 뻔하다가 다시 평안하여지니, 국가의 경사스러움이 무엇이

이보다 더 크랴. 그러므로 이에 교시를 내리노니, 마땅히 잘 알지어다.[22]

22_『중종실록』 권1, 1년 9월 2일 (무인).

'임금이 지켜야 할 도리'를 잃어 민심을 떠나게 한 연산 대신에 '인덕'을 갖춘 진성대군을 세운다는 교지는 자기의 이기심을 채우기 위해 나라를 사적으로 운영하는 연산을 내쫓은 반정의 정당성을 강조한 것이었다. 대비의 명을 듣고 군신들이 기뻐하는 가운데 진성대군이 익선관과 곤룡포를 입고 경복궁 근정전에서 즉위하였다. 즉위할 때에는 곤룡포와 면류관을 착용해야 했는데, 제대로 면복을 갖출 수 없을 정도로 급박하게 상황이 전개되었음을 알 수 있다.

중종은 백관의 하례를 받고 내린 교서에서 통상적인 사면 조치와 함께 "근년에 옛 법도를 마주 고쳐서 새로운 조항을 만든 것은 아울러 모두 탕제蕩除하고, 한결같이 조종이 이루어 놓은 법을 준수할 것이다."라고 하여 연산군의 폐정을 일소하고 선왕의 법제로 돌아감을 천명했다. 이 교서는 바로 팔도에 전해졌고 잇달아 새로운 정치의 구상들이 전국에 전달되었다. 실록에는 노인들이 대궐 마당에서 하례를 올리고 사방에서 축하 전문이 올라온 사실 등 반정에 대한 민심의 부응이 기록되었다.

반정세력에 의해 추대된 중종과는 달리 인조(능양군綾陽君)는 직접 반정군과 함께 모의하고 군사를 일으켰다. 1623년 연서역 부근에서 군사를 모아 창의문을 통해 도성 안으로 들어와 창덕궁에 이르니, 광해군은 후원을 통해 빠져나가 어의御醫의 집에 있다가 잡혀오고 광해군 폐정의 원인이 되었던 이들이 참수되거나 잡혀왔다. 능양군이 가마를 보내 경운궁에 유폐되어 있는 대비를 모셔오도록 하였으나 대비가 응하지 않자 직접 경운궁으로 가 반정을 알렸다. 인목대비는 광해군으로부터 국보國寶와 계자啓字를 회수한 후에도 바로 국보를 전하지 않았다. 결국 밤이 늦은 후에야 승전색承傳色을 통해 대보를 능양군에게 전하였다.

속히 즉위하여 민심을 안정시켜야 한다는 의견에 인조의 즉위식은 경운궁의 별당 옛 선조가 일을 보았던 곳에서 이루어졌다. 이때 인조의 즉위식 자체가 어떠했는가는 잘 알려져 있지 않다. 그러나 경운궁에서의 즉위식보다 더 중요한 것은 즉위 후 어떤 정치를 펼칠 것인지 밝혀 민심을 얻는 일이었다. 하여 간단한 즉위식 후에 인조는 다음과 같은 교서를 내려 광해군의 폐정을 고발하고 그의 치세 때 내려진 정령을 모두 되돌렸으며, 이를 '다시 시작하는 것'(경시更始)으로 규정했다.

우리 국가는 열성列聖이 계승하여 그 가법이 가장 올바르다. 인으로 정사를 펴고 효로 다스려 그 빛나고 흡족한 교화가 소경대왕(선조宣祖)에 이르러 극진하였다. 그러나 하늘이 돌보지 않아 드디어 비운을 만났다. 지난 10여 년 이래로 적신 이이첨李爾瞻(1560~1623)이 임금의 마음을 현혹시키고 국권을 천단하며 모자 간에 이간을 붙여 끝내 윤리의 사변을 자아내 모후를 별궁으로 폐출하는 등 갖은 수욕을 가하였다. 더구나 부모와 같은 중국 조정의 은혜를 저버리고 우리 동방 예의의 풍속을 무너뜨려 삼강三綱이 땅을 쓸은 듯 없어졌으니, 이를 어찌 차마 말할 수 있겠는가. 심지어 사치가 도에 넘치고 형벌이 문란하여 백성들이 곤궁하고 재정이 고갈되며 내외의 질서가 무너짐에 이르러서는 나라를 망치고 종사를 전복하기에 충분하였다. …… 즉위한 처음에 이르러 반드시 경시更始의 교화를 펼 것을 생각하니, 무신년 이래 날조된 옥사이거나 연좌된 죄수 및 바른 말을 하다가 득죄한 자는 모두 사면하며, 모든 건축의 토목공사의 부역과 조도사調度使 등의 가혹한 수탈도 일체 제거하며, 기타 백성을 침해하고 나라를 병들게 하던 귀척과 권세가가 가진 모든 전장田庄에 대한 세금 감면과 부역 면제도 함께 조사하여 제거하며, 내수사內需司와 대군방大君房에게 빼앗겼던 민전民田도 일일이 환급한다. 금월 13일 새벽 이전까지의 사죄死罪 이하는 모두 사면하여 유신維新의 뜻을 보인다.[23]

23_ 『인조실록』 권1, 1년 3월 14일 (갑진).

# 4 즉위를 공인하는 부대 행사들

외교의례, 천하에    새 국왕이 즉위하게 되면 바로 즉위 사
새 왕의 즉위를 알리다  실을 중국에 알렸고, 명의 황제가 승인
장에 해당하는 고명誥命과 곤면衮冕을 하사하는 외교적 의례가 시행
되었다. 왕비와 세자의 책봉 역시 같은 절차를 밟았다.

고려시대 이래로 중국에 즉위 사실을 알리고 고명을 받는 의례
(책봉의례)는 계속되었다. 송, 거란, 여진 등과 복잡한 외교관계를 유
지하며 다원적 천하관을 과시했던 고려에서는 동시에 두 나라에서
책봉교서를 받기도 했다.[24] 조선은 당시 중국(명明)과 사대事大관계를
맺고 있었고 황제의 고명과 인신印信(관인. 여기서는 대보를 일컫는다)을
받는 것은 새로운 국왕과 중국 천자와의 외교관계가 다시 맺어지는
것을 의미했다. 그러나 주청사 혹은 고부사를 보내고 중국으로부터
고명을 받기까지 5개월 이상의 시간이 걸렸고, 이미 조선의 국왕은
면복冕服으로 즉위하고 국왕의 명을 시행하고 있었기 때문에 이러
한 의례는 조선에서 결정한 것을 사후적으로 승인하면서 국제질서
를 재확인하는 외교적 의미가 더 컸다.

세종이 수선하여 즉위한 후 중국에 주청하는 문제를 논의할 때
의 장면을 살펴보자. 이때 문제가 되었던 것은 실제적으로 조선에

24_ 노명호盧明鎬, 「東明王篇과
李奎報의 多元的 天下觀」, 『진단
학보』 83, 1997; 「고려시대의 다원
적 천하관과 海東天子」, 『한국사
연구』 105, 1999.

서는 새 왕이 즉위했는데, 사후에 중국에 알리게 되었기 때문에 이미 전위한 사실을 고할 것인지 태종이 건강상의 문제로 전위하려고 한다고 알릴 것인지가 쟁점이 되었다. 즉 '중국에 고명과 인신을 청하는 일'을 조선에서 먼저 전위한 것을 통보하는 것으로 해석할 것인지, 전위에 대해 허락을 구하는 것으로 이해할지에 대한 입장의 차이가 드러난 것이었다. 태종은 "우리나라는 중국 영토 안의 나라가 아니기에 반드시 주청한 후에 전위하지는 않는다. 이미 왕위를 계승하여 위에 나아갔다고 하더라도 문제되지 않는다"고 하며 고명과 인신을 청하는 자문을 보냈다. 명나라도 이에 응하여 이듬해 1월 사신을 보내 고명과 인신을 내려주었다.

실제 고명과 인신을 받는 의례는 어떻게 진행되었을까? 수선 후의 외교의례와 사위할 때의 외교의례는 약간 차이가 있을 수밖에 없었는데, 후자의 경우 국내에서는 삼년상의 기간 내에 있었고 고명을 받는 것은 매우 기쁜 경사이기 때문에 어떤 것을 우선으로 할 것인지 결정해야 했기 때문이었다.

수선 후 외교의례의 사례로 태종이 즉위할 때 어떤 방식으로 진행되었는지 살펴보기로 한다. 1401년(태종 1) 즉위 후 바로 고명과 인신을 청하는 자문을 보냈고, 윤3월 15일에 즉위를 승인하는 예부의 자문이 도착하였다. 같은 해 6월 12일에는 즉위를 인정하는 고명과 인신이 도착하였다.[25] 장근章謹과 단목예端木禮가 황제 혹은 황제의 명령을 상징하는 의장인 절節을 가지고 교외에 이르자, 산붕山棚과 결채結綵를 베풀고, 나례儺礼·백희百戱 등 도성 내외가 외교사절을 환영하는 분위기로 들떴다. 이 사절을 환영하는 의식은 조선 고유의 의식이었다. 산붕은 임시 무대를 가설한 후 잡희를 공연하는 것으로, 본래 『홍무예제』洪武禮制의 번국의주에는 들어 있지 않은 것이었다. 다만 손님을 가장 융숭하게 대접한다는 의미를 담아 조선식의 예를 베푼 것이었다. 결채는 화려한 천을 엮어 거리와 문루를 장식하는 것으로, 손님을 맞이하는 정성을 보이기 위함이었다.

25_ 『태종실록』 권1, 태종 1년 6월 12일(기사).

태종이 조선 국왕의 자리에 오른 것은 이미 반년이나 지났지만 사모紗帽와 단령團領 차림으로 의장과 고취를 갖추고 선의문宣義門 밖에 나아가 영접하였고, 백관은 공복公服을 갖추고 따랐다. 왕으로서의 시사복을 갖추지 않은 것은 황제의 고명과 인신을 받은 후에야 왕위에 오르게 됨을 보이기 위한 것이었다. 후대의 왕들이 모두 이를 따르게 되는데 한양으로 다시 돌아온 이후로는 숭례문을 지나 모화관까지 나가 사신의 행렬을 맞이했다. 황제가 보내온 것은 고명誥命 1통(道), 사각에 전문篆文으로 새긴 "朝鮮國王金印"(조선국왕금인) 1개(顆)와 금인지金印池(인주를 넣은 통) 1개를 함께 넣은 상자였다.

고명과 인신을 받은 후 태종은 비로소 곤룡포와 면류관을 갖추고 사은례謝恩禮를 행하였다. 외교적 형식으로는 이때 비로소 제후로서 천자를 대하는 예를 취한 것이다. 사신使臣을 따라 태평관太平館에 이르러 황제를 상징하는 절節을 대청에 봉안하고, 망궐례望闕禮를 행할 때의 예를 취했다. 황제의 절에 대한 예를 마친 후에는 면복을 벗고 사신에 대한 예를 행하였다. 자리에 참석한 종친·대신·백관과 아래로 생도生徒에 이르기까지 모두 차례로 예를 행하고 나서, 황제의 명을 받고 먼 길을 달려온 사신을 위로하기 위한 잔치를 베풀었다.

당시 조선에서는 전래의 방식으로 성대한 환영행사를 했지만 명나라가 당연시하는 동아시아 국제관계에서의 보편적 기준과 충돌이 일어나는 경우도 생겼다. 산붕으로써 사신을 맞이했던 것처럼 당시 조선에서는 잔치를 행하면 여악女樂을 쓰는 것이 당연하다고 여기는 추세라 사신들을 위로하는 잔치에도 나름 신경을 써 여악을 준비하였다. 그러나 명나라도 당시는 조정의 기강이 엄했고, 도학道學을 신념으로 삼는 관료들은 외교의 공식적인 자리에 여악을 쓰는 것을 불쾌하게 여기는 경우도 있었다. 이해에 사신으로 왔던 장근과 단목예가 바로 그런 경우였다. 이들은 태종이 보낸 예물도 사양하여 훗날 조선 사람들에게 훌륭한 사신의 전형으로 기억되기도 했다. 사신이 다시 떠날 때에는 왕이 면복을 입고 서보통西普通(개경 영평문 밖에 있는 원의 이름)까지 따라가 금절金節에 배례하고 사신에게 전송연을 베풀었다.

　사위 후에 고명과 인신을 받는 의식은 이와는 다를 수밖에 없었다. 사위한 첫번째 사례인 문종 때 이 문제가 진지하게 논의되었다. 국상을 중히 해야 한다는 의견과 황제의 명을 중시해야 한다는 의견이 대립하는 가운데 소복을 입을 것인지 길복을 입을 것인지 의견이 갈렸다. 문종은 처음에 소복으로 사신을 맞이하고 채붕을 설치하지 않도록 하였으나, 논의 끝에 다음과 같은 이보정李補丁의 의견을 따랐다.

> 인군人君이 즉위卽位하는 것은 위로 천자에게서 받고 아래로 선군先君에게서 전하는 것인데, 초상初喪을 당하여 즉위할 때 이미 주周나라 제도에 의하여 면복으로 여러 신하에게 대하였으니, 지금 고명을 받는 것이 어찌 즉위하는 날과 다르겠습니까? 하물며 일이 졸곡 뒤에 있으니, 마땅히 면복으로 맞이해야 합니다. 그러나 순전히 길복을 쓸 수는 없고, 향연享宴 등의 일에 이르러서는 소복을 입어야 마땅합니다.
> 일이 경상經常을 따를 때도 있고 권도權道를 따를 때도 있으니, 지금 국상을 당하여 채붕을 설치할 수 없다는 것은 경상의 의논입니다. 그러나 황제의 고명이 지극히 중하고 졸곡이 이미 지났으니, 채붕을 설치하고 영명하자는 것은 바로 권도를 따를 때이기 때문입니다. 하물며 채붕을 설치하고 영명하는 것이 이미 전례가 있으니, 지금 만일 설치하지 않으면 이의가 생길까 두렵습니다. 권도에 따라 채붕을 설치하는 것이 좋을 듯합니다.[26]

26_ 『문종실록』 권2, 즉위년 6월 10일(임오).

　나라의 슬픔보다 황제의 책봉이라는 경사가 우선이라는 이러한 해석은 이후에 다시 바뀌었다. 황제의 고명을 받는 경사스러운 의식에도 조선의 슬픔이 드러나는 방식으로 옷을 입고 상징을 배치하였다. 이는 『국조오례의』에 명문화되어 조선의 공식적 입장이 되었다. 명·청 교체 이후에도 조선은 청에 대해 사대의 예를 취했고, 새 왕이 즉위하면 청에서 사신을 보내 사제賜祭하고 책봉하는 의식을 거행하였다. 현종은 최복 차림에 흰 가마를 타고 모화관에 거둥했고 칙사를 맞이할 때에도 검은 관에 흑포를 입어 상중임을 표시했다. 효종 대에는 황제의 궐정에서 책봉하는 예를 거행할 때에도 음악을 쓰지 않아야 한다고 주장하기도 했다. 조선 전기에 황제가 고명과 인신을 내려줄 때에 완전한 길례를 썼던 것과 대비되는 부분이다. 조선 내부를 향한 국휼제도상의 원칙을 중국 황제를 상대로 한 의례상의 규정보다 앞세웠고, 중국에서도 대체적으로 조선의 원칙론에 대해 인정하는 태도를 보였다.

하늘에 고하고
천덕을 함께하다 『세종실록』「오례」나 『국조오례의』 등에 수록된 '사위의'嗣位儀에는 즉위 후 천지天地와 묘사廟社에 고한다는 구절이 들어가 있지 않다. 『대명회전』大明會典의 '사황등극의'嗣皇登極儀에 관원을 보내 천지 묘사에 고한다는 구절이 있는 것과 비견되는 대목이다. 앞서 살펴보았듯이 조선의 왕은 슬픔의 사위의식을 통해 자기 안에 갖추어진 하늘의 덕을 성실하게 실천함으로써 왕으로서의 자격이 있음을 보여주었다. 슬픔 속에서 상기를 다한 후에는 하늘에 제사를 지내거나 종묘, 사직에 고하여 자신의 즉위를 정당화했다.

중국에서 역대 황제들의 즉위의례에는 천지에 제사를 올리는 일이 포함되었다. 교사郊祀를 지낸 후 등극하기도 하고, 등극 후 교사를 올리기도 하며, 천명의 계승자임을 널리 알리고자 했다. 조선의 건국을 '혁명'으로 일컬었던 것은 스스로 천명을 받았다는 생각에 바탕한 것이었고 새 왕의 등극 후 하늘에 고하는 예를 당연한 것으로 생각하였다. 그러나 제후국에서 하늘에 제사를 지내는 것이 예에 어긋난다는 해석은 오랫동안 통치자가 하늘에 제사를 지내온 전통과 충돌하였다. 조선 초 원구제 존폐에 관한 오랜 논쟁은 하늘에 제사 지내는 것의 의미와 그것의 정치적 효과를 필요로 하는 입장과, 제후가 천제를 지낼 수 없다는 사전祀典상의 원칙을 어떻게 절충할 것인지를 고민해 왔던 흔적이다.

본래 중국 고대 제국의 천제天祭는 하늘의 초월적 힘을 빌려 현실의 권력을 정당화하려는 노력의 산물이었다. 폐백을 올려 하늘에 기도하는 이의 정성에 하늘은 영험을 보여줌으로써 보답했다. 봉황이나 기린 등의 서수瑞獸가 나타나는 것은 대표적인 하늘의 영험이었고 이러한 영험을 보여주는 특정한 장소가 제장祭場으로써 의미가 있었다. 하늘에 기도하고 하늘의 응답을 받을 수 있도록 하늘과 연결된 특별한 자는 지상의 통치자로서 우월한 지위를 누릴 수 있었다.

천제에 대한 유교적 해석이 점차 힘을 얻으면서 하늘에 제사 지내는 것은 하늘에서 영험과 복(수명, 부, 권력 등)을 구하는 것이 아니라 하늘의 덕에 함께 참여한다는 것을 천명하고 이러한 의지로 현세의 정치에 임한다는 것을 보여주는 것으로 변화하였다. 천시의 운행이 순하여 한 해의 농사가 잘되고 백성들이 편안하게 살도록 하는 '기곡'祈穀이 천제의 중요한 내용을 이루게 되었다.[27]

우리나라도 제천의식의 전통은 유구하다. 삼국시대의 제천의식이나 고려시대의 제석도량, 소재도량消災道場, 초제醮祭 등 불교 및 도교 국가의례에서 하늘을 포함한 초월적 권위에의 제사는[28] 왕이나 공동체의 안녕(기존 질서의 유지)을 바라는 기복적 성격을 잃지 않았다. 따라서 제사 지내는 하늘의 구성도 영험의 능력에 따라 다양했다.

조선에서도 초기에는 유교식 국가 제사제도를 정비해 나가면서도 고려 이래의 전통에서 벗어나지 못했다. 지방 권력들의 공동체 통합과 유지에 중요한 기능을 했던 성황제, 산천제 등이 국가의 일원적 제사 체계 내로 통합되었다. '천덕'의 천에 대한 제사로서 원

27_ 甘懷眞, 『皇權禮儀與經典詮釋-中國古代政治史研究』, 禮觀念的演變與儒教國家的成立(2004, 臺大出版中心).

28_ 나희라, 「한국 고대의 신관념과 왕권」, 『국사관논총』 69, 1996; 나희라, 『신라의 국가제사』, 2003; 안지원, 2005 앞책.

제2부 국왕의 즉위의례

구제의 존폐가 논의되었지만 이와 동시에 새로 즉위한 세종은 소격전昭格殿에서 즉위한 해의 직성直星을 찾아 초제를 올려 복을 구했다. 그러나 국가의례의 유교적 해석이 힘을 얻으면서 모든 초월적 권위에의 제사에서 '구복'의 의미가 희미해지고, 반성하고 돌아보며 천덕天德에 동참하고자 한다는 의미는 점차 강화되어 갔다. 하늘에 제사하는 오랜 전통을 가지고 있으면서도 원구제의를 쉽게 폐지할 수 있었던 것은 원구제의 의미를 다른 형식에 담아낼 수 있었기 때문이었다.

1394년(태조 3) 태조는 삼국시대 이래 원구단에서 기곡과 기우의 제사를 올렸다는 사실을 들어, 원구단의 제사를 폐지하지 않고 이름만 원단으로 고친 후 그 제사를 사전에 기록하도록 하였다. 이어 태조 7년(1398) 4월 21일에 종묘·사직 및 원단에서 기우제를 올렸고, 4월 27일에도 원단과 산천에 기우제를 올렸다.

원단제는 거의 대부분 기우제였다. 기곡제를 거행한 것은 태종대 1회가 유일했다. 1401년(태종 1)에는 원단에 기곡제를 올렸다. 1417년(태종 17) 8월 17일 태종은 원단 기우제를 다시 폐지하고자 하였는데, 이것이 제후의 예에 합당하지 않기 때문이었다. 또 원단에 비를 빈다고 비가 내릴 것이라 믿는 것이 비합리적이라는 해석 때문이기도 했다. 물론 태을太乙에 대한 초제가 한동안 계속되었던 것처럼 오랜 믿음을 일시에 걷어낼 수는 없었다. 그러나 영험에 기대어 비를 구하는 태도는 조선에서 차츰 소멸되었다. 현실의 이익을 구하려는 마음 때문에 부적절한 대상에 제사를 지낼 수 없다는 생각이 적어도 지배층 내부에는 자리 잡았다.

원단에서의 기곡의 의미를 대체한 것은 적전의례籍田儀禮였다. 고려 말부터 현실정치를 비판하며 이상적 통치를 제안할 경우 어김 없이 적전에서의 예를 시행하자는 논의가 있었다. 이러한 인식은 조선시대에도 이어져 즉위 후 제왕이 행해야 할 가장 중요한 의례 가운데 하나로 인식되었다. 성종, 연산군, 중종, 선조 대에 모두 즉

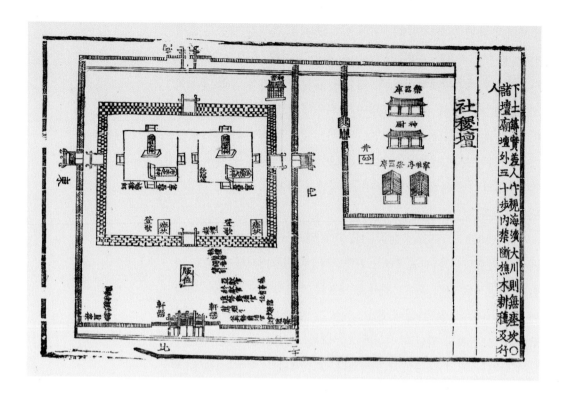

도16 조선 전기의 사직단 『국조오례서례』(성종 5) 권1에 수록.

위 초에 적전의례를 거행하였고, 적전의례는 민생을 위한 국가의 노력을 보여주는 가장 상징적인 의례로 자리 잡았다.<sup>도16</sup>

조선 후기에는 교단郊壇에서의 친행 기우제가 다시 부활되었다. 한편 적전의례뿐 아니라 사직기곡제社稷祈穀祭가 보다 중요하게 부각되었다.[29] 정조의 경우에는 즉위 이후 사직기곡제를 매년 정월에 행하여 민생을 위한 기곡을 가장 중심에 둔 국가 제사의 정신을 이어갔다.<sup>도17</sup>

중국과 다른 독립적인 정치 공동체임을 강조하는 이들은 당연히 이 공동체에 대한 책임의식을 가장 잘 표현하는 수단으로서 하늘에 대한 제사를 유지해야 한다고 믿었다. 조선을 독립적으로 운영한다는 사실보다도 어떻게 잘 운영할 것인가가 중요하다고 믿고 그 신념을 토대로 국가질서를 세우고 운영하려던 이들은 책임의 크기(名)에 따라 정치적 자원을 분배(分)하는 명분적 질서를 안착시키는 것

29_ 이욱, 「조선후기 祈穀制 설행의 의미-장서각 소장 社稷署儀軌와 謄錄을 중심으로」, 『장서각』4, 2000.

도17 **정조의 명에 의해 편찬된 「사 직서의궤」** 서울대학교 규장각 한국 학연구원 소장.

이 더 중요하다고 판단하였다. 그리하여 하늘의 덕에 참여함을 보여주는 최고의 제사 형식인 환구제를 폐지하였다. 그러나 정치적 권위가 천덕에 함께 참여하는 것으로부터 나온다는 유교정치의 이념은 더욱 생생하게 표현되었다. 조선 전기에 즉위 후 기곡하는 의례를 가장 중요한 의례로 생각하여 선농에 제사하고 친경하는 의식을 거행하려 했던 것이나(이는 고려 말 성리학적 개혁을 주장해 왔던 이들이 주장하던 바이기도 하다) 조선 후기에 남교나 북교에 거둥하여 직접 기우제를 올리거나 정월의 사직기곡제를 중요한 의식으로 부활시켰던 것 등은, 모두 정치적 책임의식을 의례의 형식에 담아 표현해야 한다는 생각을 바탕으로 한 것이었다.

종묘에 고하고
계술을 천명하다

우리나라에서 종묘의 유래는 오래되었으나 정통성을 확인하는 공간으로 완전히 정비된 것은 조선에 이르러서였다. 고려도 성종 대에 대묘를 건설하여 태조 이하 신주를 봉안하고 제사를 지냈지만 백성을 위해 정치를 한 왕, 천명을 받은 존재, 그 천명의 계승자를 모시고 제사의식을 통해 그 공덕을 확인하고, 제사 지낼 수 있는 자격을 통해 그 공덕

도18 **종묘 정전** ⓒ김성철

을 함께할 수 있는 천명의 계승자라는 점을 확인시키는 공간이 되기에는 부족했다. 공적 계통보다는 사적 혈속이 더욱 중시되었기 때문이다. 또 고려에서는 선왕에 대한 제향 공간으로 종묘보다 원묘라 할 수 있는 경령전景靈殿이 더 중시되었고, 또 각처에 원찰이 있어 이곳에서의 불교식 제향이 더욱 중시되고 선호되었다.

조선에서도 태조가 즉위한 후 한양을 수도로 정하고 궁궐과 함께 종묘와 사직을 건설하여 정통의 공간으로서 종묘제도를 운영하였다. 새 왕이 즉위하면 반드시 종묘에 고했고 번거로움을 무릅쓰고 친향을 하는 것을 중요하게 생각했다. 그러나 한편으로는 고려식의 유제를 완전히 벗지 못하여 문소전을 조선 전기 내내 운영하였고, 종묘에의 무리한 추숭을 통해 종묘의 신성성을 훼손하기도 했다. 성종이 의경세자懿敬世子를 덕종德宗으로 추숭하여 부묘한 것이나 인조가 정원군定遠君을 원종元宗으로 추숭하여 부묘한 것은, 조선이 종묘를 정통의 공간으로 유지하고자 노력했지만 사적인 인

정人情을 앞세운 왕의 의지와 이를 부추기는 일부 관료들 앞에서 무력해지기 일쑤였던 예를 보여준다.

조선 후기 현종 대 이후로 종묘의 정통성을 회복하기 위한 노력이 있었다. 묘호가 없는 정종에게 묘호를 올린다거나, 선왕의 업적을 재평가하여 시호를 올리고, 사적 감정에 의해 부묘되지 못했으나 의리상 마땅히 부묘되어야 할 왕이나 왕후들을 부묘함으로써 종묘를 다시금 정통의 공간으로 회복시켰다. 이렇게 종묘제도가 재정비되면서 종묘에서의 친향이나 종묘 거둥은 왕의 정통성을 더욱 확고하게 해주었고 그 빈도도 이전과 비교하기 어려울 정도로 잦아졌다. 숙종은 1695년 이후 매년 종묘에의 친제를 정례화했고, 영조와 정조 모두 매년 수차례 종묘에 거둥하여 친제를 올리거나 작헌酌獻하였다. 종묘로의 거둥길도 궁궐에서 종묘로 직접 통하는 감추어진 길이 아니라 늘 대로와 대문을 이용하는 공개적인 길을 통한 것이었다.도18, 19

새로운 시작을
백성과 함께 축하하다

앞서 즉위식의 사례를 통해 보았듯이 왕이 처음 왕의 자리에 오른 후에는 조정에 모인 백관의 하례를 받았다. 조정의 하례(조하朝賀)는 국왕을 정점으로 하는 관료제 질서를 확고하게 시각화하여 보여주는 의식이었다. 조선 초에는 조정의 관료보다 더 많은 이들이 즉위식에 참여해 새 왕의 즉위를 축하했다. 세종 대 즉위식 이후 경복궁 근정전에서 조정 백관이 전문을 올려 즉위를 축하하였는데, 성균관 학생, 회회노인(아랍인) 및 승려도 모두 참여하였다.[30] 그러나 일반적으로 선왕의 국상 중에 즉위식이 있게 되므로 국상이 지속되는 동안 떠들썩하게 즉위를 축하하는 의식은 거행될 수 없었다. 다만 만민과 함께 새출발을 다짐하고 새로운 정치에 대한 기대에 부응하는 조치는 없을 수 없었다. 하례를 마친 후 첫번째 한 일이 즉위교서를 반포하는 것이었고, 즉위교서에는 새롭게 시작하는 처음에 크게 화해한다는 의미에서 사면령이 포함되었다.

고려시대에도 사면은 중요한 즉위 후의 조치였다. 국가적으로 축하할 만한 일이 있을 때, 혹은 재이災異가 계속되었을 때 사면을 통해 화평한 기운을 북돋우고자 했다. 사면의 목적은 대화합이었기에 도저히 용서할 수 없는 큰 죄 이외의 잡범들을 모두 풀어주는 내용으로 이루어져 있었다. 다음은 태종이 즉위한 후 내린 사면령의 내용이다.

사유赦宥는 1401년 4월 초4일 이전에 행해진 범죄를 대상으로 하되 단 모반謀叛·대역大逆한 것, 조부모·부모를 죽인 것, 처첩이 남편을 죽인 것, 노비가 상전을 죽인 것, 고의로 사람을 죽이기를 꾀한 것, 고독蠱毒(독약으로 사람을 죽이는 것), 염매魘魅(환각이나 주술로 사람을 죽이는 일), 강도를 제외하고, 이미 발각되었거나 아직 발각되지 않았거나, 이미 결정되었거나 아직 결정되지 않았거나, 모두 용서하여 면제하도록 한다.[31]

그러나 죄를 용서하여 화평한 기운을 북돋운다는 사면에 대해 사면의 혜택이 잘못한 자에게만 이르러 정직한 사람들을 돌아앉게 한다는 반대도 있었다. 태종 대에 즉위 후 종묘에 고유한 뒤와 천자의 고명을 받은 뒤에도 잇달아 사면을 행하자 다음과 같은 내용의 반대 상소가 올라왔다.

사赦라는 것은 소인小人의 다행이요, 군자君子의 불행입니다. 그러므로 문왕文王이 벌罰을 만들매 형벌하여 용서함이 없었고, 공자孔子가 『춘추』春秋를 지으매 대과(大眚)를 용서한 것을 반드시 썼으니, 성인聖人이 가볍게 사赦하지 않은 것이 이와 같습니다. 그러나 왕자王者가 천명天命을 받는 처음에 만일 대사大赦하지 않으면 그 반측反側하는 것을 편안히 할 수 없기 때문에, 한漢 고조高祖가 진秦나라의 폐업을 이어 삼장三章의 법을 베풀어서 대사大赦의 영令을 행하였고, 광무제光武帝가 난亂을 평정한 뒤에 또한 사유赦宥의 법을 행하였습니다. 이것은 모두 더러운 것을 씻어버리고 백성과 더불어 고쳐 시작하는 것이니, 실로 부득이한 데서 나온 것이요, 사사로운 은혜를 베푼 것이 아닙니다. 후세에 이 뜻을 살피지 못하고 비록 대를 계승하고 습봉襲封한 임금이라도 즉위하는 처음을 당하면 반드시 사유를 내리니, 이것이 이미 의義가 아니거든, 하물며 경사慶事와 복福을 구하기 위하여 자주 사赦하는 것이겠습니까? 그러므로 당唐 태종太宗이 말하기를, '무릇 사유赦宥의 은혜가 오직 불궤不軌한 무리에게만 미치니, 한 해에 두 번 사赦하면 좋은 사람이 벙어리가 된다. 가라지를 기르는 자는 곡식(禾稼)을 상하게 하고, 간궤奸宄에게 은혜롭게 하는 자는 양민을 해친다. 그러므로 제갈량諸葛亮이 촉蜀을 다스릴 때에 10년을 사赦하지 않으매 촉이 크게 화化하였고, 양무제梁武帝가 매년 두어 번 사하였으나 마침내 기울어져 폐하는 데에 이르렀으니, 내가 천하를 차지한 이래로 절대로 놓아주고 사하지 않는다.' 하였으니, 태종의 말이 깊이 절실하고 밝아서, 실로 만세萬世 인주人主의 규범規範입니다. 지금 국가가 태평한 지 여러 해가 되도20 **조선시대 사면령을 반포하는 교서** 서울대학교 규장각 한국학연구원 소장.

었는데 자주 사유赦宥를 행하니, 신 등은 두렵건대 죄가 있어도 벗어날 수 있어 징계함이 없으므로 악한 짓을 할 마음이 자꾸 생겨 마지않을 것이니, 어찌 밝은 때의 한 잘못이 아닙니까? 원컨대 전하께서 선성先聖의 남긴 뜻을 본받고 당 태종의 고사에 의하여, 비록 경사慶事가 있더라도 가볍게 사유赦宥하지 마시어 간궤의 악한 짓 하는 마음을 막으소서.[32]

32_ 『태종실록』 권2, 태종 1년 12월 5일(기미).

사면이 소인의 다행이요 군자의 불행이라는 말에서 드러나듯이, 사유의 은혜가 나쁜 무리들에게만 미침으로써 바른 일을 행한 이들이 행할 바를 알지 못하게 한다는 것 때문에 사면에 반대한 것이다. 작은 은혜를 베풀기 위해 큰 원칙을 훼손하는 일이 정당한가를 묻는 것이었다. 고려 이래 사면이 남발됨으로써 국가의 법이 무력화되었던 것도 이러한 지적의 배경이 되었다.

잦은 사면이 갖는 이러한 문제가 있었지만 사면은 늘 즉위 후 새로운 정치의 출발을 알리는 가장 적당한 정책으로서 반복적으로 활용되었다. 다만 사면이 남발됨으로써 정당한 기준이 무너지지 않도록 조절해야 한다는 필요성은 늘 제기되었다.도20

한편 사면을 적용하지 않는 죄의 범주는 조금 차이가 있었다. 태조 대에 용서할 수 없는 죄로 여긴 죄는 "모반謀叛·대역大逆한 것, 조부모·부모를 죽인 것, 처첩이 남편을 죽인 것, 노비가 상전을 죽인 것, 고의로 사람을 죽이기를 꾀한 것, 고독蠱毒, 염매魘魅, 강도"였다. 효종의 즉위교서에서는 '모반대역謀反大逆한 자, 모반謀叛한 자, 자손으로서 조부모나 부모를 모살謀殺하거나 구타하거나 모욕한 자, 처첩으로서 남편을 모살한 자, 노비로서 주인을 모살한 자, 고의로 사람을 죽인 자, 염매魘魅나 고독蠱毒으로 사람을 저주하거나 죽인 자, 국가의 강상에 관계된 자, 장오죄贓汚罪를 지은 자, 강도나 절도를 범한 자'를 사면에서 제외시켰다. 국가의 강상에 관계된 자와 장오죄 즉 뇌물죄를 저지른 자를 사면 대상에 포함시키지 않는 중죄를 범한 자로 규정한 것이다. "강상에 관계된 자"의 명시적 문구는 중종의 즉위교서에 처음으로 등장하며 뇌물죄는 선조의 즉위교서부터 기록되었다. 국정 초기의 대화합 조치인 사면령에서 사회가 지켜야 할 윤리를 더욱 강조함으로써 국가가 지향하는 법정신의 지향을 뚜렷이 한 것이다.

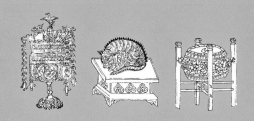

조선시대 왕실에서 행한 의례 가운데 문門에서 거행하도록 했던 대표적인 의례가 사위에 의한 즉위의례이다. 문에서
의례를 행하는 것은 선왕의 죽음을 애통해 하며, 차마 그 자리에 나아가지 못하는 마음의 표현이기도 하다. 문을 통
과하여야만 전殿에 나아갈 수 있는 것이므로, 선왕을 돌아가시도록 한 불초자가 왕위에 오르는 의례를 '전'에서 편
안하게 치룰 수 없다는 의미로 문에서 행한 것이다. 이 경우 즉위의례는 오례 중에 흉례凶禮에 속하여 행해졌다.

# 제 3 부

즉위의례의 상징과 기록

# 1 즉위식의 공간, 문門과 전殿

조선시대에 왕의 즉위는 네 가지의 형식이 있었다. 태조 이성계와 같이 나라를 개창함으로써 왕위에 오르는 경우가 그 하나이고, 조선왕조에서 가장 정상적인 왕위 계승의 형태로 선왕이 승하함에 따라 왕위를 잇는 사위嗣位, 선왕이 생존해 있는 상태에서 왕위를 잇는 선위禪位, 반란을 일으켜 선왕을 왕위에서 끌어내린 후 오르는 반정反正의 네 가지이다. 이 네 가지의 경우에 따라 즉위의례를 행하는 공간도 각각 달랐다.

먼저 선왕의 승하에 따라 왕위를 잇는 사위의 경우이다. 조선시대 왕실에서 행한 의례 가운데 문門에서 거행하도록 했던 대표적인 의례가 사위에 의한 즉위의례이다. 문에서 의례를 행하는 것은 선왕의 죽음을 애통해 하며, 차마 그 자리에 나아가지 못하는 마음의 표현이기도 하다. 문을 통과하여야만 전殿에 나아갈 수 있는 것이므로, 선왕을 돌아가시도록 한 불초자가 왕위에 오르는 의례를 '전'에서 편안하게 치를 수 없다는 의미로 문에서 행한 것이다. 이 경우 즉위의례는 오례 중에 흉례凶禮에 속하여 행해졌다. 선왕의 상중喪中에 행하기 때문이다. 조선의 역대 왕 가운데 문종, 단종, 성종, 연산군, 인종, 명종, 선조, 광해군, 효종, 현종, 숙종, 경종, 영조, 정조, 순조, 헌종, 철종, 고종 등 18명의 왕이 사위의 형태로 왕위에 올랐다.

선왕이 승하하여 그 자리를 이어받는 사위의례를 행할 때 사람들은 상중임에도 잠시 상복喪服을 벗는다. 종친과 문무백관은 조복朝服으로 갈아입고, 왕이나 왕세자는 최복衰服을 벗고 면복冕服으로 갈아입는다. 사위의례를 행할 때만큼은 최대의 예복인 면복을 차려입음으로써 새로운 출발에 대해 경건한 마음으로 임하는 것이다. 장악원은 악대를 전정殿庭의 남쪽에 벌여 놓는다. 물론 연주는 하지 않는다. 이를 '진이부작'陳而不作, 즉 '진설을 하지만 연주는 하지 않는다'고 한다. 선왕의 죽음에 대해 애도하는 마음을 다해야 하는 상중이기 때문에 소리를 내지 않음으로써 예를 표하는 것이다. 노부와 의장, 군사들도 벌여 놓아 왕의 위엄을 과시한다.

사위의례의 핵심인 선왕의 유교遺敎와 대보大寶를 받은 후 왕이 근정문(후에는 인정문) 한가운데에 남향으로 설치해 놓은 어좌御座에 오르면 종친과 문무백관은 물론 악공, 군교들도 "천세, 천세, 천천세!"라고 산호山呼와 재산호再山呼를 외친다. 참여한 사람들이 모두 네 번 절하는 사배례四拜禮를 한 후 의례를 마치는데, 의례가 끝나면 참여자 모두가 다시 상복으로 갈아입고 같은 장소에서 행해지는 교서 반포의례에 임한다. 새로운 왕은 근정문에 설치해 놓은 어좌 앞에서 교서를 반포하여 온 천하에 즉위를 알린다.

이처럼 왕위 계승의 방식 가운데 가장 정상적인 형태가 사위였다. 사위의 의례에서 유교와 대보를 받은 후에는 반드시 근정문 혹은 인정문의 한가운데에 어좌를 설치해 놓고 거기에 오르도록 하였다. 새로운 왕이 탄생하는 즉위의례이지만 선왕을 잃은 슬픔을 뒤로하고 즉위해야 하므로 정전正殿에서 대대적으로 행하는 것을 꺼린 까닭이다. 문에서 의례를 행함으로써 선왕이 잘 닦아놓은 위업을 조심스러운 마음으로 겸허하게 이어받은 후 새로운 단계로 나아간다는 상징적 의미도 부여하였다. 문이란 사람이 드나들기 위한

것이기도 하지만 왕의 즉위의례에서는 이와 같은 함축된 의미를 수
반한다. 성종과 명종은 근정문에서, 현종·숙종·영조·순조·철종·고
종은 인정문에서, 경종은 경복궁 정문, 정조와 헌종은 경희궁의 숭
정문에서 각각 즉위의례를 행하였다.도1

　　정종, 태종, 세종의 경우와 같이 선왕이 살아 있으면서 자리를
물려주는 선위禪位의 경우 흉례의식과는 다른 의미의 즉위의례가
문이 아닌 전殿에서 행해졌다. 같은 선위라 하더라도 정종과 태종
은 세종의 선위와는 차이가 있다. 정종과 태종의 경우는 강압에 의
한 것이었기 때문이다. 따라서 가장 순탄한 선위의 형태는 세종의
경우에 해당한다. 세종의 즉위는 문이 아닌 근정전에서 이루어졌
다. 그밖에 조선을 건국한 태조 이성계는 수창궁에서 즉위하였고
반정으로 왕위에 오른 중종은 근정전에서, 인조는 경운궁慶運宮에서
즉위의례를 행하였다. 즉위의 형태에 따라 각각 즉위의례를 행하는
공간이 달라지는 것을 알 수 있다.

## 2 즉위식에 초대된 사람들

세종의 즉위의례는 갑작스런 태종의 전위傳位 결정에 의해 이루어져
시간이 다소 지체되어 행해졌지만 그 내용은 가장 순탄한 방식으로
이루어진 선위라 할 수 있다. 이와 같은 형태의 즉위의례는 전위교
서傳位敎書를 받들고 대보大寶를 전하고, 백관의 하례賀禮를 받은 후
즉위교서卽位敎書를 반포하는 순서로 이루어진다. 이때 백관의 하례
는 상중喪中에 행하는 하례와는 그 성격이 다르다. 특히 그 시점이
조선 전기라는 점과 선위에 의한 즉위라는 점에서 즉위의례에 초대
된 사람들의 면면이 달라지는 것을 알 수 있다.

　『세종실록』의 총서에 의하면 경복궁 뜰에서 행한 즉위 하례는
경시庚時, 즉 오후 4시 30분부터 시작되었다. 종실과 문무백관이 조
복朝服을 갖추어 입고 경복궁 뜰에 차례대로 늘어선 가운데 임금이
원유관遠遊冠에 강사포絳紗袍 차림으로 근정전에 나왔다. 이때 여러
신하들은 전箋을 올려 하례하였다.

　이러한 의례에는 당시 성균관 학생들은 물론 회회노인回回老人,
즉 아랍인과 승려들도 모두 참여하여 개방적인 모습의 의례가 행해
졌음을 알 수 있다. 『세종실록』「오례」에 기록되어 있는 즉위의례
는 선왕의 상중에 행해지는 '사위'嗣位의 내용이므로 실제 세종의

즉위의례와는 다른 형태가 기록되어 있어 상세한 내용을 알 수 없고, 『세종실록』 총서와 『태종실록』에 기록되어 있는 일부 내용을 통해 그 분위기를 추측해볼 수 있을 뿐이다.

세종의 즉위의례에서 하례를 행할 때 외국인과 유교 아닌 불교의 승려가 참여한 점은 조선 전기 사회가 고려조를 이어 그 문화적 개방성이 여전히 유지되고 있음을 알려주는 부분으로 해석된다. 실제 『세종실록』 「오례」에 수록되어 있는 정월과 동지에 백관이 조하朝賀하는 의례인 '정지백관조하의'正至百官朝賀儀를 통해 세종 대 하례가 어떠한 분위기에서 치러졌는지 여부를 알 수 있다. '정지백관조하의'에 초대받은 외국인으로는 일본 사신, 유구琉球 사신, 여러 섬의 왜사倭使, 야인사野人使들의 자리가 마련되어 있는 것을 알 수 있다. 또 종친과 문무백관 외에도 여러 지방의 객사客使, 의정부와 개성부 및 여러 도道에서 예물禮物을 들고 온 사람도 포함되어 국제적이고 전국적인 규모의 '열린' 의례 형태를 취하고 있음을 알 수 있다. 세종의 즉위의례는 태종의 전위가 결정된 후 이틀 만에 치러진 경우였기 때문에 보다 많은 외부 사람들이 참여할 수 있었음에도 불구하고 갑작스럽게 행해졌다는 이유에서 외국인, 지방 사람들이 자리에 함께하지 못했으리라 추측된다.

# 3 즉위식의 상징과 기록

대보大寶      조선시대에는 새 국왕에게 대보를 전함으로써 왕의 자리를 물려주었다. 대보는 왕의 자리를 상징하는 도장이었다. 왕의 자리 자체를 지칭할 때에도 '대보'라는 말을 썼다.

고려시대로부터 전해지는 '고려국왕지인'이 있었는데 이를 반납하고 새로운 대보를 청했다. 태종이 즉위한 후에 명나라에서 고명誥命 1통, 사각에 전문篆文으로 새긴 '조선국왕'朝鮮國王 금인金印 1개와 금인지金印池 1개를 함께 넣은 상자를 보내왔다.

대보 외에 국내용으로는 따로 여러 어보를 만들어 사용했다. 세종 대에 중국에서 보내온 대보에 '조선국왕'이라고 씌어 있어 국내의 일에 쓰기 적합하지 않아 옛 제도에 따라 신보信寶와 행보行寶를 따로 만들었다. 신보는 제사를 지내는 일(사신事神), 교서를 내리는 일, 과거시험 등에 사용하였다. 행보는 책명과 관직, 제수 등의 일에 사용했다. 중국에서 내려준 대보는 '흠사대보'欽賜大寶라고 통칭하며 사대문서에만 사용하게 했다.[1]

그 후에 국왕의 행보는 '시명지보'施命之寶로, 신보는 '소신지보' 昭信之寶로 고쳤다. 시명지보는 『주역』에 '황제의 명을 사방에 베푼

1_ 『세종실록』 권59, 세종 15년 3월 2일(을묘).

도2 **조선왕보**朝鮮王寶 「보인소의궤」에 수록.

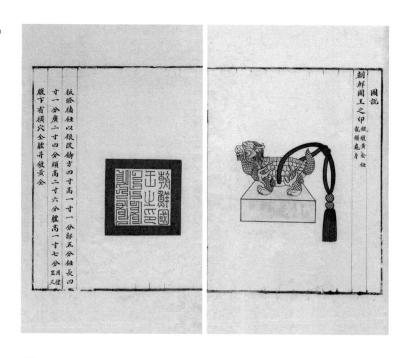

다'고 한 것에서, 소신지보는 『국어』國語에 '말은 신信을 밝히는 것이다'라고 한 것에서 뜻을 취하여 만들었다. 이후 변경邊警과 기밀機密 및 기한이 임박한 일 등에 대해 왕이 내리는 글에는 유서지보諭書之寶를 따로 만들어 사용했다.[2] 또 언제부터인지는 불확실하지만 조선 전기에 이미 '과거지보'科擧之寶와 왜인에게 내리는 글에 '위정이덕'爲政以德이라는 어보를 만들어 사용했다.[3]

2_ 『세종실록』 권101, 세종 25년 8월 6일(무자).

3_ 『선조실록』 권205, 선조 39년 11월 5일(경오).

대보와 소신보, 시명보의 쓰임이 한결같지는 않았다. 정부에 내리는 명령이나 교서에 시명보를 사용하고, 토지와 노비를 내려줄 때와 왜인·야인에게 내리는 관교에는 대보를 사용하는 것이 적절하지 않자, 성종 대 새로 대보와 같은 체제로 시명보를 만들어 네가지 경우에 모두 사용하도록 했다.

대보, 시명보, 유서보, 소신보는 다양한 방면에 미치는 국왕의 명령과 말씀을 상징하였다. 역대 국왕들은 공식적인 자리에 나아갈 때 언제나 이 네 가지 보와 함께했다. 거둥할 때 이 네 가지의 보를 차례로 세웠고, 전각에 자리하게 되면 상 위에 보를 안치했다.

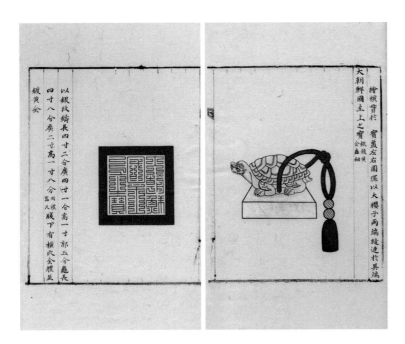

조선 후기 인조 대에는 위정이덕爲政以德·과거지보科擧之寶·선사
지보宣賜之寶를 다시 만들었다. 영조 대에는 상서원 단자에 소신보
를 '이덕보'以德寶라고 바꾸도록 하기도 했다.[4] 이밖에도 더 다양한
어보가 있었다.

4_ 『영조실록』 권106, 영조 41년 8
월 18일(신유).

1876년에 궁중에 있는 낡은 보인을 만들면서 자세한 기록을 남
겼다. 이때 제작된 어보는 조선왕보朝鮮王寶(조선국왕지인), 대조선국
주상지보大朝鮮國主上之寶, 소신지보, 이덕보, 과거지보, 선사지기 등
이다. 쓰임에 따라 다양한 어보가 제작되어 사용되었음을 알 수 있
다.도2, 3

1897년(광무 1)에 대한제국이 수립되면서 황제의 옥새를 제작,
사용하였는데 그 인문에는 '大韓國璽'(대한국새)·'皇帝之璽'(황제지새)
의 두 가지가 있었다.

국왕 즉위식의 복식

조선시대에는 태조를 제외한 26명의 왕이 왕위를 계승하였는데 그중 선위 방식으로 왕이 된 경우는 6건이고, 사위의 방식으로 왕이 된 경우가 18건이다. 나머지 2건의 경우는 반정에 의한 왕위 계승이었다.

정종은 선위 방식으로 왕위에 올랐는데『정종실록』에 의하면 정종은 강사포와 원유관을 입고 왕위에 올랐다고 한다. 또한『중종실록』에는 중종이 즉위할 때 익선관과 곤룡포를 입었다는 기록이 보인다. 대체로 조선시대 왕은 왕의 복식 중 최고의 권위를 지니고 있는 면복을 입고 즉위를 하는 것이 원칙이었는데 이는 특별한 경우로 보인다. 특히 중종은 반정을 통하여 왕위에 올랐는데, 반정으로 인하여 매우 급작스럽게 이루어진 경우이므로 면복을 갖출 시간이 없어 왕의 시사복視事服인 익선관과 곤룡포 차림으로 왕위에 오를 수밖에 없었던 것이다.

사위의 형식으로 왕위에 오르는 경우, 선왕이 사망하고 6일이 지나 성복成服의 예를 마치면 대통을 이을 사왕嗣王의 즉위 준비가 진행된다. 참최를 입는 절차를 마치면 다시 면복으로 갈아입고 빈전殯殿에 나아가서 대보를 받는다. 다시 즉위 장소로 이동하여 즉위한 다음, 교지를 반포하고 종친宗親과 문무백관의 하례賀禮를 받았다.

우선 즉위식의 가장 중요한 인물은 선왕의 유교遺敎와 대보를 받을 사왕인데, 그는 최복을 벗고 면복을 갖춘다. 한편 유교함遺敎函을 찬궁 남쪽에 진설하는 도승지, 대보大寶를 그 남쪽에 진설하는 상서원의 관원, 감찰, 집사관들, 종친과 문무백관은 모두 조복을 입는다. 향을 올리는 사향司좀은 공복公服을 착용한다.

그리고 내정內庭과 외정外庭의 동·서쪽과 내문, 외문에 벌려 세우는 모든 군사는 기복器服(융복에 패검과 궁시를 패용한 차림)을 갖춘다. 홍양산과 청선을 받드는 충찬위忠贊衛는 흑단령을 착용하고 장악원의 협률랑協律郎은 조복을 입고 휘麾를 잡으며 전악典樂은 모라복두冒羅幞頭에 녹초삼을 입고 악공樂工은 화화복두花畵幞頭에 홍주의紅紬

衰를 착용한다. 즉위식에서는 연주는 하지 않고 악기를 북향으로 벌여 놓기만 한다. 사복시司僕侍는 중도에 여輿와 연輦을 설치하고 어마御馬와 장마仗馬를 벌여 두는데, 황초립과 황의를 입은 견마배牽馬陪가 함께 시립한다.

## 사왕嗣王의 3년 참최복

즉위에 앞서 선왕에 대하여 성복을 착용하는데 왕세자는 3년 동안 참최복을 착용한다. 참최복은 최복(衰服) 상의와 하의 관冠, 수질首絰, 요질腰絰, 죽장竹杖, 관리菅履 등으로 구성된다.

참최 상의와 치마: 참최의 상의와 하의는 가장 거친 생마포를 사용한다. 옆과 아랫단 등을 꿰매지 않는다. 상의에는 왼쪽 가슴 부분에 '최'(衰, 사각형의 작은 조각)를 단다. 길이는 6촌이고 너비는 4촌이다. 등에는 부판負版이 있는데 사방 1척 8촌의 베를 사용하여 깃에 꿰매 붙여 아래로 드리운다. 8척 8촌의 옷감을 반으로 잘라 등솔기를 꿰매고 목과 어깨 부위에는 벽령辟領이라고 하는 마주보는 대금형의 깃을 겉으로 거칠게 단다. 양쪽 겨드랑이 아래로는 임衽이라는 것을 제비꼬리처럼 달아 치마의 양 옆을 덮도록 하였다. 치마는 앞이 3폭이고 뒤가 4폭이 연결된 양옆이 갈라진 형태인데 허리에 주름은 폭마다 3개씩 맞주름을 잡았다.도4, 5

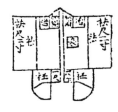

도4 참최 상의

도5 참최 치마

참최관과 수질首絰, 요질腰絰: 참최관은 상의와 치마보다는 조금 고운 생포를 쓴다. 종이를 발라서 관을 만드는데 넓이는 3촌이고 길이는 이마의 앞뒤로 걸치기에 넉넉하게 한다. 관에는 3개의 주름을 잡는데 그 방향은 오른쪽을 향하도록 하며 삼 끈(麻繩)으로 무武(테두리)와 끈(纓)을 만들어 두른다.도6 수질은 유자삼郁子麻(뼈 있는 삼)으로 만드는데 둘레는 9촌이다. 삼의 뿌리 부분을 왼쪽에 두고 이마 앞에서 오른쪽을 향하여 돌리며, 뒤로 돌려 그 끝을 삼 뿌리 위에 얹고 노끈으로 맬 수 있게 한다. 요질은 둘레가 7촌을 약간 넘는데 양 끝이 서로 교차되는 곳에 매

도6 참최관

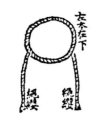

도7 수질

도8 요질

도9 죽장

도10 신발

듭을 맺는다. 묶이는 곳의 양 옆에 각기 가는 끈을 맨다. 생마로 만든 교대絞帶를 요질 아래에 두른다.도7, 8

죽장竹杖과 신발: 참최에는 죽장을 짚는데 죽장은 대나무로 만든 지팡이이다. 높이는 가슴에 이를 정도의 길이로 하며 뿌리를 아래로 한다. 아버지를 위하여 대나무 상장喪杖을 짚는 것은 아버지는 아들의 하늘이기 때문이다. 대나무가 둥글기 때문에 하늘을 상징하는 것이다. 또 안팎에 마디가 있는 것은 아들이 아버지를 위하여 안팎의 슬픔이 있음을 상징한 것이다. 또 사철에 변치 않는 대나무의 성질이 아들이 아버지를 위한 마음이 변하지 않는 것과 같음을 상징한다. 예서禮書에는 골풀로 만든 신발을 신는다고 하였는데 골풀 대신 흰 무명으로 만든 신발을 신었다.도9, 10

**사왕의 즉위 복식, 면복冕服**

조선시대의 사왕嗣王이 즉위할 때 입은 면복이란 구장복九章服을 말한다. 상의와 관모의 이름을 따서 '곤면'袞冕이라고도 하였다. 구장복은 왕의 제복祭服으로, 그리고 대례복大禮服으로 사용되었던 왕권 상징의 법복法服이었다.

'구장복'이라는 명칭 자체는 '아홉 종류의 무늬가 있는 옷'이라는 의미를 내포하고 있다. '구장'이 곧 아홉 종류의 무늬를 말하며 그 무늬들은 한 나라를 통치함에 있어 필요한 중요한 덕목을 상징적으로 표현한 것이다. 9종의 무늬는 구장복의 주요 구성물인 현의玄衣와 훈상纁裳에 표현되었다. 즉 하늘을 상징하는 현의와 땅을 상징하는 훈상에 9장이 나뉘어 표현되었는데 현의에 5종류의 무늬가 사용되었으며, 훈상에 4종류의 무늬가 사용되었다.

『종묘의궤』에 따르면 상의는 양陽에 해당되고 치마는 음陰에 해당되므로 무늬의 표현 방식도 음양을 따라 표현하는 것이었다. 즉 '양'인 남자는 그림을 그리고 '음'인 여자는 수繡를 놓기 때문에

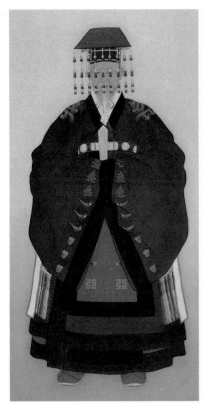

 '양'을 상징하는 현의에는 5장을 그림으로 표현하고 '음'에 해당하는 훈상에는 4장을 자수로 표현하였다.

 구장복은 국가의 길례吉禮, 가례嘉禮, 흉례凶禮 등 다양한 성격의 의례에 사용되었다. 종묘사직에 제사 지낼 때는 물론, 설날(元旦)이나 동지 등의 하례식에, 또 절일 망궐례에, 그리고 왕과 왕비의 혼례인 가례 때에도 착용되었다. 왕이 사망하면 대렴의大斂衣로 사용하였다. 또한 즉위 시에도 면복을 착용하였다.

 면복의 용도가 제복과 제복이 아닌 대례복으로 나뉘는데 그 구분은 방심곡령의 유무로 결정된다. 방심곡령을 착용하면 제복인 것이고 방심곡령을 사용하지 않는다면 제복이 아닌 대례복인 것이다. 즉위식에서는 방심곡령을 사용하지 않는 대례복으로의 면복을 착용하였다. 즉위의례 절차에 따르면 종친과 문무백관은 조복으로 의

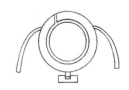

도11-1 **방심곡령**

119

례에 참여한다. 제복 입은 백관이 없다는 사실을 통하여 사왕 면복의 성격을 짐작할 수 있다. 즉 사왕은 방심곡령이 없는 대례복으로의 면복을 착용하는 것임을 알 수 있다.<sup>도11-1</sup>

즉위에 착용될 구장복은 규圭, 면冕, 의衣, 상裳, 중단中單, 수綬, 대대大帶, 옥대玉帶, 패옥佩玉, 폐슬蔽膝, 말襪, 석舃으로 구성된다.<sup>도11</sup>

### 면복의 구성물

① '규'圭는 기록을 하기 위한 용도에서 시작되었다고 하지만 후일에는 두 손으로 받들어 예를 갖추는 의물로 사용되었다. 『국조오례의서례』 이후 대부분의 전례서에는 왕이나 왕세자 모두 청옥靑玉으로 만든 규를 사용한다고 되어 있다. 그러나 조선 후기의 왕들은 백옥규를 사용하였다. 『현종실록』 1673년(현종 14) 9월 9일자 기록에 기해년(1659) 국장, 즉 효종의 국장에 백규를 사용하였다는 내용이 보인다. 이런 내용으로 볼 때 17세기 중기에는 조선의 왕들이 황제가 사용하던 백옥규를 이미 사용하였을 것으로 짐작해볼 수 있다. 이러한 변화의 내용은 『국조속오례의서례』에서 찾을 수 있다. 왕의 규를 백옥으로 규정함으로써 왕세자의 것과 구별하고자 하였다. 길이는 9촌이고 너비는 3촌이며 머리 부분은 1촌 5푼을 잘라낸 형태이다. 『상방정례』에도 명나라 황실과 관련된 제사 등에 왕이 면복을 입을 때는 청옥규를 사용하였지만 그 외에는 백옥규를 사용하였음을 알 수 있는 기록이 보인다.<sup>5 도12</sup>

도12 **규圭** 『사직서의궤』社稷署儀軌
(1783) 제복도설祭服圖說에서 인용.

5_ 五禮儀云圭以靑玉爲之長九寸
(『社稷署儀軌』「祭服圖說」)

② '면'冕은 면류관冕旒冠이다. 중국의 고대 작변爵弁에서 유래된 것으로, 관모의 상판인 '면판'冕版과 모자에 해당되는 '면'冕으로 이루어졌는데 겉은 현색玄色으로, 안은 훈색纁色의 비단으로 쌌다. 면판의 너비는 8촌, 길이는 1척 6촌인데 앞면은 둥글고 뒷면은 곧은 형태이다. 홍·백·청·황·흑색 순서로 구슬 9개를 꿴 9줄을 면판 앞뒤에 각각 장식하였다. '면'의 앞 높이는 8촌 5푼이며 뒤는 9촌 5푼으

로 약간 앞으로 숙여진 형태이며 머리 주변에 금장식을 하였다. 그리고 관의 측면 중간에 오른쪽에서 왼쪽으로 금잠을 꽂아 관과 머리를 고정시켰다. 현담玄紞과 옥진玉瑱 등의 장식을 옆으로 드리우고 양옆에 맺은 자색 끈 2줄을 턱 밑에서 맸다. 그리고 주색朱色 끈은 좌우 비녀에 감아 턱 밑에 늘어뜨렸다.6 도13

도13 면류冕 『사직서의궤』 제복도설에서 인용.

③ '의'衣는 훈상 위에 입는 현색 상의이다. '현의'玄衣라는 명칭 외에 '곤복'袞服, '곤의'袞衣 또는 '면의'冕衣 등으로 다양하게 기록되어 있다. 현색은 심청색이나 아청색으로도 기록되어 있는데 이런 색상들은 거의 검정에 가까운 청색 종류이다.

현의에는 다섯 종류의 무늬, 즉 5장을 그린다. 5장이란 산山, 용龍, 화火, 화충華蟲, 종이宗彝인데 각각의 상징적인 의미를 지니고 있다. 국립중앙박물관 소장의 국말 현의 유물에서 5장을 확인할 수 있는데 양쪽 어깨에 용문을 그렸다.도14 '용'은 신기변화神奇變化를 상징하여 잘 적응함을 뜻한다. 용의 비늘은 금색으로 표현하고 갈기나 영기靈氣 등에는 홍색을 칠했다. 등에는 '산'을 그리는데 '산'은 진정鎭定을 의미한다고도 하고 구름으로 비와 이슬을 만들어 만물에 혜택을 준다는 의미라고도 한다. 산 무늬는 단순화시킨 오봉형五峯形으로 녹색을 칠하고 가장자리에 금테를 둘렀다. 뒷길의 소매 끝에는 수구를 따라 모두 9개의 무늬가 그려졌는데 '화'라고 하는 홍색의 불 3개와 청, 홍, 남, 금색으로 그린 꿩 모양의 '화충' 3마리, 그 밑으로 녹색에 금테를 두른 그릇형 '종이' 3개를 그렸다. 불을 표현한 '화'는 광휘光輝를 뜻하며 꿩(雉)으로 표현된 '화충'은 문채의 아름다움을 나타낸다고 한다. 그리고 '종이'는 제기祭器로서 효孝를 나타낸다고 하는데 왼쪽 소매의 종이에는 지혜를 상징하는 원숭이를, 오른쪽 소매의 종이에는 용맹을 상징하는 호랑이를 각각 1마리씩 그려 넣었다.7 도15

6_ 五禮儀云冕版廣八寸長尺六寸前圓後方玄覆纁裏以繒爲之前高八寸五分後高九寸五分以金飾之九旒每旒九玉五采先朱次白次蒼次黃次黑旒長九寸前後十八旒金簪其冕之旁屬玄紞垂玉瑱以充耳用紫組二屬之於兩旁結之頷下而垂其餘又以朱組一條繫之左笄遶頤下自右而上仰屬於笄屈繫之垂其餘爲飾(『社稷署儀軌』「祭服圖說」)

도15 의면衣面과 의배衣背 『사직서의궤』 제복도설에서 인용.

7_ 五禮儀云衣以繪爲之其色玄[青黑而微有赤意謂之玄]繪五章龍山火華蟲宗彝於其上[繪陽事也故在衣繡陰功也故在裳](『社稷署儀軌』「祭服圖說」)

8_ 五禮儀云裳以繪爲之其色纁[三
染絳色而爲纁]以七幅爲之殊其前後
前三幅後四幅每幅兩旁各縫一寸謂
之削幅腰間辟積無數[辟積謂摺也]
裳側有純謂之綼裳下有純謂之緆綼
緆之廣各寸半表裏合三寸繡四章
藻粉米黼黻於其上(『社稷署儀軌』
「祭服圖說」)

④ '상'裳은 홍색 계통인 훈색으로 만들어 중단 위에 입는다. 앞 3폭,
뒤 4폭으로 각각 이어 두 자락을 만든 후, 가장자리에는 같은 색으
로 1촌 반 너비의 선을 두른다. 허리에 주름을 잡고 허리말기를 달
아 우측에 묶어 입었다. 앞자락의 좌우 가장자리를 따라 조藻·분미
粉米·보黼·불黻 무늬를 수놓았다. '조'는 물풀의 일종으로 문채의
화려함을 뜻하며, '분미'는 쌀을 모아놓은 모양으로 양민良民을 뜻

한다고 한다. 그리고 '보'는 도끼의 형태로 결단을, '己'자 두 개를 맞댄 '불'은 악을 멀리하고 선을 가까이함을 뜻한다.[8] [도16]

도16 **상상**常裳 『사직서의궤』 제복도설에서 인용.

⑤ '중단'中單은 흔상 안에 입는 받침옷이다. 흰색으로 만들되 깃과 끝동, 도련에 청색 선을 두르는데 청색은 거의 검정에 가깝다. 고대를 중심으로 깃 부분에 불문黻紋 11개를 그린다고 하였는데 금가루(金泥)로 무늬를 그렸다.

19세기 이후 제복용으로 면복을 착용할 경우에는 백색 중단을 사용하였고 대례복으로 사용할 때는 청색 중단을 사용하였다. 1882년 궁중 발기(件記)에는 아청색 면복에 일남색日藍色 청삼靑衫이 기록되어 있다. 당시 일남색 중단을 착용한 것으로 볼 수 있고 그 색상이 현존하는 중단 유물에서 볼 수 있는 짙은 남색일 가능성이 크다.[9] [도17]

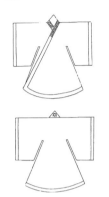

도17 **중단면**中單面과 **중단배**中單背 『사직서의궤』 제복도설에서 인용.

⑥ '대대'大帶는 현의를 입고 그 위에 두르는 것으로 'ㅠ'자 형으로 만들었다. 『국조오례서례』에는 홍색과 백색 비단을 합봉한다고만 기록되어 있는데 숙종 대에 비로소 겉을 흰색으로, 안을 붉은색으로 하는 제도로 정리되었다고 한다. 허리 부분의 가장자리에는 홍색 선을 두르고 좌우 끝에 심청색 광다회를 달아서 묶었다. 그리고 허리 아래로 앞부분에 늘어뜨리는 신紳 부분에는 가장자리에 녹색 선을 둘렀다.[10] [도18]

도18 **대대**大帶 『사직서의궤』 제복도설에서 인용.

⑦ '옥대'玉帶는 옥으로 만든 혁대이다. 대대 위에 옥대를 띤다. 초기에는 없었으나 인조 대 이후 대대와 함께 사용하는 것으로 규정되었다. 이 옥대는 곤룡포에도 사용하는데 현재 국립고궁박물관에 소장되어 있는 유물을 참조할 수 있다. 띠의 기본 틀을 홍색 비단으로 싸고 5줄의 금색 줄을 그린 후 조각한 옥판 20개를 장식한 것이다.[11]

9_ 五禮儀云中單以白繪爲之靑領標襈裾繪黻十一於領(『社稷署儀軌』「祭服圖說」)

10_ 五禮儀云大帶以緋白繒合而縫之(『社稷署儀軌』「祭服圖說」)

11_ 宮園儀云革帶用玉鉤大明集禮有之本朝五禮儀不載 英廟乙未因尙方臣孜奏始備此制今 上丙申又因校正官言添錄於大帶條上着爲式(『社稷署儀軌』「祭服圖說」)

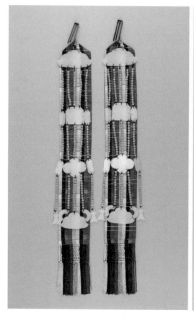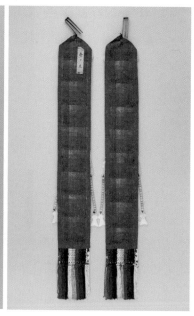

12_ 五禮儀云佩二上設衡以金鉤次以重衡中以琚瑀下有雙璜衝牙在雙璜之間又設雙滴在衝牙兩璜之間穿以藥玉珠其衝琚瑀雙璜衝牙滴子竝以珉玉(『社稷署儀軌』「祭服圖說」)

13_ 五禮儀云綬以紅花錦爲之施以雙金環(『社稷署儀軌』「祭服圖說」)

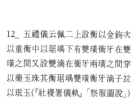

도20 **패佩** 『사직서의궤』 제복도설에서 인용.

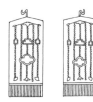

도21 **수綬** 『사직서의궤』 제복도설에서 인용.

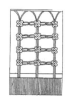

⑧ '패'는 흔히 '패옥'佩玉이라고 한다. 옥형과 충아 등 다양한 형태의 옥과 구슬을 연결하여 1쌍을 만드는데, 위에 걸쇠를 달아서 옥대에 건다. 패옥 바탕감으로는 영조 22년(1746) 문단紋緞을 금한 후에 상의원에서 적, 청, 현, 표, 녹색으로 오색교직단五色交織緞을 짰다. 안감은 홍색으로 하고 패옥 바탕감의 끝은 오색교직단의 남은 실로 망을 만든다고 하였다. 익종의 면복본 영정이나 국말 영왕비의 유물은 색동으로 짜여져 있다.[12] 도19, 20

⑨ '수'綬는 허리 뒤쪽에 늘어뜨리는 장식이다. '후수'라고도 한다. 본래는 홍화금紅花錦에 쌍금환雙金環을 달았으나 영조 22년에 문단을 금한 후에는 상의원에서 적·청·현·표·녹색 단緞을 무늬없이 15줄을 짜고 남은 실로 망을 짜서 내려뜨렸다. '패옥' 바탕과 동일하게 안감은 홍색을 사용하였다.[13] 도21

⑩ '폐슬'蔽膝은 앞치마에 해당되는 복식품으로 훈색纁色이다. 같은

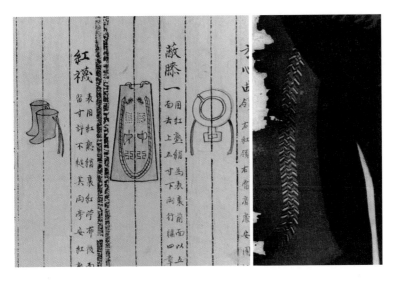

옷감으로 가장자리를 두르고 안쪽 좌우에 조·분미·보·불의 4장문을 세로로 수놓는 것인데 『영조국장도감의궤』 폐슬부터 오색교사五色交絲가 U자형으로 둘러져 있으며 그 안에 치마와 동일한 4종류의 무늬가 수놓아져 있다. 폐슬 위쪽에는 옥대에 걸어 사용할 수 있는 걸쇠 2개를 달았다. 익종 어진의 폐슬에서도 오색교사의 U자형 띠가 확인된다.[14] 도22~24

도24 폐슬蔽膝 『사직서의궤』 제복도
설에서 인용.

⑪ '말'襪은 버선인데 안감과 겉감에 모두 붉은색을 사용하여 '적말'赤襪이라고도 한다. 역대 도상들을 보면 버선의 형태는 일정하지 않다. 발목 부분에 재봉선이 있는 것과 없는 것이 모두 보이며 버선의 끈 역시 좌우에 달렸거나 뒤쪽에 달려 있는 등, 그 위치도 일정하지 않다. 『정조국장도감의궤』에는 뒤쪽의 위를 트고 양쪽에 끈(纂)을 단다고 설명되어 있다. 색상은 다르지만 국립고궁박물관에 소장되어 있는 20세기 초 영왕비의 청말은 발목 부분에 재봉선이 없는 형태이며 뒤쪽에 버선과 같은 색상의 끈을 달았다.[15] 도25, 26

도25 영왕비의 청말 유물 국립고궁
박물관 소장.

도26 말襪 『사직서의궤』 제복도설에
서 인용.

⑫ '석'舃은 예복용 신발로, '적석'赤舃이라고도 한다. 겉은 붉은색이

고 안은 흰색으로 한다. 신목이 있기는 하지만 길지 않은 화 형태이다. 발끝에는 운문雲紋이 덧붙여져 있고, 발목 부분에는 선이 있으며 발등에 실로 짠 술을 달았다. 그리고 대부분의 도상에는 발목 양옆으로 끈이 달려 있으나 그렇지 않은 경우도 확인할 수 있으며 『영조국장도감의궤』에는 신발과 같은 색상의 붉은색 끈이 있음을 볼 수 있다. 19세기 초 익종의 면복본 어진에 보이는 적석은 신목이 없는 형이며 아청색사로 가장자리를 장식한 것을 볼 수 있다. 20세기 초 영왕비의 청석 유물에서는 발등의 검정색 술 장식과 신발 가장자리 부분에 달린 검정 고리, 그 고리에 끼운 신발과 같은 색상의 끈을 볼 수 있다.[16] 도27

도27 **석舃** 『사직서의궤』 제복도설에서 인용.

16_ 五禮儀云舃以緋段爲表白繒爲裏(『社稷署儀軌』「祭服圖說」)

**면복 착장법**

방심곡령을 제외하고 총 12종으로 구성된 구장복은 우선 바지·저고리, 버선과 행전을 갖추고 중치막과 대창의, 도포 등의 포를 착용한다. 버선 위에 적말을 신고 적석을 신는다. 중단을 입고 중단 위에 훈상을 입는데, 오른쪽 허리에 치마말기의 끈을 묶는다. 그 위에 현의를 입는다. 후수를 부착시킨 대대를 둘러 앞에서 묶는다. 묶은 위를 폐슬을 걸어 덮는다. 옥대를 띤다. 옥대의 좌우에 패옥을 하나씩 걸고 마지막으로 면류관을 쓴 후 옥규를 들면 즉위를 위한 구장복의 착장이 완성된다.

국왕의 노부의장    국왕의 지위에 오르게 되면 왕이 행차하거나 공식적인 장소에 모습을 나타낼 때 가마와 의장 및 시위하는 사람이 따르게 된다. 이때의 가마와 의장 및 시위의 배치를 노부라고 한다. 왕이 어떤 의식에 모습을 드러내는가에 따라 대가大駕, 법가法駕, 소가小駕 세 등급으로 각기 다른 등급의 노부를 적용했다. 노부가 조회나 조하朝賀의식 등 전정殿庭에 배치될 때에는 대장大仗, 반장半仗으로 구분지었는데 이는 각각 행

| 의장명儀仗名 | 의장수儀仗手 복색服色 | 대가의장 | 법가의장 | 소가의장 | 기우제 소가의장 |
|---|---|---|---|---|---|
| 홍개紅盖 | 청의 · 자건 | 4 | 2 | 1 | 2 |
| 홍문대기紅門大旗 | 청의 · 피모자 | 2 | 2 | 0 | 0 |
| 주작기朱雀旗 | 위와 같음 | 2 | 1 | 1 | 1 |
| 백호기白虎旗 | 위와 같음 | 1 | 1 | 1 | 1 |
| 청룡기靑龍旗 | 위와 같음 | 1 | 1 | 1 | 1 |
| 현무기玄武旗 | 위와 같음 | 2 | 2 | 1 | 1 |
| 황룡기黃龍旗 | 위와 같음 | 1 | 1 | 0 | 1 |
| 육정기六丁旗 | 위와 같음 | 6 | 0 | 0 | 6 |
| 백택기白澤旗 | 위와 같음 | 2 | 2 | 0 | 0 |
| 삼각기三角旗 | 위와 같음 | 2 | 2 | 1 | 1 |
| 각단기角端旗 | 위와 같음 | 2 | 2 | 1 | 0 |
| 용마기龍馬旗 | 위와 같음 | 2 | 2 | 1 | 0 |
| 현학기玄鶴旗 | 위와 같음 | 1 | 1 | 1 | 0 |
| 백학기白鶴旗 | 위와 같음 | 1 | 1 | 1 | 0 |
| 천하태평기天下太平旗 | 위와 같음 | 1 | 1 | 0 | 0 |
| 표골타자豹骨朶子 | 홍의 · 피모자 | 6 | 4 | 2 | 1 |
| 웅골타자熊骨朶子 | 위와 같음 | 6 | 4 | 2 | 1 |
| 영자기令字旗 | 위와 같음 | 2 | 2 | 2 | 2 |
| 가구선인기駕龜仙人旗 | 청의 · 피모자 | 2 | 1 | 0 | 0 |
| 고자기鼓字旗 | 홍의 · 피모자 | 1 | 1 | 1 | 0 |
| 금자기金字旗 | 위와 같음 | 1 | 1 | 1 | 0 |
| 가서봉哥舒棒 | 위와 같음 | 10 | 6 | 4 | 0 |
| 금등자金鐙子 | 위와 같음 | 10 | 6 | 4 | 0 |
| 은장도銀粧刀 | 위와 같음 | 2 | 1 | 1 | 1 |
| 금장도金粧刀 | 위와 같음 | 2 | 1 | 1 | 1 |
| 주작당朱雀幢 | 위와 같음 | 1 | 1 | 0 | 0 |
| 백호당白虎幢 | 위와 같음 | 1 | 1 | 0 | 0 |
| 청룡당靑龍幢 | 위와 같음 | 1 | 1 | 0 | 0 |
| 현무당玄武幢 | 위와 같음 | 1 | 1 | 0 | 0 |
| 벽봉기碧鳳旗 | 청의 · 피모자 | 2 | 1 | 1 | 0 |
| 군왕천세기君王千歲旗 | 위와 같음 | 1 | 1 | 0 | 0 |
| 은교의銀交椅 | 자의 · 자건 | 2 | 1 | 0 | 0 |
| 각답脚踏 | 위와 같음 | 2 | 1 | 0 | 0 |
| 주칠교의朱漆交椅 | 위와 같음 | 1 | 0 | 0 | 0 |
| 각답脚踏 | 위와 같음 | 1 | 0 | 0 | 0 |
| 은관자銀灌子 | 위와 같음 | 1 | 1 | 0 | 0 |
| 은우자銀盂子 | 위와 같음 | 1 | 1 | 0 | 0 |
| 은립과銀立瓜 | 홍의 · 피모자 | 4 | 2 | 2 | 1 |
| 금립과金立瓜 | 위와 같음 | 2 | 2 | 0 | 1 |
| 은횡과銀橫瓜 | 위와 같음 | 4 | 2 | 0 | 1 |

| 의장명儀仗名 | 의장수儀仗手 복색服色 | 대가의장 | 법가의장 | 소가의장 | 기우제 소가의장 |
|---|---|---|---|---|---|
| 금횡과金橫瓜 | 홍의·피모자 | 2 | 2 | 2 | 1 |
| 은작자銀斫子 | 위와 같음 | 4 | 2 | 1 | 0 |
| 금작자金斫子 | 위와 같음 | 4 | 2 | 1 | 0 |
| 한罕 | 위와 같음 | 1 | 1 | 0 | 0 |
| 필畢 | 위와 같음 | 1 | 1 | 0 | 0 |
| 모절旄節 | 위와 같음 | 4 | 2 | 1 | 2 |
| 정旌 | 위와 같음 | 4 | 2 | 1 | 2 |
| 은월부銀鉞斧 | 위와 같음 | 4 | 2 | 1 | 1 |
| 금월부金鉞斧 | 위와 같음 | 4 | 2 | 1 | 1 |
| 봉선鳳扇 | 위와 같음 | 8 | 6 | 2 | 2 |
| 작선雀扇 | 위와 같음 | 10 | 6 | 2 | 2 |
| 용선龍扇 | 위와 같음 | 2 | 2 | 2 | 2 |
| 청개靑盖 | 청의·자건 | 2 | 2 | 2 | 2 |
| 청양산靑陽繖 | 위와 같음 | 2 | 2 | 1 | 0 |
| 수정장水晶杖 | 위와 같음 | 1 | 1 | 1 | 1 |
| 금월부金鉞斧 | 위와 같음 | 1 | 1 | 1 | 1 |
| 홍양산紅陽繖 | 위와 같음 | 1 | 1 | 1 | 1 |
| 청선靑扇 | 위와 같음 | 2 | 2 | 2 | 0 |
| 후전대기後殿大旗 | 청의·피모자 | 2 | 2 | 0 | 0 |
| (금金·고鼓) | 홍의·피모자 | (8) | (6) | (2) | 0 |
| (장마仗馬) | 청의·종색립 | (12) | (12) | (6) | 0 |
| 합계 | | 156(20) | 105(18) | 53(8) | 38 |

〈표3-1〉 『속오례의』續五禮儀 대가의장大駕儀仗·법가의장法駕儀仗·소가의장小駕儀仗·기우제의장祈雨祭儀仗의 비교

도28 **국왕의 의장, 표골타자.** 『세종실록』「오례」, '가례서례'에 수록.

도29 **국왕의 의장, 각단기.** 『세종실록』「오례」, '가례서례'에 수록.

도30 **국왕의 의장, 천하태평기.** 『세종실록』「오례」, '가례서례'에 수록.

차할 때의 대가와 법가의장에 해당한다. 기우제를 지낼 때에는 재변을 당하여 정치를 반성하고 더욱 삼가는 모습을 보이기 위해 약식의 의장을 썼는데 이를 기우제祈雨祭 소가의장小駕儀仗이라고 한다. 왕이 직접 모습을 드러내는 것이 아닌 왕의 상징물에도 언제나 의장이 따랐는데 이를 세의장細儀仗이라고 한다.<sup>도28~30</sup>

현재 전하는 회화 자료 중에 행차 시 대가노부大駕鹵簿의 배치를 볼 수 있는 것은 영조 대 이후 국왕의 가례 반차도이다. 노부 전체는 아니더라도 대가의장의 배치는 국왕의 국장도감의궤 반차도에서 확인할 수 있다. 전정에서의 대장大仗의 배치는 『국조오례의』에 수록된 「근정전정지탄일백관조하지도」勤政殿正至誕日百官朝賀之圖나 『속오

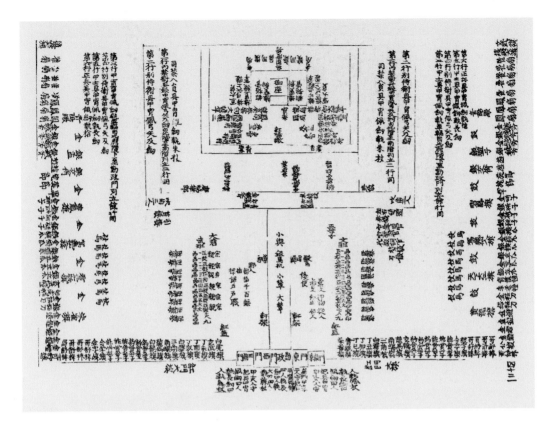

례의』의 「인정전정지탄일백관조하지도」仁政殿正至誕日百官朝賀之圖 및 정조 대 「정아조회지도」正衙朝會之圖를 통해 알 수 있다.<sup>도31</sup> 전정에서 의 반장半仗은 『국조오례의』의 「근정전정지회백관지도」 및 『국조속 오례의』의 「인정전정지회백관지도」 등에서 그 배치를 확인할 수 있 다. 행차할 때 국왕의 법가노부를 확인할 수 있는 회화 자료는 없으나 대리청정을 한 효명세자가 국왕의 법가노부에 해당하는 의장을 썼기 때문에 『효명세자예장도감의궤』에 수록된 반차도가 참조된다.<sup>도32</sup>

즉위식의 음악　　　　즉위의례를 거행할 때 음악의 사용 여부는 　　　　　　　　　　왕위 계승의 유형에 따라 달라진다. 선왕으 로부터 자리를 직접 물려받아 왕위에 오르는 수선受禪, 즉 선위禪位 의 경우에는 음악을 연주하는 가운데 즉위의례를 행한 것으로 추정

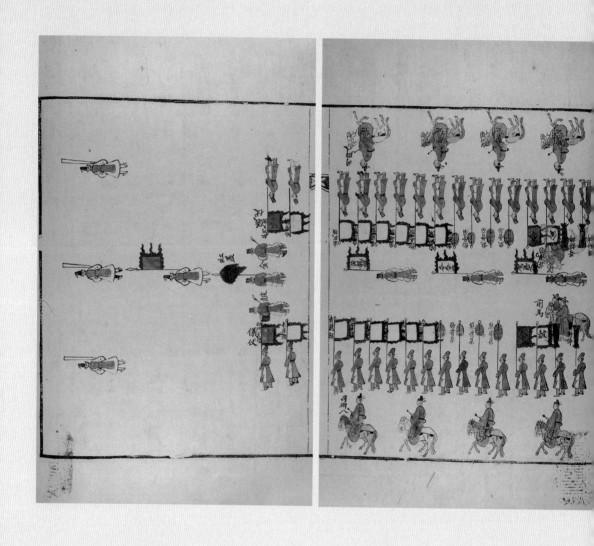

「효명세자예장도감의궤」 반차도 중 의장 행렬 부분 서울대학교 규장각 한국학연구원 소장.

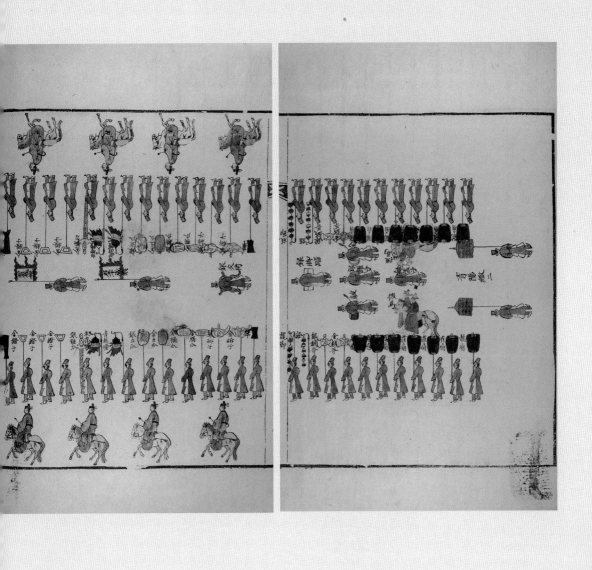

할 수 있다. 선왕이 살아 있고 선왕의 희망에 따라 자리를 물려주는 경우가 되기 때문에 상중喪中에 행하는 즉위의례와는 달리 소리 내어 음악을 연주할 수 있기 때문이다. 그러나 선왕의 죽음으로 인하여 왕위를 잇게 되는 사위嗣位의 경우 상중에 행하는 의례이므로 음악은 연주하지 않고 악대를 배열만 하는(陳而不作) 형태로 의례가 행해진다. 왕의 생존 시에 왕이 이동하는 곳마다 악대가 음악을 연주하여 왕의 위엄을 드러내듯이 악대를 갖추기 위한 것이다. 소리를 내지 않는 것은 국상 중이기 때문에 성색聲色 중의 '성'聲, 즉 소리를 삼가야 하므로 음악을 연주하지 않는 것이다.

음악을 연주했을 것으로 추정되는 선위의 경우로 세종의 즉위의례를 예로 들 수 있다. 1418년(태종 18) 6월에 왕세자에 책봉된 후 두 달 만인 8월에 태종의 양위讓位에 의해 즉위한 세종의 경우는 선왕이 생존한 상태에서 즉위의례를 행하였다. 8월 10일, 태종이 직접 전하는 어보御寶를 전달 받고 경복궁의 근정전에서 왕위에 나아가 백관의 조하朝賀를 받고, 부왕인 태종을 상왕으로 높이고 모후를 대비大妃로 높였다.[17] 그러나 세종의 즉위의례에 관한 내용은 오례서에 상세하게 기록되어 있지 않다. 따라서 세종의 즉위의례에서 어떠한 음악이 사용되었는지 알 수는 없다. 다만 국상 중에 행하는 사위嗣位와는 다른 의례가 행해졌을 것으로 추정되는데, 그 경우 유사한 형식의 의례로 상정해볼 수 있는 것은 곧 정월 초하루와 동지冬至에 백관이 조하朝賀하는 의례인 '정지백관조하의'正至百官朝賀儀나 조하의를 마치고 이어 연회를 베푸는 '정지회의'正至會儀이다. 정월 초하루와 동짓날 행하는 이 두 의례는 연이어서 한다. 먼저 행하는 '정지백관조하의'가 의례적 성격이 보다 강하다면 이어서 행하는 '정지회의'는 연향적 성격이 강하다. 이 두 의례에서 사용되는 음악은 세종 대에 새롭게 제정된 신제아악新制雅樂이므로 세종의 즉위의례에서 연주된 것은 아니다.[18]

그렇다면 세종의 즉위의례에서 연주한 음악이 무엇인지 추정해

17_ 『세종실록』 권1, 세종 즉위년, 8월 11일(무자).

18_ 세종 대에 신제아악을 제정하여 조회례에 처음 사용한 것은 1431년(세종 13)의 일이었으므로 『세종실록오례』 중의 「가례」에 수록된 '정지백관조하의' '정지회의'는 주회의 『의례경전통해』 권14의 「시악」詩樂에 있는 선율을 차용하여 만든 신제아악을 썼다. 이때 사용한 신제아악의 악곡으로는 융안지악, 휴안지악, 수보록지악, 문명지곡, 근천정지악, 하황은지악, 수명명지악, 무열지곡 등이 있는데, 이들은 『시경』詩經의 '어려'魚麗, '남산유대' 南山有臺, '녹명' 鹿鳴, '황황자화' 皇皇者華 등을 노래하도록 되어 있는 음악이다.

보기로 하자. 먼저 음악의 분류로 본다면 아악雅樂
이 연주된 것은 분명하다. 이때 연주되는 음악을
담당한 기관이 아악서雅樂署이기 때문이다. 아악서
는 조선을 건국할 때 전악서典樂署와 함께 설치된
음악 기관으로, 아악을 담당하였다. 이미 태종 대
에 사용하던 조회악과 연향악이 있었고 새롭게
제작된 아악이 있었으므로 세종의 즉위의례에서
는 태종 대에 연주되던 아악을 썼을 것으로 추정
된다. 특히 1409년(태종 9)에 태종의 명에 의해 종
묘와 조회, 연향에 두루 아악을 쓰도록 명한 이래
1411년(태종 11)에 다시 정리한 아악[19] 선율이 세종
의 즉위의례에서 사용된 것으로 생각된다.

　　다음으로 상중에 행하는 사위의 경우 음악을 연주하지 않는다.
그러나 왕의 승하이므로 왕을 위한 악대는 격식에 맞춰 배열하여
위의威儀를 갖추어 놓는다. 이때 배치되는 악대는 전정헌가殿庭軒架
로서 성종 대의 국가전례서인 『국조오례서례』의 「가례」嘉禮 부분에
그 악대도가 기록되어 있다. 사위하는 의례는 흉례의 하나로 행해
짐에도 불구하고 가례를 위한 악대가 배열되는 것은 왕의 생전에
연주하던 악대가 기준이 되기 때문이다.

　　모든 악기들이 배치되고 연주자들도 제자리에 서며 전악典樂과
협률랑協律郞도 제 위치를 지키고 있지만 차이가 있는 것은 소리를
내어 연주하지 않는다는 점이다. 『국조오례서례』에 기록되어 있는
전정헌가의 악대 배치를 보자. 먼저 악대의 위치는 근정전의 뜰 남
쪽 가까이에 북향하여 설치한다. 이때 악대는 벌여 놓기만 하고 연
주는 하지 않는다. 연주를 하지 않더라도 모든 연주자는 제 자리를
지켜야 한다. 휘麾를 들어 음악의 시작과 끝을 알리는 협률랑協律郞
도 휘를 드는 자리인 거휘위擧麾位를 지키는데, 서쪽 계단의 아래
서쪽 가까운 곳에 동향하여 서 있다. 이들은 악대의 제 위치를

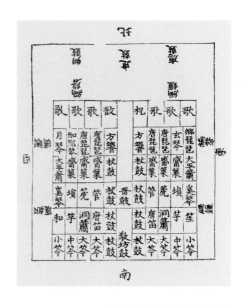

도33 『국조오례서례』 권2 「가례」
중 '전정헌가도설' 殿庭軒架圖說

19_ 『태종실록』 권17, 태종 9년 4
월 7일(기묘); 권22, 태종 11년 12
월 15일(신축).

도34 전정헌가의 최북단에 배열되는 건고, 응고, 삭고

지키되 연주를 하지 않고 모든 의례를 지켜보며 위의威儀를 갖추기 위해 동원된다.

악기의 배치는 모두 여섯 단으로 한다. 북쪽으로부터 남쪽으로 내려가면서 그 배치를 살펴보면 먼저 최북단에는 건고建鼓를 중심으로 하여 동쪽에 응고應鼓, 서쪽에 삭고朔鼓를 설치한다. 제후국의 위격인 헌가軒架이므로 남면을 제외한 동, 서, 북쪽의 삼방에 각각 편종 1, 편경 1을 벌여 놓는다.도33, 34

악대의 첫째 단에는 축柷과 어敔를 설치하는데 축은 동쪽에, 어는 서쪽에 둔다.도35, 36 축은 음악을 시작할 때 연주하는 악기이므로 동쪽에 위치하며 어는 음악을 마칠 때 연주하는 악기이므로 서쪽에 둔다. 노래하는 사람 6인은 축과 어의 동서로 나누어 제1행으로 배열한다. 악대의 둘째 단에는 방향 1, 당비파 2, 현금 1, 향비파 1을 동쪽에, 방향 1, 당비파 2, 가야금 1, 월금 1을 서쪽에 배열한다.

도35 악대 첫째 단의 동쪽에 배열되는 축

도36 악대 첫째 단의 서쪽에 배열되는 어

악대의 셋째 단에는 장고 2, 피리 6, 태평소 2를 각각 동서로 나누어 배열한다. 악대의 넷째 단에는 진고를 중심으로 하여 장고, 관, 지, 훈, 해금 각 2개씩을 동서로 나누어 배열한다. 악대의 다섯째 단에는 장고, 당적, 퉁소, 우, 생(서쪽에는 화) 각 2개씩을 동서로 나누어 배열한다. 악대의 여섯째 단에는 교방고敎坊鼓를 중심으로 하여 장고 2, 대금 4, 중금과 소금 각 2개씩을 배열한다. 악기는 모

두 북향하여 둔다.<sup>도37</sup>

이러한 악기들이 비록 소리 내어 연주를 하는 것은 아니지만 악기를 배열하는 것만으로도 왕의 위의를 갖추는 데 부족함이 없다. 사위의례를 행할 때 의례에 참여한 모든 사람이 세 차례 머리를 조아리는 삼고두三叩頭의 예를 행하고 "천세千歲, 천세, 천천세千千歲"를 외치는 산호山呼와 재산호再山呼의 절차에서 악대의 연주자들은 함께 소리 내어 구호를 외치는 역할을 담당함으로써 새롭게 자리에 오른 왕의 천세를 기원한다.

**즉위식의
기록과 기억**

선왕의 승하로 인하여 왕위를 물려받는 경우에는 선택의 여지없이 왕위를 잇게 되지만 그 자리에 차마 나아가지 못하는 마음을 갖게 된다. 이러한 마음은 왕의 즉위교서에도 그대로 표현된다. 선왕이 즉위의례에 함께 참여하는 선위에 의해 왕위를 물려받는 경우 즉위식의 기억은 사위와는 다른 형태로 자리한다.

태종과 세종, 왕위를 물려주는 자와 물려받는 자의 입장에서 그들의 변辨을 들어보자. 세종은 선왕이 지켜보는 가운데 왕위에 오른 첫번째 왕으로, 태종이 직접 전하는 국보國寶를 받았다. 이는 조선에서 왕위를 물려주는 사람과 물려받는 사람이 함께 즉위식에 나란히 참여한 첫번째 경우에 해당한다. 왕위를 물려주는 자와 물려받는 자에게 특별한 감회가 없을 수 없다. 태종은 일찌감치 선위할 것을 결심했지만 정작 신료들은 선위할 때가 아니라는 이유로 강하게 반대했고 이는 세자 자신도 마찬가지였다. 태종의 갑작스러운 전위傳位에 대해 실록은 그 정황을 비교적 상세히 기록하고 있다. 그러한 기록 내용을 통해 그들의 이야기를 들추어 보자.

먼저 왕위를 물려주는 자, 태종의 변을 들어보자. 태종은 18년 동안 재위하면서 스스로 "불의한 일을 행하지 않았다"라고 고백했지만 그럼에도 불구하고 "여러 차례 수재水災와 한재旱災, 충황蟲蝗

의 재앙에 이르기도 했고, 거기에 또 묵은 병까지 있어 그 병이 더욱 심하게 된 까닭에 세자에게 전위傳位한다."라는 양위의 변을 남기면서 국보國寶를 세자에게 넘겨주고자 했다. 우여곡절 끝에 국보를 세자에게 넘겨준 이후에는 연화방蓮花坊의 옛 세자궁世子宮으로 거처를 옮기고 상왕으로 물러나 앉았다.[20]

20_ 『태종실록』 권36, 태종 18년 8월 8일(을유).

태종은 "아비가 아들에게 자리를 물려주는 것은 천하 고금의 떳떳한 일이니, 신하들이 의논하여 간쟁諫諍할 수가 없는 것"이라고 밝히면서 양위에 관하여 더 이상의 논쟁을 일으키지 말 것을 단속하였다. 또 자신의 형상形像은 임금의 상이 아니며 위의威儀와 동정動靜이 모두 임금에 적합하지 않다고 스스로 평가했다. 20여 년 가까운 자신의 통치 기간에 대해서는 "나라를 누린 지 오래되었다" 또는 "18년 동안 호랑이(虎)를 탔다"라고 표현하면서 왕의 지위를 충분히 누렸음을 밝히고 왕위를 물려주는 것에 대해 하등의 미련이 없음을 이야기하였다. 그와 함께 전위傳位한 뒤에도 나이 든 재상들과 함께 임금을 돕고 일을 살필 것을 다짐하였다.

당시 신료들이 태종의 양위 의사를 쉽게 받아들이지 않았고 그 뜻을 거둘 것을 여러 차례 요청했음에도 불구하고 태종은 세자를 불러들이고, 대보를 가져올 것을 명하였다. 태종의 명에 의해 불려온 세자가 허둥지둥 태종의 앞으로 나아가니 "대보大寶를 주겠으니 받으라"는 명을 내렸다.

이와 같은 과정에서는 태종의 성급한 모습을 엿볼 수 있다. 한 번 왕의 자리를 물려주겠다고 결심한 만큼 태종의 선위 행보는 매우 급속하게 이루어짐을 알 수 있다. 또 예기치 않은 상태에서 왕위에 오르게 될지 모르는 세종의 신중한 모습도 드러난다. 대보를 주겠다는 왕과 받을 수 없다는 세자가 실랑이 하는 장면을 보자. 대보를 받으라는 태종의 명에 세자는 부복俯伏하여 안절부절 못하며 일어나지 않는다. 그러자 태종은 세자의 소매를 잡아 일으켜 대보를 주고 곧장 안으로 들어가 버린다. 세자는 몸 둘 바를 몰라 하다가 대보를 안案(대보를 올려놓는 상) 위에 놓고 태종을 따라 안으로 들어가 지성至誠으로 사양한다. 이러한 정황 앞에서 군신들은 통곡을 하며 태종에게 국새國璽를 다시 돌려받을 것을 청하지만, 끝내 사양하면서 세자로 하여금 대보大寶를 받고 궁宮에 머물 것을 명한다. 아울러 왕을 위한 의장인 붉은 빛의 홍양산紅陽傘을 내려주고 태종 자신은 서문西門으로 나가 연화방蓮花坊의 옛 세자전世子殿에 거둥한다. 백관百官들은 다시 태종을 따라 전정殿庭에서 통곡하면서 복위復位할 것을 청하고, 세자도 대보大寶를 받들고 전殿에 나아가 대보를 바치면서 사양한다. 이와 같은 실랑이는 종일 벌어졌고, 시간이 밤이 되자 태종은 결국 다음과 같이 명을 내린다.

"나의 뜻을 유시諭示한 것이 이미 두세 번이나 되는데, 어찌 나에게 효도할 것을 생각하지 않고 이같이 어지럽게 구느냐? 내가 만일 신료臣僚들의 청을 들어 복위復位하려 한다면, 나는 장차 그 죽음을 얻지도 못할 것이다." 하고, 이에 두 손을 맞잡아 북두성北斗星을 가리키고 이를 맹세하여서 다시 복위復位하지 않을 뜻을 보였다. …… "내가 이러한 거조擧措를 천지天地와 종묘宗廟에 맹세하여 고告하였으니, 어찌 감히 변하겠느냐?"[21]

21_ 『태종실록』 권36, 태종 18년 8월 8일(을유).

태종은 전위하는 자신의 뜻을 이미 별을 가리키며 맹세하였고 종묘에 알렸으니 더 이상 변할 수 없는 것임을 알린다. 태종이 전위하겠다는 뜻을 더 이상 거를 수 없다는 사실을 확인한 신료들은 세자로 하여금 명을 받아들이고 효도를 다하는 것이 마땅하다면서 그 뜻을 받아들여야 한다고 수긍한다. 이렇게 태종이 전위의 뜻을 표한 8월 8일은 일단 지나갔다.

그러나 다음 날이 되어서도 여전히 태종의 전위를 인정하기 어려운 신료들의 상소가 이어진다. 이에 대해 태종은 역시 뜻을 굽히지 않았고 이에 대해 군신群臣들이 모두 크게 통곡했는데, "곡성哭聲

22_ 『태종실록』 권36, 태종 18년 8
월 9일(병술).

이 궁정宮庭을 진동했다.”[22]고 한다.

천지와 종묘에 맹세했다는 태종의 말에 대한 박은朴訔의 상소 내
용을 보자.

백성은 오로지 나라의 근본인데, 신이 듣건대 나라를 전傳하는 것은 백
성을 서로 전하는 것이요, 맹세로써 서로 전하지는 않습니다. 인심人心
이 있는 곳이 곧 천심天心이 있는 곳입니다. 하늘과 사람은 이치가 하
나이므로 통달通達하여 틈이 없는데, 황천皇天과 종묘에 반드시 전하가
맹세할 바가 아닙니다.[23]

23_ 『태종실록』 앞과 같음.

태종의 강경한 태도에도 불구하고 황천과 종묘에 맹세할 바가
아니라며 그 뜻을 굽힐 것을 거듭 강조하고 있음을 알 수 있다. 수
차례의 상소가 이어졌음에도 불구하고 태종은 결국 세종에게 선위
를 하게 되었다.

그러면 왕위를 물려받는 세종의 기억을 따라가 보자. 세종은 태
종에게 사양하는 글을 다음과 같이 올린다.

조회에서 책봉하는 대명大命을 내리시어 세자를 세워 나라의 근본을 바
로잡으실 때 그릇되이 신의 몸에 이르게 되어, 송구한 마음 진실로 간
절하고 더욱 깊이 감격하고 있습니다. 엎드려 생각건대, 신 도祹는 식
견이 천박하옵고 성품이 우매하여, 부모를 모심에 승순承順의 도리를
알지 못하옵고, 경전經傳을 스승에게 받긴 했으나 깊고 오묘한 뜻을 밝
게 연구하지 못했는데, 뜻밖에도 성은이 이 누추한 몸에 깊이 젖게 하
시니, 대개 주상 전하께서는 장엄하시고 정대하시며 깊고 밝으신데, 임
금의 자리는 반드시 돌아갈 곳이 있고 민심은 미리 정한 바가 있다 생
각하시어, 드디어 이 변변치 못한 저로 하여금 높은 지위를 받게 하시
니, 신은 삼가 마땅히 맡기신 책임이 가볍지 않음을 생각하여 길이 보
전하기를 싫어하지 않으며, 지극히 간절하신 교훈을 받들어 영원히 잊

지 않사옵기를 맹세하옵나이다.[24]

24_ 『세종실록』 총서

신은 성품과 자질이 어리석고 둔하며 학문이 아직 이루어지지 못하여 위정爲政의 방도에 대하여 어리둥절하여 깨달음이 없사온데, 외람되이 세자의 지위에 있으면서 아침저녁으로 근심하고 걱정하여 오히려 그 자리에 합당치 못할까 두렵삽거늘, 어찌 오늘 맡겨주신다는 하명下命이 있을 줄을 헤아렸겠습니까. 뜻밖의 일을 당하오니 정신이 아득하여 어찌할 바를 모르겠습니다. 삼가 생각하옵건대, 주상 전하께옵서는 춘추春秋가 왕성하시옵고, 성덕聖德이 바야흐로 융성하시온데, 갑자기 정사政事에 고달프다 하시고 종묘사직의 막중한 책임을 어리석은 이 몸에 맡기려고 하시니, 어찌 오직 신자臣子의 마음이 더욱 두렵고 황송할 뿐이겠습니까. 진실로 두렵삽건대, 조종祖宗의 신령께서도 놀라실까 하옵니다.

또한 나라를 전하는 일은 참으로 국가의 큰 일이옵거늘, 갑자기 이렇게 하옵시면 내외의 신민들이 놀라지 않을 이 없사오며, 거듭 생각하옵건대 전하께서 신을 세워 후사를 삼으실 적에도 오히려 감히 마음대로 하시지 못하고 천자天子에게 아뢰어 결정하옵셨거든, 하물며 군국軍國의 막중한 것을 마음대로 신에게 주실 수 있겠습니까. 신은 두렵사옵건대, 사대事大의 예에 또한 어긋남이 있을까 걱정이옵니다. 엎드려 바라옵건대, 전하께서는 어리석은 신의 지극한 사정을 살피시고 국가의 대계大計를 염려하시와, 종묘사직과 신민臣民의 기대를 위로하여 주시옵소서.[25]

25_ 『세종실록』 총서

왕위를 사양하는 세종의 변은 매우 구체적이고 치밀하다. 태종의 춘추가 왕성하고 성덕聖德 또한 융성한데 왕위를 내려놓는다는 점을 받아들이기 어렵다는 세종의 강한 뜻을 읽을 수 있다. 이와 같은 태종과 세종, 왕위를 물려주는 자와 물려받는 자의 변에서 조선조에 온전한 선위가 이루어진 두 왕의 진심을 읽을 수 있다. 후일 정조가 순조에게 왕위를 물려주고 물러나고자 했던 것도 태종이 세종에게 선위한 사례를 보고 결심한 것이 아닐까 생각한다.

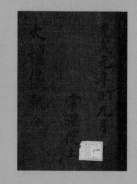

1897년 2월에 러시아 공사관에서 인근에 있던 경운궁慶運宮으로 돌아온 고종은 자주독립된 새로운 조선의 건설을 위한 준비 작업에 들어갔다. 8월 16일에 고종은 '광무'光武라는 새 연호를 정하고 환구단 등에 이를 알리는 고유제告由祭를 거행했다. 1897년 9월 21일에 고종은 장례원경掌隷院卿 김규홍金奎弘의 건의를 수용하여 환구단 제도를 정비하고 제단을 새로 건설하도록 했다. 이 기간 동안 민관의 기부금으로 영은문迎恩門을 헐고 자주독립의 상징인 독립문을 건립하는 일도 진행되었다. 독립의 정초작업은 1896년 11월 21일에 있었고 황제국 선포 후인 1897년 11월이나 12월에 마무리되었다.

제 **4** 부

# 황제의 즉위의식

即
位
儀
禮

## 1 고종의 황제국 선포와 대례의식

1897년 10월 고종은 환구단圜丘壇에서의 제천의식과 함께 황제의
자리에 올랐다. 새로운 황제국의 이름은 '대한'大韓으로 정해졌다.
500년 이상 존재해 오던 조선이라는 국호는 더 이상 존재하지 않게
되었다. 대내외적으로 위태로운 형세에 처해 있었던 당시 조선의
상황을 고려해볼 때 왜 갑자기 고종이 황제의 자리에 오르려 했을
까 하는 의문은 오히려 자연스럽다. 황제의 칭호나 황제국이라는
지위가 왜 당시에 필요했던 것일까? 황제의 칭호를 받고 황제국을
선포하라는 본격적인 논의는 실제 의식이 있기 불과 한 달여 전인
9월 25일 농상공부 협판協辦이자 독립협회의 회원이기도 했던 권재
형權在衡(1854~1934)의 상소로부터 시작되었다.

'황'皇, '제'帝, '왕'王이라고 하는 것이 글자는 다르지만 한 나라를 스
스로 주관하고 독립하여 의존하지 않으며, 나라의 기준을 세워 백성들
에게 표준이 된다는 것은 한가지입니다. …… 갑오경장甲午更張 이후부
터는 독립하였다는 명색은 있으나 독립한 실상이 없고, 국시國是가 정
해지지 않아 백성들의 의혹이 마음속에 가득 차 있으니, 이것은 무엇
때문이겠습니까. 우리나라 백성은 글만 숭상하여 나약한 것이 습성이

되고 남에게 의존하는 것이 습관이 되어 멀리로는 2000년, 가까이로는 500년 동안 중국을 섬겨 오면서도 그것을 편안히 여겨 고칠 줄을 모르고 있습니다. 자주自主를 유지할 수 있다고 논하는 사람을 한 번 보기만 해도 대뜸 눈이 휘둥그레지고 혀를 내두르며 깜짝 놀라 마지않습니다. 당장의 정사를 바로잡는 방도는 진실로 위의威儀를 바로잡고 의식의 수준을 높임으로써 민심을 흥기시켜 나아갈 방향을 제시하는 데에 달려 있습니다. …… 즉시 의정부에 물어 의논하게 한 다음 빠른 시기에 중대한 계책을 결정하여 속히 높은 칭호를 올리게 함으로써 한편으로는 신하들이 임금을 높이는 마음에 부응하시고, 한편으로는 글만 숭상하여 나약하고 남에게 의존하기 좋아하는 사람들의 의혹을 깨뜨리소서. 또다시 굳센 의지로 정진하시며 정력을 다해 정사를 도모하시고, 어진 사람을 등용하여 의심하지 마시며 간사한 사람을 가차 없이 제거하소서. 그리하여 오래된 나라를 새롭게 하여 명색과 실상이 서로 부합하게 한다면, 전대前代를 빛내고 후세를 넉넉하게 할 수 있으며 또 멀리 있는 이를 회유하고 가까이 있는 이를 친숙하게 할 수 있을 것이니, 국가나 신민에 있어서 매우 다행일 것입니다.[1]

1_ 『고종실록』 권36, 고종 34년 9월 25일(양력).

위 인용문에서 1894년 갑오경장 이후로 독립하였다는 명색은 있다고 언급한 것은, 갑오경장 이후 개화파 정권이 수립된 이후 이루어진 일련의 조처와 관련이 있다. 정부는 1894년 7월 29일부터 우선 첫 단계로 국왕을 공식적으로 '군주'로부터 다시 '대군주'로 호칭하였다. 그리고 중국 연호를 폐지하고 조선왕조의 개국기년開國紀年을 사용하여 1894년은 개국 503년이 되었다. 1895년 1월 7일(음력으로 1894년 12월 12일)에는 국왕이 종묘에 나아가 조상에게 서고문誓告文을 바치는 형식으로 '홍범 14조'를 공포하였다. 그 제1조에서 "청국에 의부依附하는 생각을 끊어버리고 자주독립의 기초를 세운다"고 선언하여 중국과의 관계에서 조선 국왕을 중국 황제와 대등한 지위로 둠을 공포하였다.

도1 **환구단의 옛 모습(왼쪽)** 『한국풍
속풍경사진첩』韓國風俗風景寫眞帖에
수록, 1911년.

도2 **환구단의 옛 모습** Joseph H.
Longford, *The Story of Koera*에
수록, 1911년.

1895년 윤5월에는 도성 남쪽 교외 옛 남단이 있던 자리에 환구
단을 조성하였다. 또 1895년 8월 27일 국호를 '대조선국'大朝鮮國으
로 개칭하고 대군주를 '황제'로 격상시키려고 하였다. 그러나 이러
한 계획은 일본의 반대로 집행되지 못하였다. 1896년 2월 11일 아
관파천俄館播遷이 일어나 갑오경장 내각이 붕괴됨으로써 개화파의
국왕을 '황제'로 격상시키려는 운동은 잠시 중단되었다. 조선이 자
주독립국임을 만방에 알리기 위해 기왕의 동아시아 사대 질서 속의
천자天子-제후 관계에서 벗어나고자 하는 앞서의 노력들이 완전히
좌절된 것은 아니었다.[도1, 2]

왕후가 궁궐 안에서 피살되고 국왕이 러시아 공관으로 피신하는
극단적인 상황 속에서도 제천의례를 위한 환구단 제도는 정비되어
갔다. 1896년 고종은 국가제례에 관한 규정을 새로 정했다. 동짓날
이 다가오자 제천례의 축문과 악장을 지어 올리게 했으며, 이듬해
에는 환구단의 제기와 악기를 갖추게 했다. 제천의례라는 상징적
의식을 통해 조선의 자주독립 의지를 내외에 천명한다는 구상은 고
종에게 여전히 매력적이었다.

1897년 2월에 러시아 공사관에서 인근에 있던 경운궁慶運宮으로
돌아온 고종은 자주독립된 새로운 조선의 건설을 위한 준비 작업에

들어갔다.도3 8월 16일에 고종은 '광무'光武라는 새 연호를 정하고 환구단 등에 이를 알리는 고유제告由祭를 거행했다. 1897년 9월 21일에 고종은 장례원경掌隷院卿 김규홍金奎弘의 건의를 수용하여 환구단 제도를 정비하고 제단을 새로 건설하도록 했다. 이 기간 동안 민관의 기부금으로 영은문迎恩門을 헐고 자주독립의 상징인 독립문을 건립하는 일도 진행되었다. 독립의 정초작업은 1896년 11월 21일에 있었고 황제국 선포 후인 1897년 11월이나 12월에 마무리되었다.

이렇게 독자의 연호를 사용하고 제천의례의 공간을 준비해 가는 가운데 황제국을 선포하여 자주독립에의 의지를 더욱 강력하게 표방하자는 주장이 대두되었다. 이는 고종의 뜻이기도 했고 당시 열강의 침략 의지에 맞설 강력한 국가건설의 의지를 천명하는 것이 필요하다고 생각하는 일부 지식인들의 의지이기도 했다. 물론 자주독립을 위하여 실제로 국가의 힘을 키우는 것이 중요하지 군주의 칭호가 중요치 않다는 민권운동파 내부의 주장도 있었고, 전통적인 명분론에 집착하여 칭제를 반대하는 주장도 있었다.

그러나 권재형이 상소에서 독립한 실상이 없다고 지적한 것처럼, 청일전쟁 이후 대두되기 시작한 일본이나 러시아의 보호국 관련 논의는 조선 지식인들 사이에서 더욱 위기감을 느끼게 하였다. 보호국 논의란 조선이 청의 보호국이었는데, 이제 청과의 관계가 단절되었으니 일본이나 러시아가 조선을 보호해야 한다는 주장이었다. 1896년 5월 16일자 『독립신문』의 사설은 보호국 논의의 부당함과 조선 자주독립의 보존 방책에 대해서 논하고 있다.

근일 일본 신문들에 아라사와 일본이 조선을 같이 보호한다는 말이 많이 있으되, 우리 생각에는 이 말이 실상이 없는 것 같거니와 우리가 이런 일은 원치도 않노라. …… 조선이 이왕에 청국 속국이라고 하였으되 말만 그러하였지 청국서 조선 내치에 상관이 없었고 조선 정부에서 무론 무슨 일이든지 조선 일을 임의로 몇백 년을 하여 왔더니, 근년에 청국이 원세개袁世凱(1859~1916)를 보내어 조선 정부 일을 속으로 알은 체 한 것은 조선 정부에서 자청한 일이요, 일본과 청국이 싸운 후에는 조선이 독립이 되었다고 말로는 하였으되 실상인즉 일본 속국이 됨(과) 같은지라. 조선 내정과 외교하는 정치를 모두 진고개 일본 공사관에서 조처하였으니, 독립국에도 남의 나라 신사가 그 나라 정부 일을 결정하는 나라도 또 있는지 우리는 듣고 보지 못하였노라. …… 조선 사람들이 학문이 없은즉 나라 일을 모두 맡아가지고 큰 사업 할 수가 없으니, 불가불 외국 사람이라도 학문 있는 사람들을 고용하여 그 사람들의 말을 좇아, 일을 하고 외교하는 대로 편벽되이 말고 각국을 모두 친구로 대접하고, 어느 나라든지 조선을 해하려고 한다든지 조선을 대하여 실례되는 일을 행하거드면 다만 정부에서 벼슬하는 사람만 그것을 분히 여겨 탄할 뿐 아니라 전국 인민이 모두 합심하여 탄하거드면 외국이 자연히 조선을 높이 대접할 터이요 독립은 염려없이 될 터이니, 나라가 독립이 되거드면 임금의 지위만 높아질 뿐 아니라 그 나라에 있는 사람은 모두 타국 인민과 동등이 되니, 자기의 지체 높아질 일을 어찌 행치 않으리요. 조선 사람이 조선 사람을 천대하는 것은 자기가 자기 몸을 천대하는 것과 같은지라. 그런 고로 자기 몸을 높이려면 자기 임금을 먼저 높이고 자기 나라 사람을 높여주어야 할 터인데, 조선 사람은 외국 사람을 높여주어도 자기 나라 사람은 천대를 하고 그 외국 사람에게 자기 나라 사람의 험담을 하여 그 외국 사람의 힘을 빌려 자기 나라 사람을 해롭게 하였으니, 이것은 천(한) 장부의 일이요 외국 사람에게 욕보이는 일이니, 그것을 모르고 당장 리만 취하여 이런 일을 행하는 사람은 자기가 자기의 몸을 해롭게 하는 것이요 남을 해롭게 하려는 사람은 남이 자기를 해롭게 하는 사람이라. 우리 생각에는 조선은 조선 사람의 나라니 외국 사람과 교제를 하더라도 조선 사람 생각을 먼저 하고 외국 사람은 둘째로 할 터이니, 이 생각을 다만 하나나 둘이 하여도 나라가 잘될 수가 없은즉, 전국 인민이 모두 이 마음 먹기를 바라노라.

조선이 중국의 제후국이었지만 명색만 그러할 뿐 조선의 운명을 스스로 결정하는 자주독립된 국가였는데 근래에 원세개를 통해 청의 지원을 요청하면서 스스로 속국의 지위를 자처했고, 이 때문에 청일전쟁 이후 일본이 스스럼없이 조선의 새로운 보호자를 자처하게끔 되었다는 것이다. "일본과 청국이 싸운 후에는 조선이 독립이 되었다고 말로는 하였으되 실상인즉 일본 속국이 됨(과) 같은지라. 조선 내정과 외교하는 정치를 모두 진고개 일본 공사관에서 조처하였으니, 독립국에도 남의 나라 사신이 그 나라 정부 일을 결정하는 나라도 또 있는지 우리는 듣고 보지 못하였노라."는 표현이나 "만일 두 나라에 보호국이 되거드면 그것은 상전 둘을 얻는 것이니, 남은 있던 상전을 버리려고 사람들을 몇만 명씩 죽여가면서 싸움도 하는데, 조선이 상전을 둘씩 한꺼번에 얻을 지경이면 아무리 조선 사람들이 어리석고 남의 천대를 분히 여길 줄 모르더라도 할 말이 조금 있을 듯하노라."는 표현에는 조선의 현실에 대한 자괴감과 함께 모든 조선인들이 쉽게 남에게 기대려는 마음을 버리고 자주독립해야 한다는 의지를 가지고 당시에 처한 현실을 극복해 나가야 한다는 생각이 담겨 있었다.

　권재형이 상소를 올려 황제의 칭호를 받으라고 한 것도 단순히 고종의 이름을 높여 왕실에 아부하려는 것이 아니었다. 제국을 선포하는 의식을 통해 조선의 모든 백성들에게 독립된 제국의 일원임을 각인시키고, 독립된 제국으로서의 실상을 갖출 수 있도록 더욱 분발시키려던 것이었다.

　권재형의 상소가 올라간 후 연이어 황제의 칭호를 받으라는 상소가 잇달았다. 정부 대신들의 정청庭請도 지속되었다. 각 논자마다 칭제의 타당성을 주장하는 방식은 조금씩 달랐다. 중화문화의 적통을 이어받은 문화국으로의 자존의식을 강조하는가 하면 제국으로의 칭호가 국제적인 기준으로도 문제될 것이 없다는 만국공법萬國公法상의 조항이 거론되기도 했다.

　만국공법을 거론한 것도 권재형이 처음이었다. 그는 만국공법의 조항 가운데 황제의 칭호를 쓰는 것에 대해 부정적인 것처럼 보이는 조항을 인용한 후 이를 다시 재해석했다. 황제의 칭호를 쓸 것인지의 여부는 각 나라의 인정에 달린 것이 아니라 우리가 스스로를 어떻게 평가하고 정립할 것인지의 문제에 달렸다는 것이 그의 주장이었다.

　예를 들어 공법 제85장에는 '관할하는 것이 한 개 나라나 본국에만 그치는 것이 아니라 지역이 넓은 경우에는 황제라 불러도 혹될 수 있지만, 그렇지 않은 경우에는 참람하고 망령된 것에 가까울 것 같다.'는 조항이 있고, 또 제84장에는 '여러 나라들이 모두 높은 칭호를 쓸 수 없으며 명색과 실상이 서로 부합하고 걸맞아야 한다.'는 조항이 있었다. 이는 일견 모든 국가들이 황제라는 칭호를 쓰는 것에 대해 부정적인 의견을 피력한 것으로 보인다. 그러나 '140년 전 러시아의 임금이 황제라고 칭호를 고쳤는데, 처음에는 각 나라에서 좋아하지 않다가 20여 년이 지나서야 인정하였다.'라는 주석이 존재한다는 점, 영국이나 러시아처럼 여러 나라를 거느린다거나 영토가 광대하다고 해서 꼭 황제의 칭호가 합당하다고 생각하지 않았으며, 터키나 일본과 같이 영토나 제국을 관할하지 않아도 황제의 칭호를 쓰고 있는 사례도 있음을 근거로 삼아 황제국을 칭할 수 있는 공법상의 지위가 명백히 규정된 것이 아니라고 판단하고 있다.

이러한 논지는 이후의 상소나 정청에서 거듭 재인용되거나 더욱 적극적으로 재해석되었다. 9월 29일에 김재현 등 716명이 올린 연명상소에서는 조선이 제국이 될 수 있는 자격을 조선의 문화전통과 공법상의 규정 모두에서 확인할 수 있다고 주장하고 있다.

> 구라파와 아메리카의 여러 나라들은 모두 다 평등하게 왕래하고 높고 낮음의 구분이 없는데 아시아의 풍속은 그렇지 않으므로 그 칭호를 보고 혹 불평등하게 대우한다면 교류함에 있어서 지장을 가져오지 않을 수 없습니다. …… 우리나라의 강토는 한漢나라와 당唐나라의 옛 땅에 붙어 있고 의관衣冠과 문물文物은 다 송宋나라나 명明나라의 옛 제도를 따르고 있으니, 그 계통을 잇고 그 칭호를 그대로 쓴들 안 될 것이 없습니다. 이것은 바로 독일이나 오스트리아가 다 같이 로마의 계통을 이은 것과 마찬가지입니다. …… 우리나라는 삼한三韓의 땅을 통합하여 영토는 사천 리를 뻗어 있고 인구는 2천만을 밑돌지 않으니 폐하의 신민臣民된 사람치고 누군들 우리 폐하가 지존至尊의 자리에 있기를 바라지 않겠으며 지존의 칭호를 받기를 바라지 않겠습니까?[2]

2_ 『고종실록』 권36, 고종 34년 9월 29일(양력).

즉 제국을 표방했던 세계 여러 나라의 역사를 살펴볼 때 조선이 제국이 되는 것이 충분히 자격이 있다는 주장이다. 그 첫째 이유는 조선이 중화문화의 정수를 이은 것이 독일이나 오스트리아가 신성로마제국이라는 명칭을 통해 로마의 계승을 천명하였던 일과 같다는 것이다. 두번째는 영토나 인구로 볼 때도 여러 나라를 통합하고 많은 인구를 가지고 있는 제국에 합당하다는 것이다. 이때 조선의

영토가 옛 삼한의 영토를 아우르고 있고 인구가 2천만에 이른다는 사실을 근거로 삼았다.

'여러 나라의 영토를 아우르고 있어야 제국의 기준에 합당하다'는 공법상의 규정을 권재형의 경우에는 터키나 일본 등 그렇지 않은 사례가 있음을 들어 피해나가려 했다. 김재현 등은 삼한을 아우른 영토를 가지고 있음을 들어 당당히 제국이 될 수 있다고 주장하였던 것이다. 이 논의는 나중에 새 제국의 국호가 '옛 삼한의 영토를 아우른 큰 나라'라는 의미에서 '대한'大韓으로 정해지는 데 큰 영향을 미쳤다.

도4 **고종황제의 등극의식을 기록한** 『(고종)대례의궤』 표지 1897년, 서울대학교 규장각 한국학연구원 소장.

이들이 이렇게 공법상의 규정에 신경을 쓴 것은 만국공법을 새로운 국제질서의 중요한 근거이자 기준으로 이해하고 있었기 때문이다. 기왕의 사대교린, 예법에 토대한 평화적 국제질서를 대신하는 것으로서 만국공법적 질서에 대한 기대와 믿음이 있었던 것이다. 이들이 당시에 모색하였던 만국공법에 토대한 질서라는 것이 서구적 근대 세계로의 전면적 전환이었던 것인가에 대해서 의문이 있지만, 약육강식의 힘의 논리가 횡행하는 대결적 세계를 중재해 줄 기준에 대한 믿음이나 기대가 없었다면 사대질서에서의 탈피를 상상하기 힘들었을 것이다.

결국 10월 3일 고종은 황제의 칭호를 받아들이기로 결정하였다. 황제의 자리에 오르는 의식, 즉 대례의식大禮儀式은 나라에 처음 있는 의식인 만큼 고례古禮를 순수하게 따를 필요는 없고, 우리의 예에서 참작하고 변통하여 간편한 것을 따르도록 하였다. 황제 즉위와 함께 아직 장례를 치르지 못한 왕후도 황후로 책봉하고, 왕세자와 세자비를 각각 황태자와 황태자비로 책봉하는 의식도 함께 거행될 예정이었다. 영의정 심순택沈舜澤(1824~1906)이 의식을 총괄하는 책임을 맡은 가운데 최초의 황제 즉위의식이 차차 준비되었다.도4

이전부터 황제국 선포로 자주독립에의 의지를 천명할 것을 주장해 왔던 『독립신문』에서는 정부의 여러 신하들이 자유의지로 모처럼 한마음이 되어 거듭 정청을 하여 황제 칭호를 받으라고 권하고 있는 것이 더 많은 사람들이 독립 의지를 갖게 된 증거라는 점을 강조하고, 황제국 선포가 자주독립 의지를 천명하는 출발에 불과하다는 점을 거듭 지적했다. 아래는 황제국 선포와 관련된 『독립신문』의 사설들이다.

근일에 조선 관인들이 조선 대군주 폐하께 새로이 충심 있는 것을 가히 알 것이 상소가 각처에서 나고 누가 시키지 아니하여도 여러 관인들이 자기의 자유지심으로 중추원에 모여 대군주 폐하께서 대황제 폐하가 되시라고 백관이 연명 상소하였으며 또 설령 폐하께서 이 상소를 들으시지 아니 하시더래도 다시 정청을 하여 기어이 대황제가 되시도록 한다니 이것은 조선을 대하여 대단히 반갑고 다행한 일이라. ……
그러나 나라가 자주독립되는 데는 대황제가 계셔야 자주독립되는 것이 아니라 왕국이라도 황국과 같이 세계에 대접을 받을 권리가 있는 것이라. 지금 조선에 제일 요긴한 일은 자주독립 권리를 남에게 잃지 아니하여야 할 터인즉 관민이 대군주 폐하가 황제되시는 것을 힘쓰는 것도 옳거니와 제일 자주독립 권리를 찾으며 지탱할 도리를 하여야 할 것이 대군주 폐하께서 대황제 폐하가 되시고 자주독립하는 권리는 따라 성하지 아니할 것 같으면 외국에서는 조선 인민들을 알기를 다만 조선 사람들은 외면으로만 임금을 높이고 실상 임금의 권리가 높아지실 획책은 아니하는 사람들로 알 터이니 지금 황제되시는 일에 힘쓰는 제공들은 이 일에도 힘쓰려니와 제일 힘쓸 일이 조선이 따로 서서 남에게 의지 아니하고 남의 지휘 받지 않고 조선 사람들이 조선을 지키고 법률과 풍속이 차차 개명하여 세계에 실상 대접을 받게 하기를 우리는 깊이 바라노라. 조선 사람으로 몇백 년을 청국 황제를 황제로만 섬기던 충신들이 오늘은 조선 대군주께서도 청국 황제와 동등 임금으로 아는 것은 조선이 차차 자주독립될 징조인 듯하더라.[3]

3_ 『독립신문』, 1897년 10월 2일 제117호.

요전 일요일 오후 두 시에 의정대신 심순택 씨와 그 외 백관들이 다시 예궐하여 아홉번째 정청하고 황제 존호를 받으소서 하는고로 대군주 폐하께서 백관이 이처럼 열심으로 일심이 되어 여러 번 정청하는 뜻을 통촉하시고 재가를 하셨다니 이것은 조선에 처음 일이라. 일전 신문에도 말하였거니와 외국서는 왕국과 황국을 등분이 없이 생각하나 동양 경계로는 나라가 황국이 되어야 참으로 자주독립하는 나라인 줄로 인민들이 생각하는 터인즉 대군주 폐하께서 이 여러 신민의 뜻을 좇으사 황제 위에 나아가실 터인즉 그 후부터 조선은 황국이요, 조선 인민은 대황제 폐하의 신민들이 될 터이라. 동양 경계로는 대단히 경사롭고 기자 이후 처음 일이라. 외국들이 이 일에 생각하기를 조선 사람들 생각과는 다를 터이나, 만일 외국 정부에서들 조선 인민이 일심으로 자기 임금을 세계에 제일 높은 임금들과 같은 지위에 계시기를 위하여 애국하는 마음으로 이렇게 간하여 황국이 된 줄을 알고 조선 인민들이 이런 마음이 성하기를 바라는 나라들은 곧 승인하여 줄 듯하더라. 이때를 당하여 우리가 대군주 폐하께서와 왕태자 전하의 성체가 강력하시고 하나님이 도우사 조선을 다만 이름만 제국이 되지 말고 실상 범절이 제 일등 자주독립하는 동등국이 되어 황실과 인민이 몇만 년을 복음을 누리고 지내실 것을 축수하노라(이하 생략).[4]

4_『독립신문』, 1897년 10월 5일 제118호.

이전 남별궁 터전에 단을 모았는데 이름은 환구단圜丘壇이라고도 하고 황단皇壇이라고도 하는데 역군과 장색匠色(장인) 천여 명이 한 달이 못 되어 이 단을 거진 다 건축을 하였는데 단이 삼층이라. 맨 밑의 층은 장長 광廣이 영조척으로 일백 사십 사 척 가량인데 둥글게 돌로 싸서 석자 기럭지(길이) 높이를 쌓았고 제2층은 장 광이 칠십이 척인데 밑층과 같이 돌로 석자 높이를 쌓았고 맨 윗층은 장 광이 삼십육 척인데 석자 높이를 돌로 둥글게 쌓아 올렸고 바닥에는 모두 벽돌을 깔고 맨 밑 층 가로는 둥글게 석축을 모으고 돌과 벽돌로 담을 쌓았으며 동서남북으로 황살문을 하여 세웠는데 남문은 문이 셋이라. 이 단은 금월 십이 일에 황제 폐하께서 친행하사 계셔(게서) 백관을 거느리시고 황제위에 나아가심을 하나님께 고하시는 예식을 행하실 터이라. 그 자세한 절차와 예식은 후일에 게재하려니와 대개 들으니 그날 황제 폐하께서 황룡포를 입으시고 황룡포에는 일월성신을 금으로 수놓았으며 면류관을 쓰시고 경운궁에서 환구단으로 거동하실 터이요, 백관은 모두 금관조복을 하고 어가를 모시고 즉위단에 가서 각각 층계에 서서 예식을 거행할 터이라더라. 이 예식이 마친 후에는 대군주 폐하께서 대황제 폐하가 되시는 것을 천지신명에게 고하시는 것이라. 조선이 그날부터는 왕국이 아니라 제국이며 조선 신민이 모두 대조선 제국 신민이라. 조선 단군 이후에 처음으로 황제의 나라가 되었으니 이 경사로움과 기쁨을 조선 신민들이 측량없이 여길 듯하더라. 이름으로는 세계에 제일 높은 나라와 동등이 되었거니와 이제부터 실상을 힘써 각색 일이 외국에서 못지않게 되도록 신민들이 주선을 하여야 제국 신민이 된 본의요, 남에게 실상 대접을 받을 터이라. 사람마다 오늘부터 조선이 남에게 지지 아니할 방책을 하여 외국들이 조선이 황제국 된 것을 웃지 않게 일들을 하여야 할 터이요, 또 조선 사람들이 실상 일을 하여야 외국들이 조선을 황제국으로 승인들도 할 터이라. 이 계제를 타서 사람마다 자주독립할 마음을 단단히 먹고 대황제 폐하를 모시고 세계에 대접을 받고 나라를 보전할 획책을 생각하며 사람마다 조선이 남에게 의지한다든지 하대받지 않도록 일하는 것이 왕국이 변하여 황국이 된 보람이 될 듯하더라.[5]

5_ 『독립신문』, 1897년 10월 12일 제121호.

即
位
儀
禮

2 대례의식의 실제

황제 등극의식을 구체적으로 어떻게 거행할 것인가는 역대 전례를 살펴서 하는 것으로 정해졌다. 가장 중요한 근거가 되었던 것은 중국 명나라의 사례였다. 조선 후기 숙종 때 『대명집례』大明集禮를 조선에서 다시 간행했던 사실에서 볼 수 있듯이 조선은 명나라의 멸망 이후 중화의 도덕적 문명을 조선이 계승하고 있다는 강렬한 문화의식을 지니고 있었고, 이후 조선의 많은 의례 개정 때 명나라의 전례를 참조해 왔다. 황제국으로서 의례를 새롭게 마련하는 데 충분한 시간과 연구가 부족했던 조선의 입장에서, 명나라의 전례를 가장 많이 참조하였던 것은 당연한 일이었다.

1897년 10월 7일에 이르러 황제 등극의식의 큰 틀이 결정되었다.

역대의 전례를 살펴보니 환구에 고하는 제사의식이 이루어진 후 교단의 앞에 의자를 설하고 대위에 오릅니다. 이어 태묘와 사직에 고하는 제사의식을 거행한 후 정전에 환어하여 백관이 표문을 올리고 진하하고 관원을 보내 황후, 황태자를 책봉하고 다음 날 천하에 조를 내려 고한다고 하였습니다. 이번에도 이에 의거하여 마련하여 거행하겠습니다.

환구에 고하는 제사는 고종이 직접 지내고, 황태자의 자리에 오를 왕세자도 배참하는 것으로 결정되었다. 종묘와 사직에의 고유제에는 황제만이 참여하기로 결정되었다. 고유제를 위한 서계의식이나 희생과 제물, 제기가 정결한지 살피는 것도 모두 황제가 직접 거행하기로 하였다. 다음은 논의 끝에 정해진 즉위의식의 일정이다 (괄호 안은 음력).

1897년 10월 8일(9월 13일)
대한국새大韓國璽, 황제지새皇帝之璽, 황제지보皇帝之寶 3과, 칙명지보勅命之寶, 제고지보制誥之寶, 명헌태후지보明憲太后之寶, 황후지보皇后之寶, 황태자보, 황태자비지보의 보문寶文 정본을 아룀.

1897년 10월 9일(9월 14일)
황후, 황태자, 황태자비 금책문 초도서草圖書 1건을 아룀.
창벽蒼璧, 황종黃琮, 금절金節 조성.

1897년 10월 12일(9월 17일)
황제지보, 황후 금책, 황후지보, 황태자 금책, 황태자보를 봉과하여 내입한다. 금절 1병을 함께 내입. 창벽, 황종-감동監董 1원이 환구에 배진한다.
환구고제를 지낸다. 예가 끝난 후 대위에 등극한다. 황후 책봉. 황태자 책봉.

1897년 10월 14일(9월 19일)
대한국새, 황제국새, 황제지보 2과, 칙명지보, 제고지보, 명헌태후지보, 황태자비 금책, 황태자비지보를 봉과하여 내입.
명헌태후 옥보를 친전한다. 정부사가 보를 올린다. 황태자비를 책봉한다. 책보를 인출하여 작첩한 8건을 내입한다.

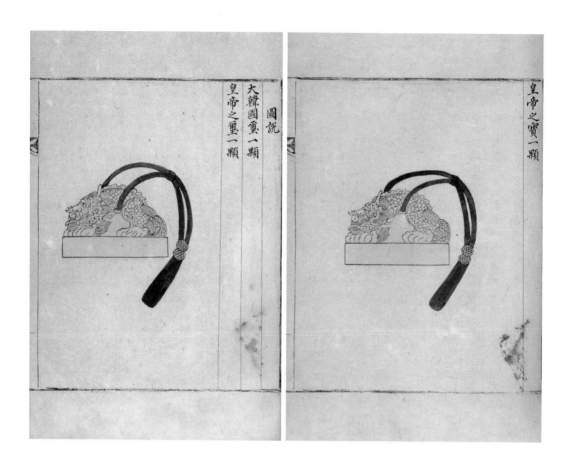

도5, 6 『(고종)대례의궤』에 수록된
대한국새大韓國璽와 황제지보皇帝
之寶 도설 서울대학교 규장각 한국
학연구원 소장.

도7 대례 시 황제의 보요여寶腰輿
를 받든 행렬의 반차도(오른쪽 면)
『(고종)대례의궤』에 수록, 서울대학
교 규장각 한국학연구원 소장.

위의 일정에서 볼 수 있듯이 의식의 준비는 대한국새 및 황제,
황태후, 황후, 황태자, 황태자비의 책보를 만드는 일, 창벽蒼璧·황
종黃琮·금절金節 등 의식에 필요한 의물을 제작하는 일, 구체적인
의식의 의주를 마련하는 일로 이루어졌다.도5, 6

황제를 위한 국새와 황실을 위한 책보의 조성은 농상공부에서,
보문과 책문은 궁내부 홍문관에서 지어 올리도록 했다. 보와 책을
내입할 때 당상낭청과 각차비관은 조복을 입고 보책요채여를 받들
고 의장과 반열을 갖추어 태극전太極殿에 배진하고, 비서승에게 올
리기를 청하고, 비서승이 내시가 받들 것을 청하여 내입하는 절차
를 거쳤다.도7

의식에 필요한 중요한 의물로 의궤에 언급되고 있는 것은 창벽,

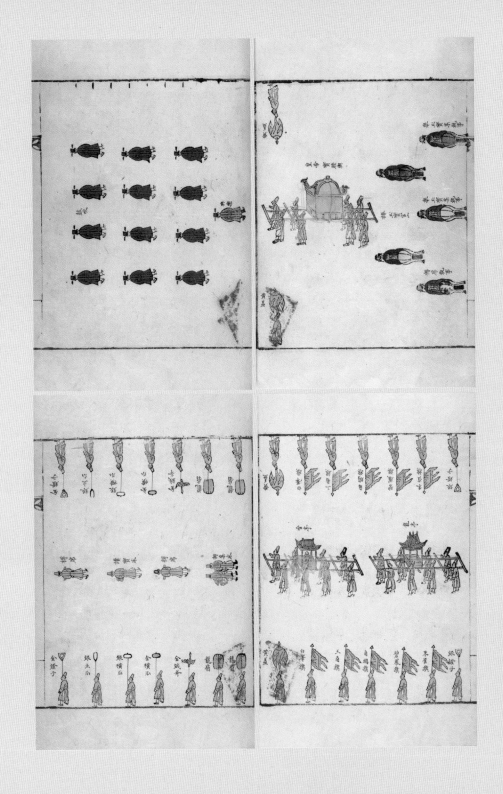

황종, 금절이다. 창벽은 푸른빛의 둥근 옥으로 하늘에 제사를 올릴 때 바치는 것이고, 황종은 누른빛의 네모진 옥으로 지기에 제사를 올릴 때 바치는 것이다. 창벽과 황종은 모두 단천옥으로 만들어졌다. 창벽과 황종은 제작된 후 환구에 곧바로 옮겨져 천지제사에 대비하였다. 금절은 황제 의장 가운데 하나로 주홍칠을 한 나무 자루 위에 금으로 용 모양의 머리장식을 씌우고, 그 아래로 원반을 설치하고 상모 끈을 8층으로 늘어뜨린 뒤 그 위에 황색 비단에 용을 수놓은 자루를 씌운 것이다. 절節은 상벌의 규칙을 호령한다는 의미(號令賞罰之節)를 담고 있다.

대례의 가장 중요한 부분은 환구에서 하늘과 땅에 직접 제사를 올리는 일이었다. 왜 고종이나 의식을 준비했던 정부의 관료들은 하늘에의 제사를 황제 즉위의 중요한 상징으로 삼았을까? 이제 조선이 천자만이 지낼 수 있는 천제를 지냈으니 천자국이 될 수 있다는 과시용이었을까?

하늘에 대한 제사는 단지 나라의 운명을 하늘에 위탁하고 선처를 바라는 것이 아니었다. 유교정치가 확고하게 자리 잡아가기 시작하면서 하늘에 제사 지낸다는 것의 의미는 하늘의 덕성 즉 천덕天德을 함께한다는 의미였다. 음양오행의 기운이 바르게 운행되는 것은 자연재해나 이상 기후가 없음을 의미하고 농사를 주된 생업으로 삼는 이들에게 있어 무엇보다 중요한 것이었다. 그 운행을 주관하거나 그렇게 운행하도록 하는 원리 자체를 하늘의 덕이라고 일컬었다.

천자가 천지에 제사를 올리는 일은, 월령을 반포하여 천시天時에 맞게 농사지을 수 있도록 하는 것과 마찬가지로 모두 천덕에 함께 참여한다는 의미였고, 그 가장 중요한 내용이 '기곡'祈穀 즉 한 해의 농사가 잘 되어 백성들이 잘 살아갈 수 있도록 하는 것이었다. 하늘 또는 천지자연에 제사를 올린다는 것은 자신이 운영하는 정치공동체에 대한 가장 중요한 책임의식의 표현이었고, 그러한 중요한

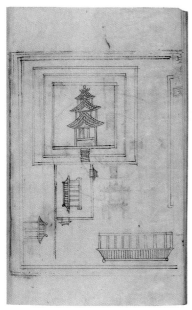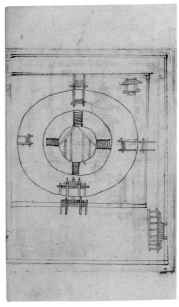

도8 『대한예전』에 수록된 환구단 배치도 한국학중앙연구원 장서각 소장.

책무를 짊어진 자이기에 이 세계에 대한 가장 존귀한 정치적 권리를 가질 수 있다고 인정되었다.

조선 전기에 환구제가 천자–제후의 명분과 충돌했을 때 가장 쟁점이 되었던 것도 이 부분이었다. 중국과 다른 독립적인 정치 공동체임을 강조하는 이들은 당연히 이 공동체에 대한 책임의식을 가장 잘 표현하는 수단으로서 하늘에 대한 제사를 유지해야 한다고 믿었다. 조선을 독립적으로 운영한다는 사실보다도 어떻게 잘 운영할 것인가가 중요하다고 믿었고, 그 신념을 토대로 하여 국가질서를 세우고 운영하려던 이들은 책임의 크기(名)에 따라 정치적 자원을 분배(分)하는 명분적 질서를 안착시키는 것이 더 중요하다고 판단하였고 하늘의 덕에 참여하는 최고의 제사 형식인 환구제를 폐지하였다. 그러나 정치적 권위가 천덕에 참여하는 것으로부터 나온다는 유교정치의 이념은 더욱 생생하게 표현되었다.

조선 전기에 즉위 후 기곡하는 의례를 가장 중요한 의례로 생각하여 선농先農에 제사하고 친경하는 의식을 거행하려 하였던 것이나 조선 후기에 남교나 북교에 거둥하여 직접 기우제를 올리거나 정월의 사직기곡제를 중요한 의식으로 부활시켰던 것 등은 모두 정치적 책임의식을 의례의 형식에 담아 표현해야 한다는 생각을 바탕으로 한 것이었다. 고종 대 원구단을 다시 설치하기로 한 후 국가제사의 규정이 다시 정비되었는데, 이때 원구에서의 제사도 천자가 천시에 함께 참여하고 기곡하는 의미를 담아 동짓날 하늘과 땅, 풍운뇌우, 산천 등 백성들의 삶을 품어주는 신격에게 지내는 제사와 정월에 기곡하는 제사 등 두 가지로 이루어져 있었다.[6] <sup>도8</sup>

6_『고종실록』권34, 고종 33년 8월 14일(양력).

고종이 자주와 독립의 상징으로서 환구에서의 천제를 선택한 것은 이러한 정치적 전통 위에서 당연한 귀결이었다. 단순히 천자만이 지낼 수 있는 천제를 지냄으로써 천자국이 된다는 것이 아니라 독립된 정치 공동체의 운명을 책임지고 이끌어 나가려는 의지를 담아 하늘에의 제사라는 형식을 취한 것이다.

황제의 등극의식은 고천지례告天之禮가 끝난 후 교단 앞에서 다음과 같은 절차로 거행되었다.

① 고제례告祭禮를 마친 후에 황제의 금교의金交椅를 교단 앞에 동남향으로 설치하고 금교의 앞쪽에 면복안冕服案을 설치한다.

② 망예望瘞의식까지 마치고 나면 영의정이 백관을 인솔하여 무릎을 꿇고 황제의 자리에 오르기를 청하고, 신하들이 고종을 부축하여 금교의에 오르도록 한다.

③ 집사관이 면복안 및 보안을 받들고 고종 앞에 이르면 영의정 등이 곤면을 고종에게 입혀 드린다.

④ 의정 등이 반열로 돌아가 절하고 다시 고종의 앞으로 나아가 보록寶盝(보를 담은 상자)을 열고 옥보를 받들어 바친다.

⑤ 의정 등이 자리로 돌아가 홀을 꽂고 절하고 세 번 무도하고 왼쪽 무릎을 꿇고 세 번 머리를 조아리고 '산호'山呼의 창에 따라 만세萬歲, 만세, 만만세를 외친 후 오른쪽 무릎을 꿇어 홀을 꺼내고 다시 절한다.

이상의 의식은 오전 4시 반에 모두 끝났다. 고종은 다시 경운궁으로 돌아와 태극전으로 명칭을 바꾼 옛 즉조당卽祚堂에서 즉위를 축하하는 의식을 거행하고, 각국의 공사와 영사를 초대하여 축하를 받았다. 이때에 참여한 이들은 일본 판리공사辦理公使 가토 마스오加藤增雄, 서기관 히오키 마스日置益, 1등 영사 아키스키 사토오秋月左都夫, 2등 통역관 고쿠분 쇼타로國分象太郎, 육군 보병 소좌 구와하다 가케다카桑波田景堯, 대위 노즈 쓰네다케野津鎭武, 미국 판리공사 알렌Allen, Horace Newton(安連), 위관尉官 킴슨 하워드 쌔튼, 기관旗官 제임스, 군의 폴너클리, 고문관 닌스테드Neinstead, F.H.(仁時德), 러시아 공사 스페예르Speyer, Alexei de(士貝耶), 참찬관 가르베르크(克培), 영사 얼로스포프, 탁지관원 알렉세프갈필드, 참령參領 뜨르멜비츠가, 해군사관海軍士官 호멜로푸, 교사敎師 네르코프, 군의 체리벤끼, 육군사관陸軍士官 아파나스크시민·구루진기멱쓰나달윽, 프랑스 판사대신辦事大臣 콜랭 드 플랑시Victor Collin de Plancy(葛林德), 부영사 르페브르Lefèvres(盧飛鳧), 영국 총영사 조르단Jordan, J. N.(朱邇典), 서기관 오례사吳禮司, 함장 아달우阿達友, 고문관 브라운J. McLeavy Brown(柏卓安)·설필림薛弼林, 독일 영사 크린(口麟) 등이었다.

이날 황제국을 선포하는 제천의례와 등극의식의 정경을 『독립신문』에서는 다음과 같이 기록하였다.

광무 원년 시월 십이 일은 조선 사기에 몇만 년을 지내더라도 제일 빛나고 영화로운 날이 될지라. 조선이 몇천 년을 왕국으로 지내어 가끔 청국에 속하여 속국 대접을 받고 청국에 종이 되어 지낸 때가 많이 있더니 하나님이 도우사 조선을 자주독립국으로 만드사 이달 십이 일에 대군주 폐하께서 조선 사기 이후 처음으로 대황제위에 나아가시고 그 날부터 조선이 다만 자주독립국뿐이 아니라 자주독립한 대황제국이 되었으니 나라가 이렇게 영광이 된 것을 어찌 조선 인민이 되어 하나님을 대하여 감격한 생각이 아니나리요. 금월 십일 일과 십이 일에 행한 예식이 조선 고금 사기에 처음으로 빛나는 일인즉 우리 신문에 대개 긴요한 조목을 게재하여 몇만 년 후라도 후생들이 이 경축하고 영광스러운 사적을 읽게 하노라. 십이 일 오후 두 시 반에 경운궁에서 시작하여 환구단까지 길가 좌우로 각 대대 군사들이 정제하게 섰으며 순검들도 몇백 명이 틈틈이 정제히 벌려 서서 광국의 위엄을 나타내며 좌우로 휘장을 쳐 잡인 왕래를 금하고 조선 옛적에 쓰던 의장등물을 고쳐 누른빛으로 새로 만들어 호위하게 하였으며 시위대 군사들이 어가를 호위하고 지나는데 위엄이 장하고 총 끝에 꽂힌 창들이 석양에 빛나더라. 육군 장관들은 금수 놓은 모자들과 복장들을 입고 은빛 같은 군도들을 금줄로 허리에 찼으며 또 그중에 옛적 풍속으로 조선 군복 입은 관원들도 더러 있으며 금관조복한 관인들도 많이 있더라. 어가 앞에는 대황제 폐하의 태극 국기가 먼저 가고 대황제 폐하께서는 황룡포에 면류관을 쓰시고 금으로 채색한 연을 타시고 그 후 황태자 전하께서도 홍룡포를 입으시고 면류관을 쓰시며 붉은 연을 타시고 지내시더라. 어가가 환구단에 이르사 제향에 쓸 각색 물건을 친히 감하신(살펴보신) 후에 도로 오후 네 시쯤 하여 환어還御하셨다가 십이 일 오전 두 시에 다시 위의威儀를 베푸시고 황단에 임하사 하나님께 제사하시고 황제위에 나아가심을 고하시고 오전 네 시 반에 환어하셨으며 동일 정오 십이 시에 만조백관이 예복을 갖추고 경운궁에 나아가 대황제 폐하께와 황태후 폐하께와 황태자 전하께와 황태비 전하께 크게 하례를 올리며 백관이 즐거워들 하더라. 십일 일 밤에 장안 안 사삿집과 각 전에서들 색등들을 밝게 달아 장안 길들이 낮과 같이 밝으며 가을달이 또한 밝은 빛을 검정 구름 틈으로 내려 비치더라. 집집마다 태극 국기를 높이 걸어 인민의 애국지심을 표하며 각 대대 병정들과 각처 순검들이 규칙 있고 예절 있게 파수하여 분란하고 비상한 일이 없이 하며 길에 다니는 사람들도 얼굴에 즐거운 빛이 나타나더라. 십이 일 새벽에 공교히 비가 와서 의복들이 젖고 찬 기운이 성하였으나 국가에 경사로움을 즐거워 하는 마음이 다 중한 고로 여간 젖은 옷과 추움을 생각지들 아니하고 정제하게 사람마다 당한 직무를 착실히들 하더라. 십삼 일에 대황제 폐하께서 각국 사신을 청하사 황제위에 나아가심을 선고하시고 각국 사신들이 다 하례를 올리더라. 이왕 신문에도 한 말이어니와 세계에 조선 대황제 폐하보다 더 높은 임금이 없고 조선 신민보다 더 높은 신민이 세계에 없으니 조선 신민들이 되어 지금부터 더 열심히 나라 위엄과 권리와 영광과 명예를 더 애끼고 더 돋우어 세계에 제 일등국 대접을 받을 도리들을 하는 것이 대황제 폐하를 위하여 정성 있는 것을 보이는 것이요 동포 형제에게 정의 있는 것을 나타내는 것이며 세계에 났던 장부의 사업이라. 구습과 잡심을 다들 버리고 문명진보하는 애국애민하는 의리를 밝히는 백성들이 관민 간에 다 되기를 우리는 간절히 비노라.[7]

7_ 『독립신문』, 1897년 10월 14일 제122호.

## 3 황제국의 상징들

황제의 복식       1897년 양력 10월 9일부터 14일까지 6일간에 걸쳐 황제 등극의식이 진행되었다. 고종이 황제로 등극하는 좁은 의미의 의례는 황제의 자리에 앉아 황제의 복식을 입고 옥새를 받는 등극의登極儀로 볼 수 있다. 10월 12일 원구단圓丘壇에서 친사원구의親祀圓丘儀가 끝난 다음 망료위望燎位에서 등극의가 행해졌다.

고종은 이미 8월에 연호를 제정하고 원구단 건설을 추진하였으며 9월에 여러 날 계속해서 칭제 상소가 올라왔고, 10월 3일에 고종은 칭제에 대한 윤허를 내렸다. 10월 4일자『독립신문』에는 10월 12일 환구단에서 친제를 지내기 위하여 경운궁에서 환구단으로 가는 황제의 모습을 소개하였는데, 황국의 위엄이 나타나는 의장물에 대한 이야기와 함께 고종황제가 황룡포와 면류관을 쓰고 황태자 전하도 홍룡포에 면류관을 썼다고 하는 것을 보면, 이미 황제 즉위식을 치르기 전에 황제의 복식을 갖추고 있었음을 알 수 있다.

10월 12일 천지에 황제 등극을 고하는 친사원구의親祀圓丘儀에 향관은 제복을 착용하고 대원군과 4품 이상의 배향관은 조복을 착용하였고 5품 이하의 배향관은 흑단령을 착용하였다. 그리고 황제

와 왕태자는 면복을 착용하였다. 이때의 왕태자는 구장복을 착용하
고 황제는 십이장복을 착용하였을 것으로 짐작된다. 원구단 제사가
끝나고 이어서 등극의登極儀를 행했다. 의정議政 군신들이 황제를 부
축하여 금의金椅에 앉게 하고 면복안冕服案에 올려놓았던 곤면袞冕을
더하였다. 곤면이란 문자상으로는 곤의와 면류관을 말하지만 실제
는 면복을 구성하는 모든 복식품을 내포하기도 한다.

　일반적으로 선왕이 돌아가시고 사왕嗣王이 즉위하는 경우, 사왕
은 임시로 만든 여차廬次에 최복衰服 차림으로 머물고 있다가 면복
을 착용한 후 정전의 동문東門으로 들어가 자리에 북향하여 서게
된다. 1897년 등극의에서 고종이 금의에 앉아 곤면을 더하였다고
하는데 과연 어떤 상태에서 곤면을 더한 것인지는 확실하지 않다.

　황제로 등극한 다음 날인 10월 13일에 반조의頒詔儀를 행할 때
고종은 통천관通天冠과 강사포絳紗袍를 착용하였다. 왕의 원유관과
강사포에서 황제의 옷으로 격상한 것이다. 황제의 면복인 십이장복

과 조복인 통천관복을 살펴보면 다음과 같다.<sup>도9, 10</sup>

## 십이장복의 구성

대한제국으로 황제국가가 되면서 새롭게 사용된 십이장복에 대하여 살펴보자.

당시 고종황제의 면복은 현재 남아 있지 않다. 아마도 명나라의 『대명회전』大明會典을 참조하여 제작하였을 것이다. 대한제국 시기의 자료로는 미완성의 전례서인 『대한예전』大韓禮典뿐이다.

『대한예전』은 1898년 장지연張志淵(1864~1921)에 의해 이루어진 것으로 추정되고 있다. 국가전례서로서의 체제가 완비되지 않았으며 필사 상태도 좋지 않다. 내용 면에서도 문제점이 많은데 복식제도 역시 예외는 아니다. 면복의 구성물 중 방심곡령을 제외한 12종의 복식이 『대한예전』에 제시되고 있다.

① 규圭: 백옥으로 만드는데 길이는 1척 2촌이고 위는 뾰족하다. 아래는 황색 비단(黃綺)으로 감싼다. 규 표면에 산 모양을 4개 조각하고 황기에 담아 황금黃錦에 싼다.

② 면冕: 면은 오사烏紗로 감싸며 관 위에는 덮는 판이 있다. 길이는 2척 4촌이고 너비는 2척 2촌,<sup>8</sup> 겉은 검고 안은 붉으며(玄表朱裏) 앞은 둥글고 뒤는 네모지다(前圓後方). 앞뒤로 각각 일곱 가지 색상의 구슬을 12줄씩 늘어뜨리는데 황적청백백흑홍록의 순으로 꿴다. 면판 아래에 좌우로 가로지르는 옥형玉珩이 있으며 옥비녀(玉簪導)가 있다. 붉은 끈(朱纓)이 있고 청광靑纊의 충이充耳에 옥구슬을 2개 단다. 치수는 주척이다.

③ 의衣: 상의는 현색인데 어깨에 직경 5촌의 일日·월月이 각각 있고, 등에는 별(星)과 산山이 있다. 양 소매에는 용龍과 화충華蟲이 있다. 상의의 길이는 치마의 육장六章을 덮지 않도록 한다. 이처럼 상의에는 여

8_ 1척 2촌의 오류.

섯 종류의 무늬가 있다.

④ 상裳: 치마(裳)는 훈색纁色이다. 폭은 전3폭 후4폭으로 모두 7폭인데 휘장처럼 연결되어 있다. 여섯 종류의 무늬를 수놓았는데 화火·종이宗彝·조藻를 2줄로 배열하고, 미米·보黼·불黻을 2줄로 배열한다.

⑤ 대대大帶: 대대는 겉은 소색으로 안은 주색으로 한다. 위는 주색으로 선 장식을 하고 아래는 녹색으로 선 장식을 한다. 금錦은 사용하지 않는다.

⑥ 중단中單: 소사素紗로 하되 푸른 선장식을 두르고 깃에는 불문 12개를 짠다고 하였다. 그러나 『대명회전』에는 1405년(영락永樂 3) 제도에는 13개를 짠다고 하였으나 1529년(가정嘉靖 8) 제도에는 12개를 짜는 것으로 변경되었다. 그리고 19세기에 이미 중단의 색상이 청색으로 바뀌었는데 그 제도를 그대로 따랐을 가능성이 있다.

⑦ 옥패玉佩: 옥패는 2개인데 하나의 옥패에 형珩 1, 우우瑀 1, 거琚 2, 충아衝牙 1, 황璜 2, 우우瑀 밑에 옥화玉花가 있다. 옥화 밑에 옥적玉滴 둘을 드리웠는데 운룡문雲龍文을 새겨서 금으로 그린다. 형에서 끈 다섯 줄을 내려뜨려 매고 구슬을 꿰었는데 걸을 때 충아와 옥적이 황과 함께 부딪쳐서 소리를 낸다. 위에 갈고리(金鉤)가 있고 소수小綬가 달려 있는데 훈색 바탕에 황, 백, 적, 현, 표, 녹의 6채색이 장식되었다. 그러나 현존하는 영왕비의 패옥 바탕을 보면 『대한예전』의 제도와는 달리, 영조 대에 만들어진 제도를 따라 색동으로 짠 옷감을 사용하였다.

⑧ 대수大綬: 대수는 훈색 바탕에 황, 백, 적, 현, 표, 녹색의 여섯 가지 색 무늬가 있다. 현존하는 영왕비의 패옥 바탕을 보면 옥패의 소수와 마찬가지로 『대한예전』의 제도와는 다르다. 영조 대에 만들어진 제도

를 따라 색동으로 짠 옷감을 사용하였다.

⑨ 폐슬蔽膝: 훈색의 라羅로 만든다. 위에 용문 1개를 수놓고 아래에 화
火 무늬를 3개 수놓는다. 혁대에 건다.

⑩ 말襪: 주색朱色 비단으로 만든다.

⑪ 석舃: 적색의 비단으로 만들고 황색黃色 끈으로 선을 두르고 현색玄色
끈으로 맨다.

⑫ 혁대革帶: 앞은 옥으로 장식하고 뒤에는 옥을 장식하지 않는다. 수綬
를 매달아 덮기 때문이다. 그러나 우리나라는 대대에 후수를 고정시켜
사용하였으므로 옥대는 곤룡포에 사용하는 옥대와 동일한 것이 사용되
었다. 명나라는 황정黃綎 옥대를 사용하였을 것으로 짐작되지만 고종은
통천관복본 어진에서 볼 수 있듯이, 다홍색 띠 바탕의 옥대를 사용하였
으므로 대한제국 이전에 사용하던 옥대와 동일한 옥대를 사용하였을
가능성이 있다.

### 통천관과 강사포

고종황제는 등극한 다음 날인 10월 13일에 행한 반조의頒詔儀에 조
복에 해당하는 통천관과 강사포를 착용하였다. 이 옷을 착용한 고
종의 어진이 국립고궁박물관에 남아 있어 이해를 돕는다.

『대한예전』에 황제 통천관에 대한 언급은 없다. 대신 익선관으
로 되어 있는데, 이는 기록상의 오류로 판단된다. 『예복』禮服과 『증
보문헌비고』增補文獻備考에 고종 광무 원년에 제정된 통천관복에 대
한 기록이 보인다.

황제의 통천관은 왕의 원유관遠遊冠에 해당되는 황제의 관모이
다. 오사모와 비슷하며 앞뒤로 12줄의 구슬 줄을 장식한다. 각 줄

에는 채색 구슬 12개가 꿰어져 있고 턱 밑으로 묶게 되는 홍색 끈
(紅組纓)이 달려 있으며 옥잠을 꽂았다. 〈고종어진〉에는 채색 구슬을
사용하지 않았으며 옥비녀에 둘러 내린 끈도 붉은색이 아니라 검은
빛이 돈다. 그리고 관 아래로 단정하게 이발을 하여 잘린 머리카락
이 보인다.

강사포는 홍단紅緞으로 하고 깃과 도련, 소매 끝에 같은 색의 선
을 두른다. 옷의 제도는 면복의 현의와 같다. 통천관복 고종의 어
진에는 흰색의 동정이 달려 있다. 그리고 치마 상도 홍단으로 만드
는데 면복의 훈상제도와 같으나 문장이 없다. 중단은 청색 비단으
로 만들어 깃에 13개의 불문黻文을 장식하였다. 폐슬은 치마의 색
과 동일하고 1쌍의 옥구玉鉤가 달렸다. 옥패와 대수, 규의 제도는
면복과 동일하다. 옥대는 홍정에 조각된 옥판이 달린 것으로 왕이
사용하였던 것과 같은 점이 특이하다. 어진에는 대대에 끼운 폐슬
위에 용무늬가 있는 수건형의 옷감이 꽂혀져 있는데 끝부분에는 옷
감을 풀어 만든 술이 장식되어 있다. 신발은 흑화를 신었다. 그 외
의 것은 확인되지 않는다.도11~13

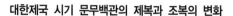

도14 **김우송 초상화** 영남대학교박
물관 소장.

도15 **육량관** 단국대학교 석주선기
념박물관 소장.

## 대한제국 시기 문무백관의 제복과 조복의 변화

황제국을 표방하면서 문무백관의 관복제도 역시
『대명회전』의 제도를 따랐다. 『대한예전』의 조복과
제복제도도 동일하다. 양관梁冠이라고 흔히 부르는
관冠과 적초의赤綃衣, 상裳, 중단中單, 수綬, 대대大帶,
홀笏, 말襪, 신발(제혜祭鞋―제복용, 흑화黑靴―조복용)로
구성된다.

　이 중 눈에 띄게 달라진 것은 양관제도이다. 구
조는 이전 시기의 것과 동일하다. 조복용 관에는 금
칠이 많고 제복용 관에는 금칠이 적은 것에도 변화
가 없었다. 양관의 옥개屋盖에 장식된 양梁의 숫자에
변화가 생겼다. 과거보다 2량씩 증가함에 따라 1품
은 5량에서 7량으로 변화되었고 2품은 6량, 3품은
5량, 4품은 4량을 사용하였다. 『대한예전』에는 5품
이하도 양관을 사용하는 것으로 기술하고 있지만
17세기 이후 변화된 제도를 그대로 따르고 있었다.

즉 5품 이하는 흑단령을 착용하는 제도인데 『(고종)대례의궤』에도
4품 이상은 조복을 착용하고 5품 이하는 흑단령을 착용한다고 분
명하게 명시하고 있다. 단국대학교 석주선기념박물관에 대한제국
시기의 2품용 양관인 육량관이 소장되어 있어 다행히 변화된 제도
의 존재를 확인할 수 있다.도14, 15

황제의 노부의장　　**등극의식 때의 황제 의장**

　　　　고종이 황제의 자리에 오른 후 황
제의 위엄을 시각적으로 표현하는 다양한 상징들이 새롭
게 만들어졌다. 황제가 입는 옷뿐 아니라 공식적인 자
리에 나아갈 때 사용하는 가마와 의장이 우선 달라졌
다. 10월 12일에 있었던 황제의 즉위식 장면에서 볼 수

| | | | |
|---|---|---|---|
| 한성부주사 | | (왼쪽으로부터 이어짐) | |
| 한성부판윤 | | 청룡당 | 현무당 |
| 내부대신 | | 은관자 은우자 | |
| 선상병-시위대참장영솔(혹 친위대참장영솔) | | 장마 장마 | |
| 둑 | | 은립과 | 은립과 |
| 교룡기 | | 금립과 | 금립과 |
| 시종관 시종관 | | 은횡과 | 은횡과 |
| 홍문대기 | 홍문대기 | 금횡과 | 금횡과 |
| 황개 황개 | | 은교의 | |
| 주작기 | 주작기 | 각답 | |
| 청룡기 | 청룡기 | 장마 장마 | |
| 백호기 | 백호기 | 은작자 | 금작자 |
| 현무기 | 현무기 | 금작자 | 은작자 |
| 황룡기 황룡기 | | 황양산 황양산 | |
| 고 금 | | 소여 | |
| 백택기 | 백택기 | 모절 | 모절 |
| 황제대보 | | 소연 | |
| 궁내부주사-조복 | | 은월부 | 금월부 |
| 어의대 | | 금월부 | 은월부 |
| 봉시 및 상의사관-상복 | | 금 고 | |
| 삼각기 | 삼각기 | 어마 어마 | |
| 용마기 | 용마기 | 태복사관 태복사관 | |
| | | 봉선 2 | 봉선 2 |
| | | 작선 | 작선 |
| 천하태평기 | | 용선 2 | 용선 2 |
| 현학기 | 현학기 | 경무사순검 80-분좌우 | |
| 백학기 | 백학기 | 보검 2 | |
| 내취 6 | 내취 6 | 시종원시종 | |
| 장마 장마 | | 별운검 | |
| 표골타 | 표골타 | 좌우시어 | |
| 웅골타 | 웅골타 | 황양산 | |
| 고 금 | | 수정장 금월부 | |
| 장마 장마 | | 가전군악대 | |
| 영자기 | 영자기 | 가전순시 4 | |
| 가구선인기 | | 영기 10-분좌우 | |
| 고자기 | 고자기 | 협연군 100인 | |
| 금자기 | 금자기 | 후전대기 | 후전대기 |
| 장마 장마 | | 태복사관 전의관 | |
| 벽봉기 | | 궁내부 | |
| 장마 장마 | | 비서원 | |
| 군왕만세기 | | 규장각 | |
| 장마 장마 | | 태의원 | |
| 금장도 | 금장도 | 홍문관 | |
| 은교의 | | 종정원 | |
| 각답 | | 총순 1원이 순검영솔 시위 | |
| 은장도 | 은장도 | 후상군병-친위대중참장 영솔 | |
| 주작당 | 백호당 | | |

〈표4-1〉 고종황제의 대가노부

있듯이 황제는 새로운 용포와 면류관을 착용함으로써 지위가 달라졌음을 공식화했다.

그러면 황제가 사용한 가마와 의장의 경우는 어떠했을까? 일반적으로 황제의 자리에 오르는 즉위식 이후에 황제는 당연히 황제의 위상에 맞는 전혀 새로운 의장을 가졌으리라 생각된다. 황제의 즉위식 장면을 언급할 때 가장 널리 인용되었던 『독립신문』의 사설에서도

> 십이 일 오후 두 시 반에 경운궁에서 시작하여 환구단까지 길가 좌우로 각 대대 군사들이 정제하게 섰으며 순검들도 몇백 명이 틈틈이 정제히 벌려 서서 광국의 위엄을 나타내며 좌우로 휘장을 쳐 잡인 왕래를 금하고 조선 옛적에 쓰던 의장등물을 고쳐 누른빛으로 새로 만들어 호위하게 하였으며 시위대 군사들이 어가를 호위하고 지나는데 위엄이 장하고 총 끝에 꽂힌 창들이 석양에 빛나더라. 육군 장관들은 금수 놓은 모자들과 복장들을 입고 은빛 같은 군도들을 금줄로 허리에 찼으며 또 그중에 옛적 풍속으로 조선 군복 입은 관원들도 더러 있으며 금관 조복한 관인들도 많이 있더라. 어가 앞에는 대황제 폐하의 태극 국기가 먼저 가고 대황제 폐하께서는 황룡포에 면류관을 쓰시고 금으로 채색한 연을 타시고 그 후 황태자 전하께서도 홍룡포를 입으시고 면류관을 쓰시며 붉은 연을 타시고 지내시더라.

라고 하였기 때문에 이때 이미 새로운 황제국의 의장이 준비되었던 것으로 생각되었다.

그러나 즉위식의 준비 과정과 실제 의식이 진행되는 과정을 상세하게 기록하고 있는 『(고종)대례의궤』에는 황제의 새로운 의장으로 금절을 만들었다는 기록 외에 여타 의장의 제작에 관한 내용이 기재되어 있지 않다. 또 대례에 사용될 보寶 등 황제의 상징물을 가마에 싣고 환구단으로 가는 장면을 그린 반차도에서는 요여를 호위

도16 **대례 시 황태자의 금책을 옮기는 행렬(위)과 황제의 옥보를 환구단에 옮기는 행렬** 『(고종)대례의궤』에 수록, 서울대학교 규장각 한국학연구원 소장.

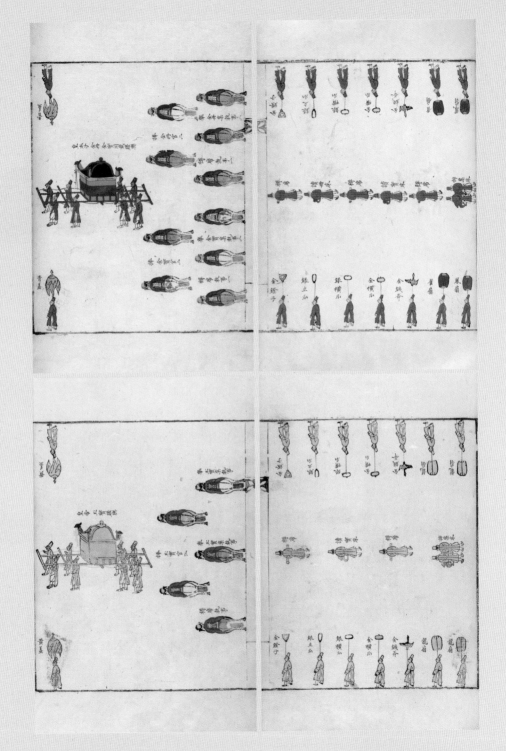

도17, 18 **대한제국기에 사용되었던 황웅기와 의봉기** 국립고궁박물관 소장.

하는 의장과 의장군이 모두 황제의 색인 황색을 사용하고 있지만 실제 상징물을 호위할 때 쓰는 의장은 조선시대 국왕의 상징물을 호위할 때 쓰는 세의장細儀仗이다. 즉 상징의 내용은 바뀌지 않은 채 황제의 색만을 취한 것이다.도16

이러한 미비함은 대한제국으로서의 위상에 걸맞은 여러 의식들의 자세한 의주와 이의 실행에 필요한 의물들에 대해 기록한『대한예전』에서도 확인할 수 있다. 이는 이전 시기의 『국조오례의』나 『국조속오례의』에 해당하는 책이라고 할 수 있다. 『대한예전』에는 노부 조항이 수록되어 있다.

이를 조선의 전례서에 수록된 노부 조항과 비교해 보면, 우선 둑과 교룡기를 제외하고 대가노부 의장 기물의 수는 178개에서 109개로 크게 줄었다. 이는 이전의 법가노부가 125개의 의장으로 구성되었던 것보다도 적다. 내용적으로 보면 육정기六丁旗,[9] 각단기角端旗,[10] 한쪽, 필畢 등 완전히 의장에서 제외된 것이 있는가 하면,

9_ 정축丁丑, 정사丁巳, 정미丁未, 정유丁酉, 정해기丁亥旗와 함께 '육정기'六丁旗로 통칭된다. 육정기는 육기六旗로도 불리운다. '육정'은 도교에서 천군天君의 장수로 양을 상징하는 '육갑'六甲에 대하여 음을 상징하는 신으로 알려져 있다. 십이간지 중에 축, 묘, 사, 미, 유, 해는 음에 해당한다. 정묘기는 청색의 바탕에 위에는 신神의 형상을 그리고, 아래에는 토끼의 머리를 그렸다. 조선 전기에는 청색·적색·황색·백색의 네 가지 색깔의 화염각을 썼고, 조선 후기에는 적색의 화염각을 달았다.

홍개紅蓋가 황개黃蓋로, 홍양산紅陽繖과 청양산靑陽繖이 황양산黃陽繖으로, 그리고 군왕천세기가 군왕만세기君王萬歲旗로 바뀐 것에서 볼 수 있듯이 황제로서의 위상을 시각적으로 드러내기 위한 부분적인 변화가 있었다.도17, 18 이외의 의장들은 조선 고유의 의장들을 그대로 채용하고 있으며, 새로운 통치권의 내용을 드러내는 적극적인 변화는 나타나지 않는다.

## 국가 상징물의 제정

황제국 선포 이후 새로운 제국의 위상에 걸맞은 새로운 국제를 반포하고 국가 상징을 제정하여 사용하였다.[11] 우선 대한제국의 헌법이라 할 수 있는 '대한국국제'大韓國國制가 1899년 8월 17일에 제정되어 재가를 받았다. 9개의 조항으로 이루어진 이 국제에서 대외적으로 한국이 세계 만국이 공인한 자주독립의 제국임을 천명하였고, 대내적으로는 대한제국의 정치 체제가 500년간 이어졌고 앞으로도 영원할 전제정치임을 선언하였다. 다음으로 황제의 권력을 '공법'에 근거하여 구체적으로 규정하였다. 즉 황제는 국방·입법·사법·행정·상벌·외교 등 국가가 행사하는 일체의 권력을 가지며, 이러한 황제권은 신성불가침이라고 명시하였다. 이러한 기왕의 군주권의 내용을 근대적 법률의 형식으로 명문화하고 황제의 권력을 제도화하여 입헌군주제의 추진 등 황제권에 도전하는 움직임을 원천적으로 봉쇄하는 데 목적이 있었다.[12] 이와 함께 국기와 국가를 제정하여 국제사회에 대한제국의 존재를 알리고 독립국으로의 면모를 과시하고자 했다.

국기는 대한제국 이전부터 제정되어 사용되었다. 태극기가 국기로 사용되기 시작한 시기에 대해서는 1882년 5월 22일 조미통상조약부터라고 보는 견해, 1882년 11월 일본 외무성에서 주일 영국공사에게 보낸 문서에서 발견된 일명 '박영효 태극기', 1886년 청에서 발간한 『통상장정성안휘편』通商章程成案彙編에 수록된 '대청속국

10_ 각단은 몸체는 사슴과 같고 코 위쪽에 뿔이 있으며 녹색의 말꼬리가 달려 있는 신수神獸이다. 사방의 말을 할 수 있고 죽이기를 싫어하고 호생好生하는 성품을 지닌 것으로 알려졌다. 국왕의 대가의장大駕儀仗과 법가의장法駕儀仗, 소가의장小駕儀仗에 쓰였으며, 그 수는 대가의장과 법가의장에는 2개씩, 소가의장에는 1개가 사용되었다. 다른 의장기와 마찬가지로 조선 전기에는 청·홍·황·백 네가지 색의 화염각을 사용했으나 인조 대 이후로 붉은색의 화염각을 썼다.

11_ 목수현, 「한국 근대전환기 국가 시각 상징물」, 서울대학교 박사학위 논문, 2008.

12_ 이윤상, 「대한제국기 국가와 국왕의 위상제고사업」, 『진단학보』 95, 2003, p.92.

도19 『통상장정성안휘편』(1886)에 수록된 태극기

도20 《임인진찬도병》에 보이는 태극기 1902년, 국립국악원 소장.

고려국기'라는 주장 등이 제기되어 있다.[도19] 정확한 시기에 대해서는 아직 논란이 있지만 이미 1880년대 국제 통상장정이 맺어지는 시점에서 대외적으로 조선을 대표하는 국기로 태극기가 사용된 것을 알 수 있다. 그러나 태극기가 사용된 시기보다 중요한 것은 '태극'이라는 상징이 무엇을 표상하고 있었는가 하는 점과 국기가 대표하는 국가의 성격일 것이다.

우선 대한제국 시기 무렵에는 대형의 태극기가 기왕의 교룡기의 자리를 대신하였다. 조선시대에 군사적 의례와 군행에서 사용하는 형명形名으로 인식되었던 교룡기는 조선 후기에 들어와 국왕 통치권의 가장 중요한 상징으로 행행行幸이나 전좌殿座 등 모든 의식 행차에 배치되었다. 『대한예전』의 노부조에는 여전히 교룡기가 둑과 함께 등장하지만 『독립신문』에서 등극 시의 장면을 기록하면서 '황제폐하의 태극국기'라고 언급하였던 것을 볼 때 이미 태극기가 황제의 행차에 사용되었던 것으로 생각된다. 황제의 위상을 표현하는 의장을 제대로 갖추었던 임인년(1902)의 진찬의식에서는 교룡기의 자리에 태극기가 배치되었던 것을 직접 확인할 수 있다.[도20] 그렇다면 황제의 대표적인 기가 왜 교룡기에서 태극기로 바뀌었던 것일까?

중국이나 조선에서 용은 통치자의 중요한 상징으로 쓰였다. 승강룡, 즉 날아오르는 용과 아래로 내려오는 용 두 마리를 그린 교룡기는 여러 용기龍旗 가운데 '기'旂라고 불리며, 위로 올라가 천자를 뵙고 아래로 내려와 방국邦國을 다스린다는 의미에서 제후의 통치권을 상징하였다. 조선에서 용을 그린 깃발이나 용 문양이 새겨진 의장물은 국왕만 사용할 수 있었기에 교룡은 언제나 가장 중요한 상징이었지만, 동아시아 이외의 세계와 교류하면서 국가를 대표하는 상징이 필요했을 때, 특히 청과 구분되는 독자적인 국가로서의 상징이 필요했을 때 교룡기는 적합하지 않았다. 새로운 국가 상징에 대한 고민은 외적인 요청에 의한 것이었다. 그렇다면 왜 태극이라는 상징을 채택하였을까? 이는 왕조국가 조선이 정치를 상상해 온 방식과 관련되어 있었다.

태극太極은 조선의 오랜 정치문화 속에서 정치적 자질과 동일시되었던 도덕적 표준을 의미하였다. 교룡을 대신하여 자주독립 국가로서의 표상이 필요했을 때 마음 안의 절대적 도덕 기준인 태극을 선택했던 것이 어떤 의미를 가질까? '열강들이 서로 힘으로 우위를 겨루고 약육강식의 이전투구가 횡행하는 현실 속에서도 여전히 도덕적 우위로부터 정치의 정당성과 정치질서의 원리를 이끌어 내려는 조선 고유의 방식을 여전히 고수한다', 이러한 방식이 여전히 의미 있다는 주장이 담긴 것일 수 있다. 고종이 황제로서의 즉위를 앞두고 경운궁 즉조당을 태극전이라 고쳐 부르도록 한 것, 황제의 가장 중요한 상징을 교룡에서 태극으로 바꾼 것은 자주적이고 독립적인 정치 공동체의 운영자임을 표방하는 동시에 그 운영 방식에 있어서 조선 역대의 정신을 계승한다는 의미가 동시에 담긴 것이었다.

태극기는 이전의 교룡기처럼 황제의 통치권을 상징하는 의장의 자리에 대신 서게 되었을 뿐만 아니라 조선 혹은 대한제국의 상징으로도 쓰이게 되었다. 1896년 11월 독립문 정초식 때 푸른 나무로 홍예를 만들어 태극기로 좌우를 단장했고, 1897년 8월 22일 고종의 탄신일, 1899년 3월 19일 황태자 탄신일에도 각 관청과 민가에서 태극기를 달았다. 1900년 태조고황제의 영정을 봉안할 때에도 보부상 수백 명이 황토현에서 태극 국기를 들고 도열했다. 이때의 국기는 나라를 상징하는 물건으로 인식되었고, 태극이라는 상징을 통해 국가의 지향도 각인되었지만, 이 '나라'는 여전히 '황제권'을 넘어서 충분히 상상되지 못했다.

## 명성황후 장례식의 화려한 의장과 새로운 황제 의장

새로운 제국 운영의 무거운 책임감 속에서 고종은 하늘에의 제사와 태극 상징의 부각 등 가장 상징적인 방식으로 황제의 자리에 올랐다. 외형적으로 황제국의 위상을 보여주는 제도적 정비는 시급한 일이 아니었다. 불과 황제로서의 즉위식이 있은 지 한 달 뒤에 있었던 명성황후의 장례식에서는 중국의 황후 의장보다 더욱 화려한 의장으로 비운에 간 황후의 마지막 길을 위로하였다.

『명성황후국장도감의궤』明成皇后國葬都監儀軌 중 2방의궤를 살펴보면 국장에 필요한 각양 의물의 준비도 국장 논의만큼이나 곡절을 겪었음을 짐작할 수 있다. 왕후로서의 국장을 위해 준비해 왔던 길의장과 흉의장은 모두 황후례로서의 의식을 위해 새롭게 준비되었다. 국장의 발인의식에 사용하는 길의장은 황후의 혼백을 위한 것으로 황후의 육신을 위한 흉의장과 대비된다. 길의장은 생전에 사용하던 가장 큰 의장을 써 돌아가신 인물의 생전의 위상을 드러내는 것이 원칙이었다. 명성황후의 경우에는 왕후로서 세상을 떠났지만 황후로서 장례식을 치르는 것이었는데, 고종황제의 특명에 의해 역대의 전례를 살펴 황후 장례식의 의장을 새롭게 만들게 되었다.[13] 이때에 제작된 황후 의장은 모두 53종이며 개수로는 233개에 이른다. 기왕의 왕후 의장이 55개에 불과했던 것과 비교해볼 때 형식적으로나 내용적으로 크게 변화하였음을 알 수 있다. 또한 『명집례』에 수록된 황후 의장이 33종에 불과했던 것과 비교해도 명성황후의 의장이 매우 후하게 만들어졌음을 알 수 있다.[14] 도21~24

고종의 황제로서의 새로운 의장은 1902년 고종의 육순과 어극御極 40주년을 기념하여 함녕전에서 벌어진 진연 때의 자료인 『임인진연의궤』壬寅進宴儀軌에서 확인된다.

황제 의장을 정비할 때 가장 중요한 참고자료였던 『명집례』와 비교해 보면, 대부분의 의장이 명대의 황제 의장제도에서 유래한 것을 알 수 있다. 다만 깃발의 종류가 고종황제의 의장 쪽이 더 다

13_ 『명성황후국장도감의궤』 2책, 2방의궤, 품목稟目 정유십월십오일丁酉十月十五日.

14_ 『명성황후국장도감의궤』에 수록된 황후 의장: 봉여鳳興 1, (주장朱杖 16), 홍장紅杖 2, 청도기淸道旗 2, 황휘黃麾 2병, 강인번絳引旛 6병, 전교번傳敎幡 4, 고지번告止旛 4, 신번信旛 4, 용두간수창龍頭竿繡氅 10, 의굉창儀鍠氅 10, 과창戈氅 10, 극창戟氅 10, 오장吾杖 6, 립과立瓜 6, 와과臥瓜 6, 의도儀刀 6, 등장鐙杖 6, 금월金鉞 6, 골타骨朶 6, 향절香節 12, 우보당羽葆幢 4, 자방산紫方傘 2, 홍방산紅方傘 2, 황쇄금산黃鎖金傘 1, 황수곡병산黃繡曲柄傘 2, 홍수산紅繡傘 6, 홍소원산紅素圓傘 2, 홍수치방선紅繡雉方扇 6, 홍수화원선紅繡花圓扇 6, 청수방선靑繡方扇 6, 홍라소원선紅羅素圓扇 12, 황라소원선黃羅素圓扇 12, 불진拂塵 2, 홍사등롱紅紗燈籠 2쌍(4), 홍유지등롱紅油紙燈籠 1쌍(2), 심등蚣燈 1쌍, 대사롱代紗籠 1쌍(2), 금절金節 1병, 금교의金交椅 1좌, 금각답金脚踏 1좌, 제로提爐 1좌, 향합香盒 1좌, 관분盥盆 1좌, 타호唾壺 1좌, 타우唾盂 1좌, 수병水瓶 대소 각 1, 마궤馬机 1좌, 구봉곡개九鳳曲盖 1병, 구봉개九鳳盖 10, 화개華盖 2, 용봉선龍鳳扇 8, 난봉선鸞鳳扇 8, 용봉기龍鳳旗 10

도21~24 『명성황후국장도감의궤』에 실린 '길의장' 중 봉여鳳興, 전교번傳敎幡, 과창戈氅·극창戟氅, 용봉기龍鳳旗 서울대학교 규장각 한국학연구원 소장.

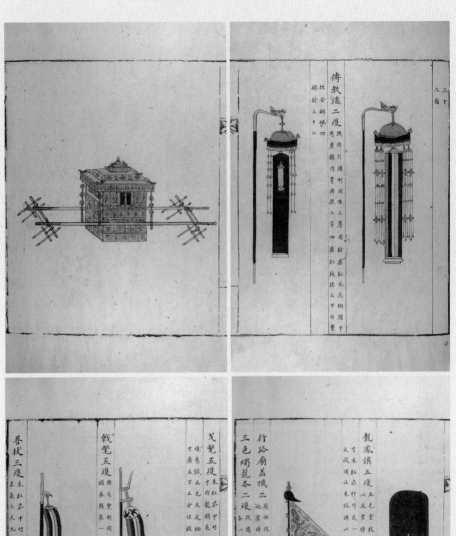

傳敎旛二進
與侍引旛製同惟三
層用綠吾紅木花細
繡中有黃額肉身傳
敎二字四番紅絨緌
三甲而繫
抹金銅佩四
錫鈴三十二

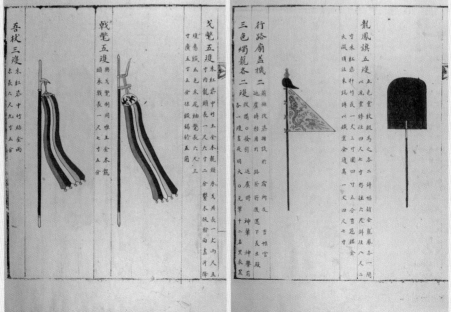

龍鳳旗五進五色氅
絨緞為之各二斜帽
鍍金龍竿各一間
竿以紅柒杆竹長一
丈三寸圓徑四分花鍍金
火炬頂注末柒鍍以
鐵堂邊高一丈四尺七寸

行路傘蓋機二
迤邐時柜用竹返
谷引返遶時長主
殿間O旁用火
燭時神華用十二
名神長具元旦

戈氅五進
朱紅柒中竹木龍
頭承戈共長一丈兩人五
寸二分繫
木柒杆面蓋升降

戟氅五進
與戈氅制同惟玉
金木龍頭承戟長
一丈七十五分
身鍍鍚於五間

三色燭籠各二進

吾杖三進
朱紅柒中竹貼金兩
木長六尺九寸五分

<표4-2> 1902년 고종황제 및 황태자의 의장 및 「명집례」와의 비교

| 의장명 | 대가의장 | 법가의장 | 황태자 의장 | 「명집례」수록 여부 |
|---|---|---|---|---|
| 산선撒扇 | 2 | 2 | 2 | ○ |
| 일산日傘 | 1 | 1 | 1 | ○ |
| 양산陽繖 | 1 | 1 | 1 | ○ |
| 수정장水晶杖 | 1 | 1 | 1 | ○ |
| 금월부金鉞斧 | 1 | 1 | 1 | ○ |
| 옥연玉輦 | 1 | | | ○ |
| 정편靜鞭 | 4 | | | |
| 홍등紅燈 | 6 | 4 | 4 | ○ |
| 인장引仗 | 6 | 4 | 4 | ○ |
| 어장御仗 | 8 | 4 | | ○ |
| 오장吾仗 | 8 | 4 | 4 | ○ |
| 입과立瓜 | 6 | 4 | 4 | ○ |
| 와과臥瓜 | 6 | 4 | 4 | ○ |
| 성星 | 6 | 4 | 2 | ○ |
| 월鉞 | 6 | 4 | 2 | ○ |
| 출경기出警旗 | 1 | 1 | | |
| 입필기入蹕旗 | 1 | 1 | | |
| 오색금룡소기五色金龍小旗 | 8 | 4 | | ○ |
| 취화기翠華旗 | 2 | 2 | | |
| 금고기金鼓旗 | 2 | 2 | 2 | |
| 문기門旗 | 4 | 4 | | ○ |
| 일기日旗 | 1 | 1 | | ○ |
| 월기月旗 | 1 | 1 | | ○ |
| 오운기五雲旗 | 1 | 1 | | ○ |
| 오뢰기五雷旗 | 1 | 1 | | ○ |
| 팔풍기八風旗 | 1 | 1 | | ○ |
| 감우기甘雨旗 | 1 | 1 | | ○ |
| 열수기列宿旗 | 28 | 28 | | ○ |
| 오성기五星旗 | 5 | 5 | | ○ |
| 오악기五嶽旗 | 5 | 5 | | ○ |
| 사독기四瀆旗 | 4 | 4 | | ○ |
| 현무기玄武旗 | 1 | 1 | | ○ |
| 주작기朱雀旗 | 1 | 1 | | ○ |
| 백호기白虎旗 | 1 | 1 | | ○ |
| 청룡기靑龍旗 | 1 | 1 | | ○ |
| 천마기天馬旗 | 1 | 1 | | ○ |
| 천록기天鹿旗 | 1 | 1 | | ○ |
| 벽사기辟邪旗 | 1 | 1 | | |

| 의장명 | 대가의장 | 법가의장 | 황태자 의장 | 「명집례」수록 여부 |
|---|---|---|---|---|
| 치우기犀牛旗 | 1 | 1 | | |
| 적웅기赤熊旗 | 1 | 1 | | ○ |
| 황비기黃羆旗 | 1 | 1 | | ○ |
| 백택기白澤旗 | 1 | 1 | 2 | ○ |
| 각단기角端旗 | 1 | 1 | | |
| 유린기遊麟旗 | 1 | 1 | | ○ |
| 순사기馴獅旗 | 1 | 1 | | |
| 진로기振鷺旗 | 1 | 1 | | |
| 명연기鳴鳶旗 | 1 | 1 | | |
| 적오기赤烏旗 | 1 | 1 | | |
| 화충기華蟲旗 | 1 | 1 | | |
| 황곡기黃鵠旗 | 1 | 1 | | |
| 백치기白雉旗 | 1 | 1 | | |
| 운학기雲鶴旗 | 1 | 1 | | |
| 공작기孔雀旗 | 1 | 1 | | |
| 의봉기儀鳳旗 | 1 | 1 | | |
| 상난기翔鸞旗 | 1 | 1 | | ○ |
| 황휘黃麾 | 4 | 2 | | ○ |
| 의황창儀鍠氅 | 4 | 2 | 2 | ○ |
| 금절金節 | 4 | 2 | 2 | ○ |
| 진선납언정進善納言旌 | 2 | 2 | | |
| 부문진무정敷文振武旌 | 2 | 2 | | |
| 포공회원정褒功懷遠旌 | 2 | 2 | | |
| 행경시혜정行慶施惠旌 | 2 | 2 | | |
| 명형필교정明刑弼教旌 | 2 | 2 | | |
| 교효표절정教孝表節旌 | 2 | 2 | | |
| 용두번龍頭旛 | 4 | 2 | | ○(龍頭竿繡氅) |
| 표미번豹尾旛 | 4 | 2 | 2 | ○ |
| 강인번絳引旛 | 4 | 2 | 2 | ○ |
| 신번信旛 | 4 | 2 | 2 | ○ |
| 우보당羽葆幢 | 4 | 2 | 2 | ○ |
| 예당霓幢 | 4 | 2 | 2 | |
| 자당紫幢 | 4 | 2 | 2 | |
| 장수당長壽幢 | 4 | 2 | 2 | |
| 난봉적방선鸞鳳赤方扇 | 8 | 4 | | |
| 치미선雉尾扇 | 8 | 4 | 4 | |
| 공작선孔雀扇 | 8 | 4 | 4 | |
| 단룡적단선單龍赤團扇 | 8 | 4 | | ○ |

| 의장명 | 대가의장 | 법가의장 | 황태자 의장 | 「명집례」수록 여부 |
|---|---|---|---|---|
| 단룡황단선單龍黃團扇 | 8 | 4 | | ○ |
| 쌍룡적단선雙龍赤團扇 | 8 | 4 | | ○ |
| 쌍룡황단선雙龍黃團扇 | 8 | 4 | | ○ |
| 수자선壽字扇 | 8 | 4 | 4 | |
| 적방산赤方繖 | 4 | 2 | | ○ |
| 자방산紫方繖 | 4 | 2 | | ○ |
| 오색화산五色華繖 | 8 | 4 | | |
| 오색구룡산五色九龍繖 | 8 | 4 | | |
| 황구룡산黃九龍繖 | 8 | 4 | | |
| 자지개紫芝蓋 | 2 | 2 | | |
| 취화개翠華蓋 | 2 | 2 | | |
| 구룡황개九龍黃蓋 | 4 | 2 | | |
| 극戟 | 4 | 2 | | ○ |
| 수殳 | 4 | 2 | | ○ |
| 표미창豹尾槍 | 30 | | | ○ |
| 궁시弓矢 | 4 | 4 | | ○ |
| 의도儀刀 | 6 | 6 | 4 | ○ |
| 장마仗馬 | 14 | | 4 | ○ |
| 금마궤金馬机 | 1 | | 1 | ○ |
| 금교의金交椅 | 1 | | 1 | ○ |
| 금수병金水瓶 | 2 | | 1 | ○ |
| 금관반金盥槃 | 1 | | 1 | ○ |
| 금타호金唾壺 | 1 | | 1 | ○ |
| 금향합金香盒 | 2 | | 1 | ○ |
| 금로金爐 | 2 | | 1 | ○ |
| 불진拂塵 | 2 | | 2 | ○ |
| 황룡화개黃龍華蓋 | 1 | 1 | | ○ |
| 후호표미창後護豹尾槍 | 10 | | | |
| 황룡대독黃龍大纛 | 1 | 1 | | |
| 104종 | 398개 | 228개 | 청기2,<br>홍기2,<br>황기2,<br>백기2,<br>흑기2,<br>청화방선4,<br>홍화단선4,<br>청화단선4,<br>오색화산4,<br>청방산2,<br>홍방산2,<br>홍개 2 | |

양한 것을 알 수 있다. 사자, 백로, 운학, 꿩, 공작 등을 그려넣은 깃발은 명대의 황제 의장에서는 자취를 찾을 수 없다. 또한 장수당, 수자선 등의 의장도 대한제국 의장에서만 확인된다. '진선납언'進善納言, '부문진무'敷文振武, '포공회원'襃功懷遠, '행경시혜'行慶施惠, '명형필교'明刑弼教, '교효표절'教孝表節 등 6개의 '정'旌도 대한제국에만 해당하는 의장이다.도25 '정'은 천자가 사기를 진작할 때 쓰는 깃발로 현재로 말하자면 현수막이나 피켓과 같은 것이었다. 조선에서도 '정절'이라는 의장이 있었지만 직접 정치 운영의 방향을 표방하는 글귀를 적어 넣지는 않았다. 이러한 정을 사용한 것보다도 대한제국이 난국을 타개하고 사기를 진작시키기

도25 『임인진연의궤』 황제 의장 중 6개의 정旌

위해 선택한 구호를 직접 확인할 수 있다는 점이 더욱 흥미롭다.

이러한 황제로서의 의장제도는 불과 5년 남짓 유지되었을 뿐이다. 고종의 양위와 순종의 즉위 이후 한일합방에 이르는 시기 동안에도 황제로서의 행행과 의례가 있었다. 1907년 10월에는 명성황후의 홍릉과 순명황후의 유릉에 행행했고, 1908년 5월에는 건원릉健元陵과 홍릉洪陵에 동시에 행행했다. 1909년 7월에는 동적전東籍田에서 친예親刈하고, 이어 홍릉에 행행했으며 1910년 5월에도 홍릉에 행행했다. 홍릉과 유릉, 건원릉으로의 행행은 어머니와 세상을 떠난 아내, 조선의 개창자인 태조에 대한 참배라는 의미에서 그리 특별할 것이 없지만 1909년에 있었던 적전의례는 이해에 있었던 전격적인 전국 순행과 함께 매우 특별한 의미를 지닐 수 있었다.

순종은 1909년 1월 7일~1909년 1월 13일까지 대구-부산-마산을 거쳐 돌아오는 남순南巡을, 1월 27일~2월 3일까지는 평양-신의주-의주-개성을 순행하는 서순西巡(북순)을 단행했다. 사실 도성을 비우고 지방의 주요 거점 지역을 돌아보는 순행은 조선시대에

들어와서는 거의 시행되지 않은 의례 가운데 하나이다. 중국 고대 로부터 지방의 민심을 달래고 새로운 통치가 시작되었음을 알리는 순행은 순행지에서의 여러 의례와 함께 통치를 강고하게 안정화시 키는 데 기여했다. 조선에서는 세조 대 평양 순행이 마지막이었으 며 순종과 같이 전국을 순행한 일은 없었다고 할 수 있다.도26, 27

순종은 1909년 1월 2일 인정전에서 이토 히로부미를 접견한 후, 1월 4일 백성의 형편을 직접 살피고 민심을 달래기 위해 전국을 직 접 돌아보겠다는 조서를 내리고, 순행에 이토가 배행할 것임을 알 렸다.15 결국 이 순행은 이토의 제안에 의한 것으로, 그의 제안은 일 본 메이지 시기 강고한 천황제를 건립하기 위해 기획되었던 천황의 순행에 토대한 것이었다. 이토 히로부미 통감과 이완용 등 내각의 대신들이 함께한 열차를 이용한 전국 순행은 지방의 민심을 달래기 위한 일본의 계획에 의한 것이었으니, 그 정치적 효과 역시 순종이 아닌 이토 통감이 가져갈 것이었다. 순종은 이전 선왕들이 지방 행 행에서 했던 바와 같이 지나가는 지역의 유명 선비들에게 치제致祭 하여 지역 민심을 달래고, 노인과 열녀에게 은전을 내리고, 지방 관찰사를 불러 효유曉諭하는 등 이전과 다를 바 없이 행동했다. 그 러나 남쪽에 내려가 일본 해군함대를 시찰하고 직접 승선하는 등의

일정은 일본의 강력한 무력과 조선의 무력함을 강하게 대비시킬 뿐
이었다.

　북순이나 남순 등 대대적인 순행을 하기 전에 이미 행행의 의위
儀衛도 이전과 다르게 개정되었다. 본래 조선의 국왕 행차에서 국왕
이 있는 자리는 다른 어떤 자리와도 확연히 구분되었다. 국왕을 상
징하는 여러 의장물과 시위하는 군사의 배치 등이 누구와도 비교되
지 않는 확고한 국왕의 위상을 시각적으로 드러냈었다. 이는 대한
제국기에도 마찬가지였고, 오히려 새롭게 개정된 더욱 화려한 황실
의 의장을 가지고 있었다. 그러나 순종황제는 달랐다. 순종이 즉위
할 때 머리를 깎고 군복을 입어 전통적 상징들과 단절할 것임을 예
고했다.[16] 행행 의장을 개정하는 것도 즉위식 이전부터 논의되다가
즉위한 직후 각종 행행 시에 각부의 고등관원이 배종하는 예부터
폐지하였다.[17] 또 3개월여가 지난 후인 1907년 11월에는 행행 의장
을 개정했다. 이후 황제는 각부의 고등관원 없이 단지 여러 황족들
과 함께 행차했으며, 시위하는 인원 또한 대폭 축소되었다. 다음은
『순종실록』에 기록된 새로운 행차의 규례이다.

16_ 『순종실록』 권1, 즉위년 8월
15일(양력).

17_ 『속음청사』續陰晴史 권12, 융
희원년(1907) 정미 7월.

　의장대의 별단: 총순總巡 4명이 2대隊로 나누고 경시警視 부감副監이 모
　두 말을 타며, 기병騎兵 3명으로 된 1대 역시 말을 탄다. 예식관禮式官,
　장례掌禮, 황후궁皇后宮 대부大夫, 궁내부宮內府 차관次官, 예식禮式 과장
　課長, 궁내宮內 대신大臣이 모두 마차를 탄다. 기병인 정교正敎와 황제
　의 깃발을 든 기병 4명으로 된 1대와 근위대近衛隊의 참령參領·정위正
　尉·내승內乘은 모두 말을 탄다. 황제의 마차는 시종원侍從院 경卿과 여
　관女官이 모시고서 타고 간다. 시종侍從 무관장武官長과 시종 무관 2명,
　근위대近衛隊 정위正尉 2명과 태복사太僕司 장長, 시종 2명은 모두 말을
　타고 여관과 친왕親王은 비妃와 함께, 부원군府院君은 부부인府夫人과
　함께, 전의典醫, 황후궁 대부보大夫補, 총리대신總理大臣은 모두 마차를
　탄다. 기병 3명으로 된 1대와 총순 2명으로 된 1대는 말을 탄다.[18]

18_ 『순종실록』 권1, 즉위년 11월
11일.

이를 보면 순종은 마차를 탔고, 황실의 여러 인원 역시 마차를 탔다. 의장은 황제의 깃발 하나로 줄었고, 앞뒤의 시위군사도 기병 수명으로 줄었다. 전통적인 황제 행렬과 비교해볼 때 지나치게 간단한 황제의 행렬로 변한 것이다. 순행을 할 때에는 새로운 문명의 이기인 기차를 탔다.

이보다 앞서 고종은 대한제국 선포 이후 명성황후의 국장을 치르고 자주 홍릉을 찾았다. 종로에서 청량리까지 최초의 전차 노선이 홍릉 행행을 위한 것이라는 설이 있지만, 실제 고종은 홍릉까지 난 전차를 활용하지 않았다. 고종이 전차를 타지 않은 것이 성냥갑 같이 생긴 전차가 답답하다는 이유였다지만, 능행의 전통적 의미를 생각해 보면 빠른 문명의 이기로써 차별화하는 것보다 느림의 정치학을 택하는 것이 효과적이라는 판단이 있었으리라 생각된다. 이와 달리 순종의 어가행렬은 마차와 열차 등을 활용하고 황후가 함께하는 등 당시 세계적인 기준을 따르고 있었지만 그것의 상징적 효과는 이미 조선의 맥락에서 멀어지고 있었다.

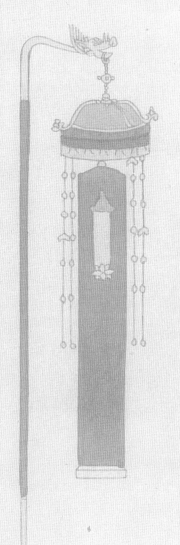

傳教旛二進與降引旛制同惟三簷用綠垂紅禾花紬旛有黃額內青傳教二字四垂紅絨綠三甲斫

抹金銅佩四

錫鈴三十二

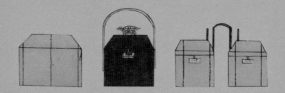

국왕은 장차 자신의 왕위를 계승할 후계자인 왕세자王世子, 왕세손王世孫, 왕세제王世弟를 생전에 지정해 두었다.
국왕의 아들, 손자, 동생 가운데 한 사람이 선발되었고, 국왕이 주재하는 책봉식을 통해 왕위를 계승할 후계자로 공
인받았다. 국왕의 후계자 가운데 가장 비중이 높은 사람은 왕세자였다. 왕세자와 관련된 의식에는 왕세자 책봉식, 왕
세자가 성균관에 가서 교육을 받는 입학식, 성인식에 해당하는 관례, 국왕을 대신하여 국정을 돌보는 대리청정과 조
참이 있었다.

# 왕세자, 이극貳極의
# 자질과 지위를 공인받다

卽
位
儀
禮

# 1 왕위 계승을 공식화하는 의식들

국왕은 장차 자신의 왕위를 계승할 후계자인 왕세자王世子, 왕세손王
世孫, 왕세제王世弟를 생전에 지정해 두었다. 국왕의 아들, 손자, 동
생 가운데 한 사람이 선발되었고, 국왕이 주재하는 책봉식을 통해
왕위를 계승할 후계자로 공인받았다. 국왕의 후계자 가운데 가장
비중이 높은 사람은 왕세자였다. 이하에서는 왕세자가 국왕의 후계
자로 공인받는 과정에서 치러졌던 의식들을 살펴보고자 한다.

왕세자와 관련된 의식에는 왕세자 책봉식, 왕세자가 성균관에
가서 교육을 받는 입학식, 성인식에 해당하는 관례, 국왕을 대신하
여 국정을 돌보는 대리청정과 조참이 있었다. 다음의 〈표5-1〉은 왕
세자들이 책봉, 입학, 관례, 가례(혼인), 대리청정을 한 나이를 정리
한 것이다. 마지막 칸의 자字는 왕세자가 관례를 거행할 때 받은 또
다른 이름이다.

〈표5-1〉을 보면, 왕세자들은 대부분 10세를 전후하여 책봉, 입
학, 관례를 연속적으로 거행했음을 알 수 있다. 대리청정을 하는
나이는 일정하지 않았지만, 27세에서 30세 사이가 가장 많았다.

제5부   왕세자, 이극貳極의 자질과 지위를 공인받다

| 왕세자 | 책봉 | 입학 | 관례 | 가례 | 대리청정 | 자字 |
|---|---|---|---|---|---|---|
| 정종 | 42 | | | | | 광원光遠 |
| 태종 | 34(왕세제) | | | | | 유덕遺德 |
| 양녕대군 | 11 | 10 | | 14 | | 후백厚伯 |
| 세종 | 22 | | | 12 | | 원정元正 |
| 문종 | 8 | 8 | | | 30 | 휘지輝之 |
| 단종 | 8(왕세손)<br>10(왕세자) | 8 | | | | |
| 덕종 | 18 | 16 | | | | 원명原明 |
| 예종 | 8 | 8 | 8 | 11 | | 평보平甫,<br>명조明照 |
| 연산군 | 8 | 12 | | | | |
| 인종 | 6 | 8 | 8 | 10 | | 천윤天胤 |
| 순회세자 | 7 | 10 | 10 | | | |
| 광해군 | 17 | 23 | | 13 | | |
| 소현세자 | 14 | 14 | 14 | 16 | | |
| 효종 | 27 | 27 | | 13 | | 정연靜淵 |
| 현종 | 5(왕세손)<br>9(동궁) | 12 | 11 | 11 | | 경직景直 |
| 숙종 | 7 | 9 | 10 | 11 | | 명보明普 |
| 경종 | 3 | 8 | 8 | 9 | 30 | 휘서輝瑞 |
| 영조 | 28(왕세제) | 29 | 10 | 11 | 28 | 광숙光叔 |
| 효장세자 | 7 | 9 | 9 | 8 | | |
| 장헌세자 | 2 | 8 | 9 | 10 | 15 | 윤관允寬 |
| 정조 | 8(왕세손)<br>11(동궁) | 10 | 10 | 11 | 24 | 형운亨運 |
| 문효세자 | 3 | | | | | |
| 순조 | 11 | | 11 | 13 | | 공보公寶 |
| 효명세자 | 4 | 9 | 11 | 11 | 27 | 덕인德寅 |
| 헌종 | 4 | | 8 | 11 | | 문응文應 |
| 순종 | 2(왕세자)<br>24(황태자) | 9 | 9 | 9 | | 군방君邦 |

〈표5-1〉 왕세자가 책봉·입학·관례·가례·대리청정을 한 나이

책봉의식, 왕세자로
정해졌음을 선포하다

왕세자로 책봉되는 나이는 일정하지 않았다. 왕세자 가운데 가장 어린 나이에 책봉된 사람은 장헌세자莊獻世子였다. 그는 2세 때 왕세자로 책봉되었는데, 후계자를 일찍 결정하여 훌륭한 인물로 키우겠다는 영조의

의지가 강하게 작용한 때문이었다. 경종도 3세라는 매우 어린 나이에 왕세자로 책봉되었다. 그는 후궁의 소생이었지만 숙종이 그의 생모인 장희빈에게 각별한 애정이 있었기 때문에 왕세자가 되었다. 그러나 영조와 태종은 30세 가까이 되어 왕세제에 책봉되었고, 정종은 42세에 왕세자로 책봉되었다. 영조는 형 경종에게 후사가 없었기 때문에 책봉되었고, 정종이나 태종은 태조가 조선을 건국한 이후에 책봉되었으므로 나이가 많았다.

왕세자를 책봉하는 것은 장차 왕위를 계승할 후계자를 선정하는 일이므로 국가적으로도 매우 중대했다. 왕세자는 책봉식 이후로 입학, 관례, 가례와 같이 복잡한 의식들을 연속적으로 거쳐야 했으므로 나이가 충분히 들기를 기다릴 필요도 있었다. 또한 책봉식을 거행하려면 상당한 물자가 필요했으므로 국가의 재정 상황도 고려해야 했다.

중종이 원자元子(인종)를 왕세자로 책봉할 때의 과정을 살펴보자. 1520년(중종 15) 1월에 좌의정(남곤南袞, 1471~1527)과 우의정(이유청李惟淸, 1459~1531) 등이 원자를 왕세자로 책봉할 것을 건의했다.

남곤: 세자를 일찍 결정하는 것은 나라의 중대한 일이고, 국왕으로서도 종묘宗廟를 계승하는 큰 효도입니다. 따라서 역대의 임금들은 세자를 세우는 것을 중하게 여겼고, 선배 학자들도 이는 국가의 기반을 태산과 반석처럼 튼튼히 하는 것이라 했습니다. 선왕 때의 일을 살펴보면 원자의 나이가 7, 8세가 되면 왕세자로 책봉했습니다. 지금 원자께서는 매우 영리하고 성숙하셔서 8, 9세가 된 보통 아이들보다 훌륭하시므로, 일찍 왕세자로 정해야 합니다.

중종: 예전에 '일찍 정해야 한다'고 한 것은 세자가 미정인 상태에 있었기 때문이다. 지금은 누가 원자가 국본임을 모르겠는가? 성종 대에도 8세에 책봉했으니, 6세에 책봉하는 것은 너무 이르지 않은가? (잠시 있다가) 국본을 일찍 정하여야 한다는 말은 지당하다. 다만 세자를 책봉

하면 중국의 사신이 오는데, 근년에 서북 지역에 흉년이 들어 물자를 공급하기 어려우므로 이를 참작하는 것이 어떠한가?

남곤: 선왕 때 반드시 8세가 되어야 책봉했던 것은 시선視膳(부모의 음식물을 살핌), 문안問安, 입학入學의 예禮가 있었기 때문입니다. 원자께서는 비록 나이가 어리시나 덕기德器가 숙성합니다. 궁중에 있을 때 번거로운 의례를 거행하게 하고 싶지 않으시면, 시선 등의 일은 임시로 시키지 않으셔도 됩니다. 옛 역사를 살펴보면 낳은 즉시 책봉하기도 했고 4, 5세가 되어 책봉하기도 하여 정해진 규정이 없습니다. 반드시 8세가 된 뒤에 책봉할 필요가 있겠습니까?

중종: 책봉할 때에는 마땅히 백관百官과 예를 행하여야 하는데, 이것은 성인成人의 일이다. 지금 장성했다고 하지만 모든 의례를 제대로 거행할 수 있겠는가?

남곤: 입학하는 것은 폐할 수 없지만, 다른 일은 반드시 다 살필 것이 없습니다. 일찍 정하는 것이 상책입니다.

중종: 단지 나이가 어려 예를 거행하지 못할까 염려스럽다.[1]

1_ 『중종실록』 권38, 중종 15년 1월 17일(병오).

남곤은 보양관輔養官의 자격으로 원자에게 『소학초략』小學抄略을 가르친 경험이 있어 원자의 총명함을 잘 알고 있었다. 따라서 그는 '원자가 비록 나이는 어리지만 학문적으로는 세자로 책봉해도 손색이 없다'고 주장했다. 이때 학문적으로 성숙했다는 기준은 『천자문』千字文이나 『소학』小學 『효경』孝經 『동몽선습』童蒙先習 같은 아동 학습서를 공부하고 있거나 마쳐갈 때를 가리킨다.

중종도 원자의 총명함은 인정했지만 세자로 책봉하자는 의견을 받아들이지는 않았다. 여러 의식을 거행하기에 나이가 너무 어리다는 것이 이유였다. 또한 세자를 책봉하면 이를 공인하기 위해 명나라 사신이 오는데, 이들을 접대할 평안도에 흉년이 들어 비용이 부족한 것도 걱정이었다. 그러나 중종은 결국 원자를 왕세자로 책봉하기로 결정했다.

왕세자 책봉이 결정된 이후에는 책봉식을 먼저 할지, 관례를 먼저 할지가 문제가 되었다. 책봉식을 하려면 왕세자가 면복冕服(면류관과 장복章服)을 입어야 하는데, 관례도 치르지 않은 상황에서 면복을 입을 수 있는가 하는 것이 문제였다. 여기서 관례冠禮란 요즈음의 성인식에 해당하는 행사였다.

책봉과 관례의 순서에 대해 예조에서는 다음과 같이 답변했다.

> 역사 기록을 보면 두세 살에 책봉된 경우가 있습니다. 이는 틀림없이 책봉을 받을 때에 다른 사람이 원자를 안고 면복冕服은 앞에 진열해 놓고 책봉식을 거행한 것입니다. 임시 편의대로 면복으로 책봉하고, 10세가 되기를 기다려 관례를 행하는 것이 어떻겠습니까?[2]

2_『중종실록』 권38, 중종 15년 3월 8일(병신).

그러나 중종의 생각은 달랐다. 관례를 치르기 전에 면복을 입는 것은 예에 합당하지 않고, 책봉례에서 면류관을 쓰려면 계발髻髮(머리를 올리는 것)을 해야지 총각머리로 할 수는 없다는 생각이었다. 그러나 영의정 김전金詮(1458~1523)은 "이전 국왕 때 관례를 거행하지 않았고, 『국조오례의』國朝五禮儀에도 왕세자 관례에 관한 의식이 없으므로 관례를 거행해서는 안 된다"고 주장했다.[3] 중종은 왕세자 책봉을 먼저 거행하고 관례는 나중에 하는 것으로 결정했다.

3_『중종실록』 권38, 중종 15년 3월 18일(병오).

인조 대에도 책봉과 관례의 순서를 놓고 논란이 벌어졌다. 예조에서는 관례를 먼저 거행하자고 요청했다.

> 세자의 관례는 책봉하기 전에 거행해야 합니다. 대개 왕세자로 책봉한 뒤에는 바로 알묘謁廟와 입학入學하는 예가 있게 되는데, 관례를 거행하지 않고 예를 행하는 것은 절차상으로 구애를 받기 때문입니다.[4]

4_『인조실록』 권1, 인조 1년 4월 1일(경신).

당시 예조에서는 '원자도 한 남자이므로 관례를 먼저 해야 한다'고 주장했다. 그러나 의정부에서는 '국가의 근본을 정하는 것이

제5부 왕세자, 이극貳極의 자질과 지위를 공인받다

도1 《문효세자책례계병》(8폭 병풍) 중 《수책도》 부분 창덕궁 중희당에 서 세자가 교명을 받는 의례를 그 린 장면. 서울대학교박물관 소장.

급선무이므로 책봉을 먼저 해도 문제될 것이 없다'고 했다.

인조는 단순히 순서가 문제라면 책봉을 미루자고 했다. 즉위한 지 얼마 되지 않은 국왕으로서 세자 책봉을 요구하는 의정부의 태도가 마음에 들지 않았을 수도 있다. 인조는 원자의 나이가 12세나 되었지만 '아직 어리다' '급한 일이 많다'는 등의 이유로 책봉식과 관례를 모두 연기해 버렸다. 인조는 2년 후 원자가 14세가 되었을 때 관례를 거행했고, 6일이 지난 후에 왕세자 책봉식을 거행했다.도1

왕세자 책봉식은 국왕의 후계자가 결정되었음을 알리는 국가의 중대사였다. 따라서 왕세자의 나이, 학문적 능력, 국가의 재정 형편 등 고려해야 할 요소가 많은 행사였다.

입학의식,
왕세자 학교에 가다

입학의식은 왕세자가 성균관을 방문하여 대성전大成殿(문묘文廟)에 참배하고, 명륜당에서 성균관 박사에게 교육을 받는 의식이다. 이는 한 차례의 행사로 끝났고, 왕세자가 계속 성균관에 다니는 것은 아니었다. 그렇지만 왕세자가 만고의 스승인 공자에게 술잔을 올리고 박사에게 학문을 배우는 것은, 왕세자도 유학을 학습하는 학생임을 천하에 알리기 위해서였다.도2

성균관 입학의식을 처음 거행한 왕자는 태종의 맏아들인 양녕대군이었다. 1401년(태종 1)에 태종은 원자(양녕대군)를 승려에게 보내 학문을 익히게 할 것을 명했다. 원자의 나이는 8세였다. 유학자들은 8세가 되면 오늘날 초등학교에 해당하는 소학小學에 입학시키고, 15세가 되면 대학大學에서 공부하게 해야 된다고 생각했다. 따라서 양녕대군의 나이가 8세가 되었으므로 입학식을 거행하려 한 것이다. 이에 박석명朴錫命(1370~1406) 등은 승려에게 자제를 교육시키는 것은 고려 말의 잘못된 풍습이라 만류하면서, 원자를 성균관에 입학시켜 학관 및 유생들과 함께 지내면서 학문을 연마하고 덕성을 함양하게 하라고 요청했다. 이에 태종은 성균관에 관리를 파견하여 원자가 공부할 학당學堂을 지을 터를 살펴보게 했다. 양녕대

군의 입학의식이 거행된 것은 그로부터 2년이 지난 후였다. 1403
년 만물이 소생하는 봄날, 원자는 학생복 차림으로 성균관 문묘文廟
(대성전)에 참배하여 술잔을 올리고 박사를 만나 예물을 올렸다. 그
렇지만 원자는 아직 왕세자로 책봉되지 못했으므로, 왕세자 행차에
사용하는 의장을 설치하지는 않았다.

입학의식을 처음으로 거행한 왕세자는 문종이었다. 1421년(세종
3)에 세종은 원자를 왕세자로 책봉하고, 그 해가 다 가기 전에 성균
관 입학의식을 거행하라고 명령했다. 왕세자의 나이는 역시 8세였
다. 12월 25일에 왕세자 입학식이 거행되었다. 왕세자는 세자궁 소
속 관리들을 대동하고 성균관을 방문하여 문묘에 술잔을 올렸고,
박사에게 예물을 올리고 명륜당에서 『소학』을 배웠다.

그런데 입학식을 거행하기에 앞서 왕세자가 술잔을 올리는 대상
에 대한 논란이 있었다. 당시 문묘에는 중앙에 문선왕文宣王 즉 공
자의 신위가 있었고, 그 앞에 공자의 제자이면서 성인聖人으로 불린
네 사람(안자顔子, 증자曾子, 자사子思, 맹자孟子)이 배향配享되어 있었다.
또한 대성전의 동쪽과 서쪽에 있는 익실翼室에는 10인의 철인哲人이
종향從享되어 있었고, 동무東廡와 서무西廡에는 중국과 조선의 학자
들이 종사從祀되어 있었다.

앞서 양녕대군이 입학할 때에는 공자와 안자, 맹자의 신위에만
술잔을 올리고, 증자와 자사의 신위에 술잔을 올리지 않았다. 예조
에서는 이것이 적절치 못한 의례이며, 왕세자는 공자와 네 성인에
게 직접 술잔을 올려야 한다고 건의했다. 이후 왕세자 입학의식에
서는 공자와 네 성인에게 술잔을 올렸다. 왕세자의 입학의식은 고
종 대까지 계승되었다.

왕세자는 입학의식을 위해 성균관에 도착하면 가마에서 내려 걸
었다. 왕세자는 학생복으로 갈아입었고, 입학식장에는 왕세자의 수
행원은 물론이고 국왕의 신임을 받는 조정 대신이나 환관도 들어갈
수가 없었다. 입학식이 거행되는 동안 왕세자는 유생으로만 대접받

았다.

왕세자가 공자와 네 성인에게 술잔을 올리는 것은 스승을 높이기 위해서였다. 국왕이나 왕세자는 성균관을 방문하면 제일 먼저 문묘에 가서 술잔을 올렸다. 만세의 스승인 공자에게 존경을 표시하는 의식이었다. 왕세자는 입학의식에서 스승인 박사에게 제자로서의 예를 깍듯이 하고, 스승보다 낮은 자리에서 무릎을 꿇고 교육을 받았다. 왕세자가 오륜五倫으로 표현되는 윤리를 실천하는 모범을 보여 백성들이 본받게 하기 위해서였다.

왕세자 입학식은 후계자 교육으로서의 의미도 있었다. 궁중에서 편안하게 자라던 왕세자가 성균관이라는 낯선 장소에서 복잡한 의식을 거행하고, 스승 앞에서 무릎을 꿇고 수업을 받는 것은 여러 가지로 고역이었다. 국왕들은 입학의식의 시기를 가능하면 늦추려 하고, 측근 신하를 보내어 보좌하게 하며, 왕세자가 책상을 사용할 수 있게 하려고 노력했다. 아버지의 입장에서 아들이 겪게 될 어려움을 조금이나마 덜어주려 했기 때문이다. 그러나 왕세자의 입학의식은 유교 경전에 분명한 근거가 있었고, 왕세자는 스승에 대한 존경과 연장자에 대한 예우를 반드시 실천해야 했다. 조선의 국왕들은 이런 방식을 통해 후계자를 단련시키고 백성들의 모범이 되어 교화시키는 효과가 있다고 믿었다.

관례,
왕세자의 성인식

관례冠禮란 오늘날의 성년식을 말한다. 관례를 치르면 남자는 땋아 내렸던 머리를 올려 상투를 틀고 관冠을 썼기 때문에 관례라 했다. 여자는 머리를 올려 쪽을 지고 비녀를 꽂았기 때문에 계례笄禮라 했다. 계笄는 비녀를 말한다. 따라서 어린이와 성인은 머리 모양에서부터 차이가 났다.

사대부 집안에서는 15세를 넘겨 관례를 하는 것이 일반적이었다. 관례를 거행한 사람은 『효경』이나 『논어』에 능통하고, 기본적인 예의를 익히며, 부모가 기년朞年(1년) 이상의 상복喪服이 없는 경우에만 거행했다. 옛날 사람들은 혼례보다 관례를 중요하게 생각했고, 미혼이라도 관례를 마치면 성인으로 대접했다. 관례를 거행할 때 남자는 자字, 여자는 당호堂號를 받았고, 이후로는 이 이름으로 불리게 되었다.

조선시대 사대부의 관례 절차는 『주자가례』朱子家禮의 규정을 준수했다. 『주자가례』의 내용을 요약하면 관례는 다음의 열 가지 절차로 구성되었다.[5]

5_ 『주자가례』 권2, 「관례」冠禮.

① 시기時期: 15~20세가 되는 해의 정월에 날을 정해서 거행한다. 정월에 성년식을 하는 이유는 그 해가 시작되는 때에 어른으로 생활할 수 있도록 하기 위해서였다.

② 고우사당告于祠堂: 주인主人(관례자의 아버지를 말함)이 행사 3일 전에 조상의 위패를 모신 사당에 술과 과일을 차리고 관례를 거행하게 되었음을 아뢴다.

③ 계빈戒賓: 주인의 친구 가운데 덕망이 있고 예를 잘 아는 사람이 빈賓(주례)이 되어, 관례일 전날부터 주인집에 머문다.

④ 진설陳設: 관례를 거행할 장소를 정하고 행사에 필요한 도구를 배열한다.

⑤ 시가始加(또는 초가): 머리를 올려 상투를 틀고, 성인의 평상복을 입힌 다음 머리에 관을 씌우고, 어린 마음을 버리고 어른스러워질 것을 당부하는 축사를 한다.

⑥ 재가再加: 성인의 출입복을 입히고 머리에 모자(갓)를 씌운 다음, 모든 언동言動을 어른답게 할 것을 당부하는 축사를 한다.

⑦ 삼가三加: 성인의 예복을 입히고 머리에 유건儒巾을 씌운 다음, 어른으로서의 책무를 다할 것을 당부하는 축사를 한다.

⑧ 초례醮禮: 땅에 술을 조금씩 세 번 붓고 천지신명에게 어른으로서의 서약을 하게 한다. 그리고 술 마시는 예절을 가르친다.

⑨ 관자冠字: 이름을 존중하는 의미에서 항상 부를 수 있는 이름인 자字

를 지어 준다.

⑩ 현우존장見于尊長: 관례를 마친 사람이 어른으로서 사당에 고한 다음 부모와 존장尊長에게 인사를 올리고 빈에게 예를 거행한다.

조선 왕실의 관례는 『주자가례』와 비슷한 방식으로 거행되었다. 그러나 조선이 건국된 이후 상당한 시간이 지나도록 왕실에서는 관례가 거행되지 못했다. 1456년(세조 2)에 집현전 직제학이던 양성지梁誠之(1415~1482)는 종실宗室에서 사대부 집안에 이르기까지 13세가 되면 관례를 거행하자고 건의했다. 그러나 이 건의는 실현되지 못했다. 1520년(중종 15)에 중종은 "관례는 선대에는 시행하지 않았지만, 선왕先王께서 정해 놓은 예이므로 거행하지 않을 수 없다"고 했다.[6] 이를 보면 16세기 전반기까지도 왕실에서의 관례가 일반화되지 않았다.

6_『중종실록』 권38, 중종 15년 3월 8일(병신).

왕실의 가족 가운데 관례에 관한 최초의 기록은 1457년(세조 3) 11월에 거행한 해양대군海陽大君의 관례이다. 해양대군은 훗날 예종睿宗이 된 인물이다. 왕세자의 관례가 정식으로 거행된 것은 1522년(중종 17) 10월 19일의 왕세자 인종의 관례였다. 이후 왕세자 관례는 일상화되었다. 1670년(현종 11) 3월 9일에 왕세자 숙종의 관례가 거행되었는데, 그 절차는 『시민당도』時敏堂圖로 그림과 기록으로 정리되었다. 이때 왕세자는 관례를 통해 평천관平天冠과 면복冕服을 갖춰 입고 남면南面을 함으로써 국왕의 뒤를 계승함을 분명히 했다.[도3]

왕세자의 관례의식은 성종 대에 완성된 『국조오례의』 '왕세자관의'王世子冠儀에 따라 거행되었다. 그러나 『국조오례의』에는 왕세자의 관례만 나타날 뿐 왕세손이나 왕자의 관례에 관한 기록은 없었다. 왕자王子의 관례 절차가 규정된 것은 숙종 대이고, 왕세손王世孫과 왕손王孫의 관례 절차가 규정된 것은 영조 대였다.

『국조오례의』에 규정된 왕세자의 관례 절차는 다음과 같다.[7]

7_『국조오례의』 권3, 「가례」嘉禮, '왕세자관의'王世子冠儀.

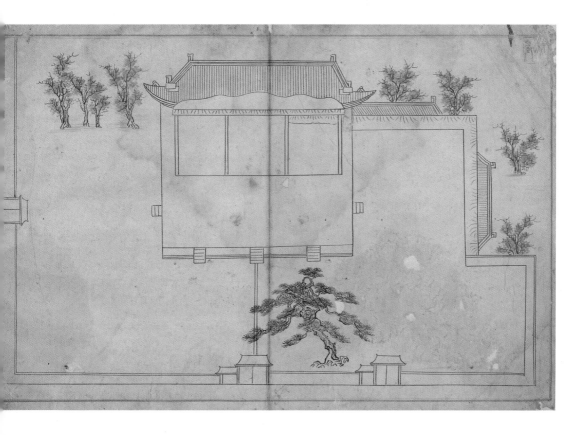

도3 『시민당도』에 수록된 창경궁 시민당 평면도 한국학중앙연구원 장서각 소장.

① 고종묘告宗廟: 종묘에 가서 왕세자의 관례를 거행함을 알린다.

② 임헌명빈찬臨軒命賓贊: 국왕이 정전正殿에 나가 빈賓과 찬贊에게 왕세자 관례를 거행할 것을 명령한다.

③ 관례冠禮: 빈賓과 찬贊이 행사장에 도착하여 왕세자의 관례를 주관한다. 구체적으로는 진설陳設, 왕세자가 궁관宮官·집사執事·2품 이상 3품 이하의 관리·사부師傅·빈객賓客과 인사를 하고, 국왕의 교서를 맞이하여 받으며, 삼가三加를 거행하고, 왕세자가 예주醴酒와 자字를 받는 절차가 있다. 구체적인 절차에 대해서는 관례의식에서 상술한다.

④ 회빈객會賓客: 주인主人이 빈賓과 찬贊에게 술과 음식을 대접하고 속백束帛(왕실 행사에 사용하는 비단) 선물을 준다.

⑤ 조알朝謁: 관례를 올린 왕세자가 국왕에게 가서 인사하고, 근신近臣을

통해 전달되는 국왕의 명령을 듣는다. 왕세자는 왕비에게 가서 동일한 의식을 거행하며, 이외에도 왕실의 어른이 있으면 방문하여 인사한다.

왕세자의 관례에서, 국왕은 왕실의 종친을 주인主人으로 임명하여 자신의 역할을 대신하게 했고, 빈賓과 찬贊을 파견하여 의식을 주관하게 했다. 왕세자와 사대부의 관례 절차를 비교하면, 행사의 규모와 복식에서는 차이가 나지만 대체적인 절차는 매우 비슷했다.

## 대리청정과 조참, 왕세자의 정치무대 신고식

대리청정代理聽政이란 국왕이 늙었거나 중병이 들어 국정을 담당하기 어려울 때, 국왕의 후계자가 국왕을 대신하여 국정을 처리하는 것을 말한다. '청정'聽政이란 국왕이 각종 국정을 듣고 처리하는 것을 말한다. 국왕이 국정을 제대로 처리하려면 우선 신하들이 말하는 것을 잘 들어야 했으므로 '들을 청聽' 자를 사용했다. 국왕의 정치를 청정, 왕세자 등이 대신하는 정치를 대리청정이라 한다면, 어린 국왕이 즉위했을 때 왕실의 어른이 대신하는 정치를 수렴청정垂簾聽政이라 했다. 대왕대비나 왕대비 같은 왕실의 어른들이 국왕의 뒤에서 주렴을 드리우고 하는 정치라는 의미였다.

조선시대의 대리청정은 여섯 번의 사례가 있었다. 세종 대에 왕세자 문종, 숙종 대에 왕세자 경종, 경종 대에 왕세제 영조, 영조 대에 왕세자 장헌세자(장조)와 왕세손 정조, 순조 대에 왕세자 효명세자(익종)의 경우이다. 선조는 왕세자 광해군에게 대리청정을 시키겠다는 명령을 여러 번 내렸지만, 실제로 대리청정이 이루어지지는 않았다.

다음의 〈표5-2〉는 대리청정을 한 왕세자와 나이, 대리청정 기간을 정리한 것이다.

이를 보면 장헌세자는 가장 어린 나이에 대리청정을 시작했고

| 인물 | 자격 | 나이 | 대리청정(기간) | 비고 |
|---|---|---|---|---|
| 문종 | 왕세자 | 30 | 1443. 4. 17~1450. 2. 17(6년 10개월) | |
| 경종 | 왕세자 | 30 | 1717. 8. 1~1720. 6. 8(2년 10개월) | |
| 영조 | 왕세제 | 28 | 1721. 10. 16~1724. 8. 25(2년 10개월) | |
| 장헌세자 | 왕세자 | 15 | 1749. 1. 23~1762. 윤5. 15(13년 5개월) | 사망 |
| 정조 | 왕세손 | 24 | 1775. 12. 10~1776. 3. 3(4개월) | |
| 효명세자 | 왕세자 | 27 | 1827. 2. 18~1830. 5. 6(3년 3개월) | 사망 |

〈표5-2〉 왕세자의 대리청정 기간

기간도 가장 길었다. 정조는 대리청정 기간이 가장 짧았고, 장헌세자와 효명세자는 대리청정 도중에 사망하여 국왕에 즉위하지 못했다.[도4]

대리청정이 처음 실시된 것은 세종 대였다. 1442년(세종 24)에 세종은 동궁에 첨사원詹事院을 설치하고 왕세자 문종에게 국왕의 업무를 대신하라고 명령했다. 당시 왕세자는 29세의 성인이었고, 세종은 눈병 때문에 문서 처리에 어려움을 겪고 있었다. 왕세자 문종이 대리청정을 시작한 것은 1443년이었다. 세종은 명나라 태자가 태종을 대신하여 국정을 담당했던 것을 근거로 왕세자에게 남면南面(남쪽을 바라보고 앉음)하여 조회를 받고 국정을 대행하라고 명령했다. 그러나 신하들은 국왕만이 남면을 할 수 있다고 이를 반대했다. 결

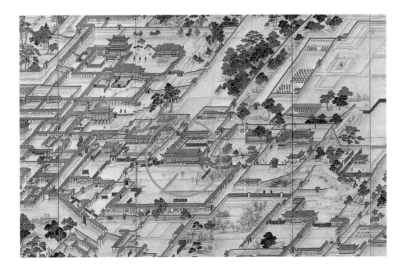

도4 효명세자가 대리청정을 시작한 창덕궁 중희당 〈동궐도〉 부분, 고려 대학교박물관 소장.

국 세종은 왕세자가 동쪽에 앉아 서면西面하는 것으로 결정했다.

남면하는 것은 국왕이 정사를 듣고 판단하는 자리입니다. 전하께서 이미 남면하여 여러 신하의 조회를 받는데, 동궁이 어찌 감히 지존至尊처럼 남면하고 조회를 받겠습니까? 제왕의 자리는 북극성이 그 자리에 있으면 뭇별이 둘러싸고 있는 것과 같습니다. 동궁이 오늘은 북면北面하여 전하에게 조회를 드리고, 내일은 남면하여 신하들의 조회를 받는다면 일의 형세가 어떻게 되겠습니까?[8]

8_ 『세종실록』 권100, 세종 25년 4월 23일(무신).

1449년에 세종은 다음의 세 가지 업무를 제외하고는 모든 국정을 세자에게 일임했다. 이를 보면 왕세자는 국왕 업무의 대부분을 대리했다.

① 사대事大와 제향祭享에서 따로 의논할 일
② 군대를 움직이는 일
③ 당상관을 임명하고 죄 주는 일[9]

9_ 『세종실록』 권124, 세종 31년 6월 4일(임자).

왕세자 경종의 대리청정은 세종 대의 규정을 근거로 했다. 1717년(숙종 43) 7월에 숙종은 왕세자의 대리청정을 명령했다. 숙종은 왼쪽 눈은 거의 보지 못했고 오른쪽 눈도 물체를 희미하게 보는 정도였다. 그해 8월에 대리청정의 절목이 완성되었다. 그 내용은 다음과 같다.

① 왕세자 처소는 시민당時敏堂으로 하며, 조참朝參 인접引接 등의 일도 이곳에서 한다.
② 청정을 할 때 좌향坐向은 서향西向이다.
③ 처음 청정을 할 때 조참朝參을 한 번 하고, 상참常參은 일이 없을 때 한다. 신하들이 절하는 것은 세종 대에 정해진 것을 따르고, 종친과

　　제5부　왕세자, 이극貳極의 자질과 지위를 공인받다

문무 관리 중에서 1품 이하의 관원들은 뜰 아래에서 두 번 절하고 왕세자는 답하지 않는다. 다만 종실의 백부와 숙부, 사부師傅는 먼저 건물 안에 올라가서 두 번 절하고 세자는 답배를 한다.

④ 제향祭享은 세종 대에 정해진 것을 따라 종묘와 산릉山陵은 모두 세자가 대행한다. 제사를 지낼 때 국왕이 직접 제사하는 예를 따른다.

⑤ 5일마다 빈청賓廳에 모이는 대신과 비변사備邊司의 신하들은 시민당에 들어가 만난다. 담당 승지는 서연書筵에 참석하는 이외에 청정하는 날 승지를 불러서 만날 때에도 참석한다. 승지가 참석할 때는 한림翰林과 주서注書도 한 명씩 따라 들어간다.

⑥ 정무를 처리하는 것은 세종 대의 예를 따른다. 사람을 등용하는 것, 군대를 동원하는 것, 형벌을 주는 것은 국왕이 직접 판단하고, 나머지 서무는 모두 세자가 처리한다. 상장上章, 삼사三司의 차계箚啓, 지방관의 장문狀聞, 각사各司의 계사啓辭는 모두 동궁에게 올린다. 그중에 일이 중대하여 스스로 결정하기 어려운 것은 국왕에게 보고한다.

⑦ 상소나 계사 중에 사람을 등용하는 것, 군대를 동원하는 것, 형벌을 주는 것에 관한 일은 별도로 써서 국왕에게 보고한다. 내관內官과 외관外官의 교체나 파직에 관한 것은 모두 입계入啓한다. 이조와 병조의 임명, 대소 관원의 교체, 의금부와 형조의 큰 범죄의 처결, 병조 소관인 내외 군병內外軍兵의 당번과 훈련, 새해 초 숙위군宿衛軍의 교체, 군호軍號, 궁성과 도성 문의 개폐에 관한 것은 모두 입계한다.

⑧ 세자의 명령을 출납하는 것은 세종 대의 사례를 따라 청정하는 날부터 승정원에서 주관한다. 시강원侍講院에서 거행하던 것은 예조에서 거행한다. 명령을 내리는 것은 휘지徽旨라 하고, 국왕이 계의윤啓依允(계啓를 올린대로 윤허한다)이라 하는 것을 왕세자의 달의준達依準(달達을 올린대로 시행하라)으로 고치고, 계사啓辭를 달사達辭, 장계狀啓를 달達, 계본啓本을 신본申本, 계목啓目을 신목申目, 상소上疏를

상서上書 백배百拜를 재배再拜로 고친다. 문서로 보고하여 거행한 것은 승정원에서 매달 초하루와 보름에 뽑아서 기록하여 보고한다.

⑨ 조하朝賀 등의 의주儀註는 예조에서 세종 대에 결정한 것에 의거하여 고금을 참작하여 새 방식을 만든다. 의장과 숙위하는 군사는 병조에서 세종 대에 결정한 것에 의거하여 평소보다 수를 늘린다.[10]

10_ 『숙종실록』 권60, 숙종 43년 8월 1일(임오).

위의 절목 가운데, ①과 ③을 보면 왕세자가 처음 대리청정을 할 때 조참朝參을 한다는 규정이 있다. '조참'이란 국왕과 신하가 만나는 조회朝會의 하나인데, 매월 아일衙日(1일, 6일, 11일, 16일, 21일, 26일)에 거행하는 조회이다. 이와 구분하여 매일 거행하는 조회는 상참常參이라 한다. 조참은 조선시대에 가장 널리 행해진 조회이다. 국왕이 정기적으로 거행했던 조참을 왕세자가 거행한 것은, 왕세자가 정치무대에 본격적으로 등장했음을 알리는 일종의 신고식이었다.

# 2 이극貳極을 공인하는 의식의 실제

앞서 보았듯이 왕세자와 관련된 의식에는 책봉의식, 입학의식, 관례, 대리청정과 조하가 있었다. 이들은 모두 왕세자가 책봉된 이후 국왕으로 즉위하기까지 거치는 통과의례이다. 이하에서는 이들의 구체적인 절차를 효명세자孝明世子(1809~1830)의 사례를 중심으로 살펴보기로 한다. 효명세자의 왕세자 관련 의식에 대해 가장 풍부하고 상세한 자료가 남아 있기 때문이다.

왕세자 책봉의식　　　왕세자 책봉의식은 국왕이 자신의 후계자를 공식화하여 전국에 알리는 중대한 행사였다. 행사의 의미가 컸던 만큼 의식도 복잡하고 엄숙하게 진행되었다. 왕세자 책봉의식은 기본적으로 『국조오례의』 '책왕세자의'冊王世子儀의 규정에 따라 진행되었다. 이를 보면 왕세자 책봉의식에는 8가지 의식이 있었다.[11]

11_ 『국조오례의』 권4, 「가례」, '책왕세자의'冊王世子儀.

① 사직과 종묘에 책봉식을 알리는 의식(告社稷宗廟): 책봉의식 행사일이 결정되면, 국왕이 사직과 종묘에 희생과 폐백을 바치고 이 사실을 보고한다.

② 책봉의식(冊封): 왕세자 책봉의식의 하이라이트가 되는 행사이다. 이 날 왕실의 종친과 문무백관들이 참여한 자리에서 행사를 성대하게 거행한다. 조선 전기에는 경복궁 근정전에서, 임진왜란으로 경복궁이 소실된 이후에는 창덕궁 인정전에서 거행했다.

③ 왕세자가 왕비에게 인사를 드리는 의식(朝王妃): 정전正殿에서 거행하며, 왕세자가 왕비에게 사배四拜를 올린다.

④ 종친과 문무백관이 국왕과 왕비에게 축하를 드리는 의식(百官朝賀): 책봉식 다음 날 거행하며, 국왕과 왕비에게 각각 인사를 올린다. "왕세자의 총명함이 어려서부터 나타나더니, 좋은 달 길한 날에 영광스럽게 동궁에 오르셔서 큰 경사를 이길 수 없습니다."라고 인사한다.

⑤ 종친과 문무백관이 왕세자에게 축하를 드리는 의식(百官賀王世子): 국왕과 왕비에게 축하한 다음에 거행한다. 행사 형식은 새해와 동짓날 올리는 축하 의식과 같고, 치사致詞(축하 인사말)는 없다.

⑥ 왕세자가 종묘에 가서 책봉 사실을 알리는 의식(謁宗廟): 왕세자가 소속 관원을 대동하고 종묘를 방문하여 사배를 올린다. 왕세자의 나이가 어려 의식을 거행하기 어려우면 행사를 연기할 수 있다.

⑦ 국왕이 행사를 준비한 백관을 만나 인사를 받는 의식(殿下會百官): 문무백관들이 경사를 맞아 천천세千千歲를 누리기를 기원한다.

⑧ 왕비가 내외명부 여성들을 만나 인사를 받는 의식(王妃會命婦): 경사를 맞아 천천세千千歲를 누리기를 기원한다.

효명세자는 1812년(순조 12) 7월 6일에 창덕궁 인정전仁政殿에서 책봉의식을 거행했다. 이때 효명세자의 나이는 4세였다. 이 날의 행사에 대해서는 『왕세자책례도감의궤』王世子冊禮都監儀軌(효명세자, 1812)가 남아 있어, 당시의 상황을 자세히 알 수 있다. 이를 보면 효명세자의 책봉의식은 순조가 인정전에서 왕세자를 책봉하는 의식인 '책왕세자의'冊王世子儀와 왕세자가 내전內殿인 희정당熙政堂에서 책봉을 받는 '왕세자자내수책의'王世子自內受冊儀로 구성되었다. 도5~8

먼저 순조가 왕세자를 책봉하는 의식 절차는 다음과 같다. 이
날 순조는 면복冕服을 갖춰 입었다.[12]

12_ 『왕세자책례도감의궤』(효명세자, 1812년, 순조 12) 「의주」儀註.

① 하루 전날 액정서에서 어좌와 보안寶案 등을 인정전에 설치한다.
② 초엄初嚴이 울리면, 병조에서 노부의장 군사를 행사장에 배치한다.
   종친과 문무백관은 조방朝房에 모인다.
③ 이엄二嚴이 울리면, 책례도감의 관리와 종친, 문무백관이 행사장 문
   밖의 자리로 간다. 예조정랑이 왕세자에게 줄 교명함敎命函, 책함冊
   函, 인수印綬를 탁자 위에 놓는다. 상서원尙瑞院의 관리는 국왕의 보
   寶를 가지고 합閤 밖으로 간다. 국왕은 면복을 갖추고 내전內殿으로
   간다.

이때 행사의 주인공인 왕세자는 면복을 갖춰 입고 인정문 밖에
설치된 막차幕次(왕세자가 임시로 머무는 곳)로 가야 했다. 그러나 효명
세자의 나이가 너무 어려 행사를 거행하기 어려웠으므로, 왕세자가
참석하지 않은 상황에서 행사가 진행되었다.

④ 삼엄三嚴이 울리면, 행사에 참여하는 관리들이 동서의 편문偏門으로
   들어와 자리로 간다. 국왕이 여輿를 타고 나와 어좌에 오른다. 상서
   원 관리는 보를 탁자 위에 놓는다. 호위하는 관리가 어좌의 뒤, 전
   내殿內의 동서에 서고, 승지와 사관史官이 전내에 들어온다.
⑤ 전의와 찬의의 구령에 따라 행사에 참여한 모든 관리들이 국궁사배
   鞠躬四拜를 한다. 사자使者(정사, 부사) 이하가 동쪽 편문으로 들어와
   국궁사배를 한다. 전교관傳敎官이 어좌 앞에서 국왕의 말을 듣고 동
   문으로 나오고, 집사자執事者가 그 뒤를 따라 교명敎命, 책册, 인印
   이 놓인 탁자를 들고 정문正門으로 나온다. 전교관이 사자 이하에게
   가서 "원자元子를 왕세자로 책립册立하는데, 경들이 예를 거행하도
   록 명령한다."라는 말을 전한다. 사자 이하는 국궁사배하고 정사正

도5~8 『**왕세자책례도감의궤**』(효명세자) **반차도 부분** 서울대학교 규장각 한국학연구원 소장.
효명세자가 탄 가마와 왕세자의 상징물을 실은 가마가 보인다.

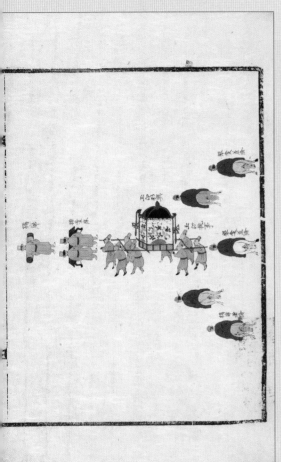

教命内廣六尺二寸三分長一尺三寸繪粧都廣十尺四
寸八分長一尺三寸五分玉軸上下莫只各長三寸
五分圓圍三寸五分上下
出頭各五分用禮器尺

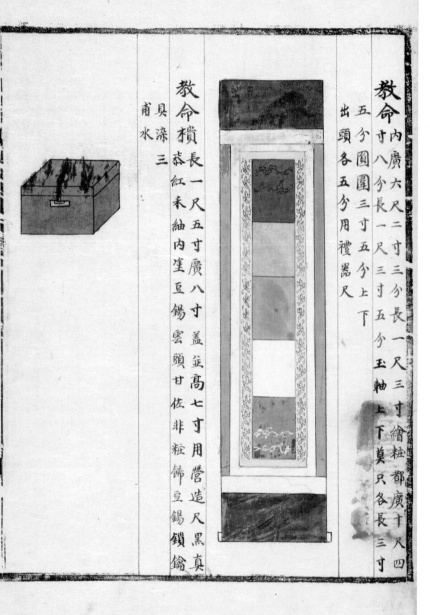

教命櫝長一尺五寸廣八寸蓋並高七寸用營造尺黑真
恭紅禾紬内笙豆錫雲頭甘佐非粧篩豆錫鎖鑰
具漆三
甫水

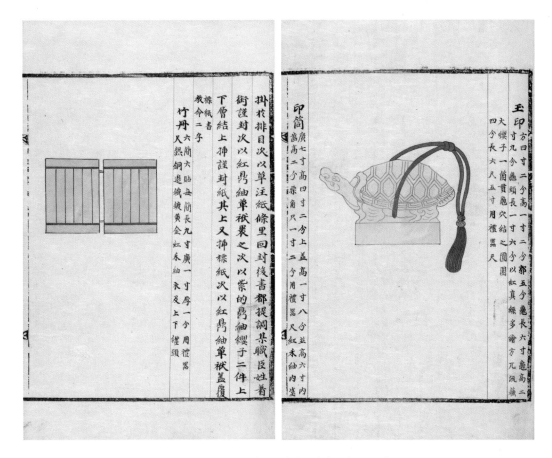

使는 교명함, 책함, 인수를 차례로 받는다. 교명함, 책함, 인수를 받은 사람이 정문으로 먼저 나가고, 사자들은 동문으로 나가며, 선책관宣冊官과 책례도감의 관리들이 그 뒤를 따른다.

⑥ 사자는 인정문 밖으로 나와 공복公服으로 갈아입는다. 사자는 교명함, 책함, 인수를 채여彩輿(왕실의 의식이 있을 때 귀중품을 싣고 운반할 때 사용하는 가마)에 싣고 희정당으로 가서 예를 거행한다.

왕세자가 행사장에 참석했다면, 왕세자는 이때 전책관傳冊官으로부터 국왕의 명령을 듣고 교명, 책, 인을 받아야 했다. 그러나 효명세자는 이를 직접 거행하지 못했으므로, 국왕의 명을 받은 사자가 교명, 책, 인을 받들고 세자가 있는 희정당으로 가서 책봉식을 거

행했다.<sup>도9~11</sup>

⑦ 종친, 문무백관들이 국궁사배를 하면, 좌통례가 국왕에게 가서 예가 끝났음을 아뢴다. 국왕은 여輿를 타고 전내殿內로 돌아간다.

다음으로 효명세자가 희정당에서 책봉을 받는 절차가 이어졌다. 이때 왕세자는 쌍동계雙童髻(양갈래로 나누어 상투를 튼 머리), 공정책空頂幘, 칠장복七章服을 갖춰 입었다.

① 행사일에 액정서가 교명, 책, 인을 놓을 탁자를 희정당 중앙에 설치한다. 왕세자가 책봉 받는 자리를 향안香案의 남쪽에, 절하는 자리를 뜰 가운데에 설치한다. 교명, 책, 인을 대신 받는 보덕輔德·필선弼善·익찬翊贊의 자리를 왕세자가 책봉 받는 자리의 오른쪽에 설치한다.
② 때가 되면, 왕세자가 쌍동계, 공정책, 칠장복을 갖추고 소차小次로 들어간다. 사부와 빈객, 궁관宮官들이 모두 소차로 들어간다.
③ 사자使者 행렬이 희정당 문밖에 이르면, 정사正使는 교명, 책, 인을 집사자에게 주어 들어가게 하고, 정사와 부사는 이를 따라 들어간다. 왕세자가 저영위祗迎位에 나가 서서 행렬이 지나갈 때 몸을 숙인다.
④ 정사가 교명, 책, 인을 탁자 위에 놓으면, 왕세자가 나와 국궁사배하고 책봉을 받는 자리로 간다.
⑤ 선책관宣冊官(책문을 선포하는 관리)이 교教가 있다고 하면, 왕세자는 무릎을 꿇는다. 선책관이 책함에서 죽책竹冊을 꺼내어 낭독한다.

다음은 순조가 효명세자에게 내린 책문의 내용이다. 책문은 당시 홍문관 제학으로 있던 남공철南公轍(1760~1840)이 작성했다.

저사儲嗣(후계자)를 세우는 것은 종묘의 중함을 잇는 것이고, 위호位號를 바르게 정하는 것은 백성들의 마음을 매어 놓는 것이다. 이는 고금의 공통된 법도이자 우리 조종祖宗의 옛 제도이므로, 책례冊禮를 거행하여 항상 있는 법을 시행한다. 아, 원자元子의 자질은 영명英明하고, 타고난 성품은 어질고 효성스럽다. 말을 하자 문자를 알았고, 솔선하는 행위는 스승을 번거롭게 하지 않았다. 깊은 사려와 준수한 자태가 의젓하여, 가르치지 않아도 깨달았고, 보고 들으며 움직일 때 이미 대인大人의 모습을 갖추었다. (중략)

이에 너를 명하여 왕세자로 삼으니, 너는 위엄 있는 행동을 힘써 수련하고 경계하는 명령을 공손히 지켜야 한다. 학문이 아니면 이치를 밝힐 수 없고, 좋은 덕을 가지려면 몸을 성실히 하는 것보다 좋은 것이 없다. 항상 간사한 자를 멀리하여 미연에 방지하고, 빨리 좋아하는 놀이를 떨쳐 버려 무엇이 해롭겠느냐고 말하지 말라. 위미정일危微精一의 가르침에 조심하고, 예악서수禮樂書數의 공부를 부지런히 하라. 효도는 모든 행실의 근본이다. 일마다 문왕세자文王世子를 따르고 배워, 상성上聖의 영역에 이르러 반드시 나도 순舜 임금 같은 사람이 될 수 있다고 하라.[13]

13_ 『순조실록』 권16, 순조 12년 7월 6일(병자).

책문의 낭독이 있은 후 행사는 계속되었다.

⑥ 정사가 교명함, 책함, 인수를 차례로 왕세자에게 주면, 왕세자를 대신하는 필선弼善이 이를 받아 탁자 위에 놓는다.

⑦ 왕세자가 절하는 자리로 가서 사배四拜를 하면, 찬의가 예가 끝났음을 아뢴다. 필선은 왕세자를 인도하여 안으로 들어간다.

⑧ 사자使者는 인정전 뜰로 가서 전교관傳教官에게 예가 끝났음을 알린다.

책봉의식의 하이라이트는 왕세자가 국왕이 내려준 교명과 책,

인을 받는 장면이다. 이들은 모두 왕세자임을 상징하는 물품이다. 그렇지만 세자가 나이가 어려 세자를 가르치던 필선이 대신 받았다.

책봉의식이 있은 다음 날, 순조는 인정전에서 문무백관들의 하례賀禮를 받고, 반교문頒敎文을 발표했다. 책봉의식이 거행되었음을 널리 알리면서 백성들과 경사를 함께한다는 내용이었다. 이는 예문관 제학으로 있던 조윤대가 작성했다.

> 이달 초7일 새벽 이전의 잡범은 죽을 죄 이하는 모두 용서한다. 아! 종묘의 제사를 부탁하게 되었으니 주 문왕이 근심이 없는 것에 가깝다. 소송이나 옥사를 노래하는 자들이 돌아갈 데가 있게 되었으니 우 임금, 이 아들인 하계夏啓에게 희망을 거는 것처럼 기쁘다. 사물을 대하는 가르침에 부지런하여 덕이 이루어짐을 곧 볼 것이고, 어린애에게까지 미치는 사랑을 미루어 아름다움을 함께 기뻐한다.[14]

14_ 『순조실록』 권16, 순조 12년 7월 7일(정축).

왕세자 입학의식　　　　효명세자는 1817년(순조 17) 3월 11일에 성균관으로 가서 입학의식을 거행했다. 이날의 행사에 관한 기록은 『왕세자입학도첩』王世子入學圖帖으로 남았는데, 여기에는 4종의 의식 절차와 6종의 기록화가 수록되어 있다. 이 책에 수록된 그림을 통해 효명세자의 입학의식을 살펴보자.

왕세자의 입학 절차는 세 가지로 구분할 수 있다. 출궁의出宮儀, 입학의入學儀, 수하의受賀儀가 그것이다. 출궁의는 입학자가 궁궐을 나와 성균관에 도착하기까지의 의식이고, 입학의는 입학자가 성균관에 도착한 이후 치르는 일련의 의식이다. 수하의는 입학자가 궁궐로 돌아와 문무 관리와 종친들의 축하를 받는 의식이다. 입학의는 다시 몇 개의 의식으로 구분해서 볼 수 있다. 첫번째는 작헌의酌獻儀 혹은 알묘의謁廟儀라 하는데, 입학자가 대성전(문묘)에 들어가 공자를 비롯한 성현들의 신위에 직접 술잔을 올리는 의식을 말한다. 두번째는 왕복의往復儀인데, 입학자가 명륜당 문밖에서 박사에

도12 「왕세자입학도첩」 중 「출궁도」
고려대학교 중앙도서관 소장.

게 수업을 청하고 문안으로 들어가는 의식이다. 세번째는 수폐의脩
幣儀 혹은 속수의束脩儀라고 하는데 입학자가 박사에게 예물을 올리
는 의식이고, 네번째는 입학의로 입학자가 명륜당에서 박사에게 수
업을 받는 의식이다.

『왕세자입학도첩』에는 「출궁도」, 「작헌도」, 「왕복도」, 「수폐도」,
「입학도」, 「수하도」가 수록되어 있다. 이들의 내용을 차례로 살펴
보자.

## 출궁도

효명세자가 창경궁 홍화문을 나와 성균관으로 향하는 모습을 그린
것이다. 이때 효명세자 행렬의 앞에서 의장을 들고 가거나 세자 주
변에서 경호를 하는 인원은 세자익위사의 관원들이며, 효명세자가 타

고 간 연輦이 보인다. 행렬 앞부분의 의장 중앙에 있는 말에는 효명세자의 인을 실었다. 이때 왕세자는 익선관에 곤룡포를 갖춰 입었다.<sup>도12</sup>

**작헌도**

효명세자가 성균관 대성전에 있는 공자와 네 성인(안자, 증자, 자사, 맹자)의 신위에 술잔을 올리는 모습을 그린 것이다. 대성전 중앙의 북쪽 벽에 공자의 신위가 있고, 동쪽과 서쪽의 벽에 네 성인의 신위가 있는데, 모두 흰색 사각형으로 나타난다. 중앙에 있는 노란색 사각형 5개는 왕세자가 술잔을 올리고 절하는 자리이며, 오른쪽 하단의 노란색 사각형은 왕세자가 손을 씻는 자리이다. 효명세자가 술잔을 올릴 때 동익실과 서익실에 모셔진 16인, 동무와 서무에 모셔진 112인의 신위에는 성균관 유생들이 술잔을 올렸다. 효명세자는 성균관에 도착한 직후부터 학생복인 청금복靑衿服으로 갈아입었다.

**왕복도**

효명세자가 스승에게 수업을 청하기 위해 준비하는 모습을 그린 것이다. 이 날의 스승은 대제학을 역임한 남공철이 담당했다. 그림은 왕세자와 스승이 명륜당의 계단 아래에서 마주보고 선 상태에서 효명세자가 준비한 예물이 뜰 안으로 들어오는 장면이다. 예물은 모시로 된 폐백 한 광주리, 두 말 분량의 술 한 병, 안주용 육포 다섯 묶음이었다.

효명세자는 문밖에 서서 문안에 있는 스승에게 가르침을 청했다.

왕세자: 저는 스승에게 수업을 받고자 합니다.
남공철: 저는 부덕不德한 사람이므로 왕세자께서 욕됨이 없기를 바랍니다.
왕세자: 다시 청합니다.
남공철: 저는 부덕한 사람이므로 왕세자께서 자리에 오르시면 제가 감히 뵙겠습니다.

왕세자: 저는 감히 빈객賓客으로 만날 수 없으니 뵙도록 허락해 주십시오.

남공철: 저는 사양해도 허락을 받지 못했으니 명을 따르지 않을 수 있겠습니까?

스승의 허락을 받은 효명세자는 문안으로 들어가 스승에게 예물을 바쳤다. 이때 스승은 공복公服을 입었다.

### 수폐도

효명세자가 스승에게 예물을 바치는 모습을 그린 것이다. 효명세자가 폐백이 든 광주리를 받은 다음 무릎을 꿇고 스승에게 두 번 절을 한 뒤에 올렸고, 스승도 이에 대한 답례로 두 번 절을 하고 받았다. 왕세자가 무릎을 꿇은 채 술, 안주가 놓인 상을 받아 차례로 스승에게 올리고, 스승도 무릎을 꿇고 이를 받아 집사자에게 넘겼다. 예물을 바친 효명세자는 명륜당을 향해 두 번 절을 하고 막차에 들어가 잠시 휴식을 취했다.

### 입학도

효명세자가 명륜당에서 스승에게 교육을 받는 모습이다. 스승은 공복에서 흑단령黑團領으로 갈아입고 동쪽 벽에서 서쪽을 향해 앉았다. 효명세자는 서쪽에 마련된 자리에 앉으며 바닥에 엎드려 책을 보았다. 강의가 시작되면 스승은 문장의 음을 읽고 뜻풀이를 해 주었고, 효명세자는 이를 따라 읽었다. 이 날의 교재는 『소학』의 첫머리에 있는 제사題辭 부분으로, '오직 성인聖人만이 천성을 보존한 자이다'(惟聖性者)라는 구절의 뜻에 대해 왕세자와 스승이 문답을 나누었다.도13

왕세자: 어떻게 하면 성인聖人이 될 수 있을까요?

남공철: (자리에서 일어나 대답하기를) 저하의 이 물음은 참으로 종묘사직

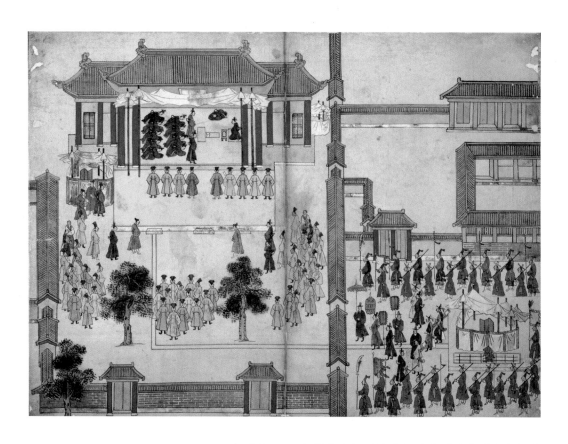

과 신민臣民들의 복입니다. 세자께서 어린 나이에 입학하여 성인이 될 것을 스스로 기약하는 뜻이 있으시니, 참으로 이 마음을 잘 미루어 확충시켜 나가시면 요 임금도 될 수 있고 순 임금도 될 수 있습니다. 지금부터가 시작입니다.

왕세자: '집안으로 들어와서는 효도하고 집밖으로 나가서는 공손히 하라'고 했는데, 효도를 하려면 무엇을 먼저 해야 합니까?

남공철: 효도하는 절목을 갑자기 모두 말할 수는 없습니다. 다만 덕을 닦고 착한 행동을 하는 것을 근본으로 삼아야 하니, 부모님의 마음을 기쁘게 하는 것보다 더 큰 것이 있겠습니까? 또한 수신修身(자신의 몸을 수련함)은 제가齊家(집안을 다스림), 치국治國(나라를 다스림), 평천하平天下(천하를 다스림)의 근본이 되는 것이므로, 효도하는 큰 근본으로는 이것보다 더한 것이 없습니다.

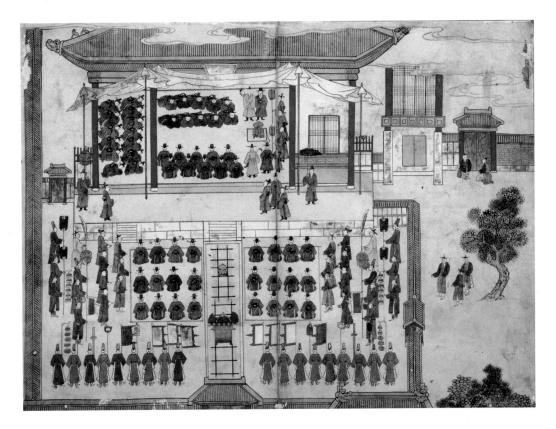

도14 『왕세자입학도첩』 중 「수하도」
고려대학교 중앙도서관 소장.

## 수하도

효명세자가 입학의식을 마치고 궁으로 돌아와 2품 이상의 관리와
종친들의 축하를 받는 장면이다. 이들은 서쪽 계단을 통해 방안으
로 들어와 무릎을 꿇었고, 대독관代讀官을 통해 축하의 글을 낭독했
다. 효명세자도 무릎을 꿇고 앉아 낭독을 들었다. 행사가 진행된
장소는 시민당時敏堂이다. 이때 왕세자는 익선관에 곤룡포를 갖춰
입었다.도14

　　이 날 시강원의 관리로 입학의식에 참석했던 이만수李晚秀는 다
음과 같은 시를 남겼다.

문묘(대성전)에서 세 왕께 예를 드리니　　　　聖廟三王禮
동궁과 성균관에 봄이 왔구나.　　　　　　　閟宮泮水春

| | |
|---|---|
| 술단지를 받든 모습이 엄숙하고 | 奉樽睿表儼 |
| 자리에 올라 글 읽는 소리가 새롭다. | 升席講音新 |
| 나이 따라 양보하는 것은 주나라의 선비요 | 齒讓周多士 |
| 둘러앉아 듣는 이는 한나라의 빈객이라. | 環聽漢人賓 |
| 나는 직함을 가지고 태만히 한 일이 부끄럽지만 | 衙愧曠職暉 |
| 축하를 드리는 소리가 궁궐 안에 가득하네. | 潤賀滿重宸 |

효명세자의 입학의식을 보면, 왕세자는 성균관에 도착하여 학생복으로 갈아입은 다음부터 입학식을 마치고 성균관을 나올 때까지 학생이 스승에게 갖춰야 할 예절을 실천했고, 학생으로서의 대우를 받았다. 효명세자는 격이 낮은 서쪽 계단을 이용하여 오르내렸고, 스승에게 먼저 절을 올렸으며, 수업을 받을 때 책상을 사용하지 못하고 바닥에 엎드려서 책을 읽어야 했다.

이러한 의식은 장차 왕위에 오를 왕세자일지라도 유교를 배우는 학생으로서 스승에 대한 예절을 지켜야 하며, 이러한 수련을 통해 학문과 덕망을 갖춘 성군聖君으로 성장할 수 있다고 믿었기 때문이다. '인륜을 밝힌다'(明人倫)는 이름을 가진 명륜당에서 왕세자가 학생의 신분으로 스승에게 갖춰야 할 예절을 실천한 것은 명분과 실질이 부합하는 의식이었다.

왕세자 관례의식　　　효명세자는 1819년(순조 19) 3월 20일에 경현당景賢堂에서 관례를 거행했다. 이 날의 행사에 관한 기록은 『수교도첩』受教圖帖으로 남았으며, 여기에는 13폭의 그림이 수록되어 있다. 이와 별도로 『시민당도』時敏堂圖는 1670년(현종 11) 3월 9일에 시민당時敏堂에서 거행한 왕세자 숙종의 관례를 그림과 기록으로 작성한 책자이다. 이 책자에는 16폭의 그림이 수록되어 있어 관례의식이 더욱 세분되어 있다.

이하에서는 『수교도첩』에 있는 그림을 통해 효명세자의 입학의

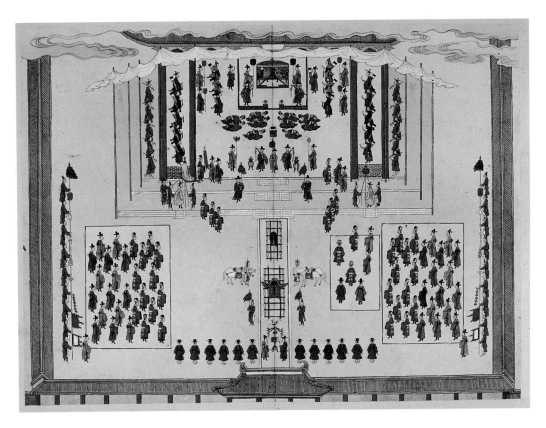

식을 정리해 보았다.

### 임헌명빈찬의도臨軒命賓贊儀圖

순조가 숭정전崇政殿에서 빈賓과 찬贊에게 효명세자의 관례를 거행
하라고 명령하는 장면이다. 숭정전 뜰에 종친과 문무백관이 도열한
가운데 국왕이 행차하여 빈과 찬에게 교서를 내려주었다. 교서에는
"지금 세자에게 관을 씌우니 경들은 일을 거행하라"고 기록되어 있
고, 전교관傳敎官이 이를 선포했다. 전교관이 교서 상자를 빈에게
주면, 빈은 이를 받아 채여彩輿에 싣고 나왔다.도15

### 세자수궁관급집사배도世子受宮官及執事拜圖

효명세자가 경현당에서 궁관宮官(시강원 관원, 익위사 관원)과 집사자들

의 절을 받는 장면이다. 경현당 건물의 중앙에 왕세자의 자리가 서쪽을 향해 있고, 왕세자 주변에 장위杖衛와 필선弼善이 둘러싸고 있다. 필선은 왕세자의 동작을 알리고 보좌하는 인물인데, 왕세자 자리 앞에 조복朝服을 입고 있다. 뜰의 동쪽에는 시강원 관원, 서쪽에는 익위사 관원들이 대열을 이루고 앉아 있다.

### 세자여이품이상답배도世子與二品以上答拜圖

효명세자가 경현당 안에서 종친 및 문무반 2품 이상의 관리들과 인사를 나누는 장면이다. 인의引儀가 종친, 2품 이상의 관리들을 인도하여 경현당 안으로 들어오면, 종친과 문반은 북쪽, 무반은 남쪽에서서 재배再拜를 했다. 이때 왕세자도 답배를 했다. 계단 위에 조복을 입은 사람은 인의와 찬의贊儀이며, 뜰에는 배례를 마친 궁관宮官들이 서로 마주보고 서 있다.

### 세자수삼품이하배도世子受三品以下拜圖

효명세자가 경현당에서 문무반 3품 이하 관리들의 절을 받는 장면이다. 왕세자는 동벽 가까이에 서향한 의자에 앉아 있고, 뜰에는 궁관들과 그 남쪽에 문무반 관리들이 앉아 있다. 동쪽에는 문반 3품 이하의 관리들이, 서쪽에는 무반 3품 이하의 관리들이 도열하여 왕세자에게 재배했다. 그림에는 나오지 않지만, 종친 및 2품 이상의 관리들은 경현당에서 재배한 뒤에 물러나 뜰 동쪽과 서쪽의 입위立位에 도열해 있다.

### 세자강계배사부빈객도世子降階拜師傅賓客圖

효명세자가 계단 아래로 내려와 사師, 부傅, 빈객賓客을 맞이하는 장면이다. 왕세자는 뜰 동쪽에 서쪽을 향하여 설치되어 있는 배위拜位에 서고, 그 주변에는 장위杖衛와 필선이 도열해 섰다. 뜰 서쪽에 사, 부, 빈객이 왕세자와 마주하고 있으며, 그 남쪽에 시강원 관원과 익위사 관원, 문반과 무반 관리들이 마주하고 도열해 있다. 왕세자가 사, 부, 빈객에게 재배를 하면, 이들이 왕세자에게 답배를 했다.

## 세자여주인답배도世子與主人答拜圖

효명세자와 주인主人(관례의 주재자)이 인사를 나누는 장면이다. 왕세자가 뜰 동쪽에 있는 판위版位에서 주인에게 재배를 했는데, 그 뒤에는 시강원의 사, 부, 빈객이 있다. 이때 주인은 뜰 서쪽에 왕세자를 마주보고 서서 답배를 했다. 주인은 진안군晉安君 이언식李彦植 (1752~1819)이 담당했다.

## 세자수교도世子受敎圖

효명세자가 빈賓으로부터 국왕이 내린 교서敎書를 받는 장면이다. 왕세자는 뜰 중앙에 북쪽을 향하여 설치된 수교위受敎位에서 사배四拜를 하고 교서를 받았다. 계단 위에는 교서함과 교서를 놓은 탁자가 있고, 빈이 교서와 함께 들어와 계단 위의 중앙에 서서 남쪽으로 왕세자를 향하여 섰다. 빈은 영의정 서용보徐龍輔(1757~1824)가 담당했는데, 왕세자에게 교서를 반포한 후 교서와 교서함을 왕세자에게 전달했다.

## 세자승계입동서도世子陞階入東序圖

효명세자가 관冠을 쓰기 위해 경현당의 동서東序(동쪽 협실)로 들어가는 장면이다. 동서에는 상의원에서 준비한 삼가 복식을 넣은 상자가 있고, 왕세자가 옷을 갈아입는 자리가 있으며, 의관을 준비하는 빈찬관賓贊冠과 주인찬관主人贊冠이 서쪽을 향하여 서 있다. 경현당의 동쪽에는 왕세자에게 관을 씌우는 관석冠席이 있고, 관석의 북쪽에 사師가 남쪽을 보고 있다. 계단 위의 서쪽에는 왕세자에게 관을 씌울 빈이 자리 위에 서 있고, 동쪽 계단 끝에는 왕세자의 머리를

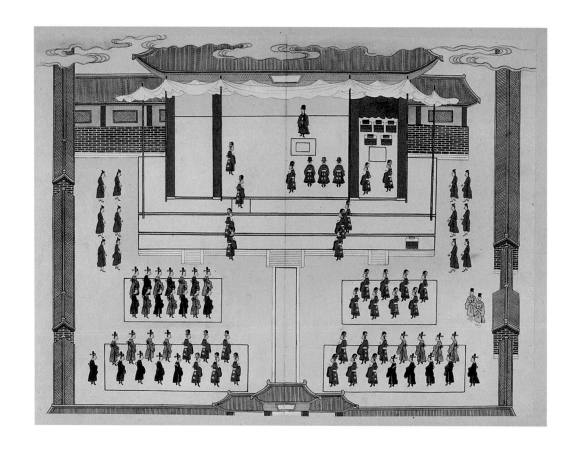

도16 『수교도첩』 중 「삼가도」 국립
문화재연구소 소장.

빗기고 머리싸개를 씌울 빈찬관이 손을 씻는 탁자가 보인다.

### 삼가도三加圖

효명세자가 세 차례 관을 쓰고 여기에 어울리는 옷으로 갈아입는
장면이다. 주인찬관이 왕세자를 인도하여 관석에 이르면, 빈찬관이
머리싸개와 빗 상자를 가지고 나와 빗질을 하고 머리를 싸맸다. 빈
이 초가관初加冠(익선관)을 받아들고 왕세자에게 씌워주며 다음의 축
사를 했다.[15] 도16

15_ 『순조실록』 권22, 순조 19년 3
월 20일(임자).

좋은 달 좋은 날에 비로소 원복元服을 더하니, 어릴 때의 뜻을 버리고
성인의 덕을 닦으소서. 오래오래 장수하시어 큰 복을 받으소서.

익선관을 쓴 왕세자는 동서의 장막 안으로 들어가 곤룡포를 입었다. 왕세자가 돌아와 관석에 앉으면 재가再加가 시작되었다. 빈이 왕세자의 익선관을 벗기고 원유관遠遊冠을 씌우면서 다음의 축사를 했다.

좋은 달 좋은 때에 가복嘉服을 거듭 입히니, 위의威儀를 공경히 하여 덕을 밝히소서. 만년토록 장수하시어 길이 복을 받으소서.

원유관을 쓴 왕세자는 동서 안으로 들어가 강사포絳紗袍로 갈아입었다. 왕세자가 돌아와 관석에 앉으면 삼가三加가 이어졌다. 빈은 왕세자의 원유관을 벗기고 면류관冕旒冠을 씌우면서 다음의 축사를 했다.

좋은 해 좋은 달에 관복을 모두 입히니, 그 덕을 이루소서. 만년토록 장수하여 하늘의 경사를 받으소서.

면류관을 쓴 왕세자는 동서 안으로 들어가 면복冕服으로 갈아입고, 규圭를 잡고 나와 남쪽을 향해 앉았다. 국왕과 같이 남면南面을 하는 장면이다.

### 세자수예도世子受醴圖

효명세자가 빈으로부터 예주醴酒(단술)를 받아 마시는 장면이다. 왕세자의 자리가 경현당의 서쪽에 설치되었으며, 면복을 입은 왕세자는 주인과 찬관의 인도로 자리에 앉았다. 빈은 사옹원 제조가 떠준 예주를 받아 북쪽으로 왕세자께 올리면서 축사를 했다.

예주가 무르익어 좋은 향기가 납니다. 절하고 받아 제사 지내어 상서로움을 정하소서. 하늘의 경사를 받들어 장수하면서 잊지 마소서.[16]

16_『순조실록』 권22, 순조 19년 3월 20일(임자).

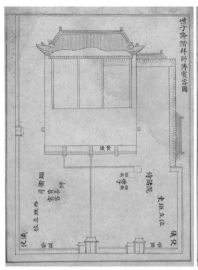
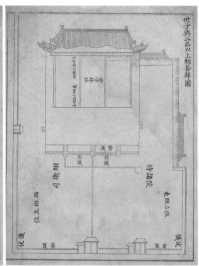
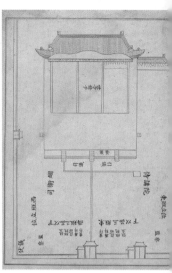

왕세자는 빈이 주는 술잔을 받은 다음 약간을 들어 제사 지내고
술을 마셨다. 계단 위의 서쪽에는 예주가 든 술동이와 이를 관리하
는 사용원 제조가 있고, 동쪽에는 찬탁饌卓이 보인다. 사용원 제조
는 행사에 사용할 술의 제조와 관리를 담당하는 관리이다.

### 빈자세자지도賓字世子之圖

빈이 효명세자에게 자字를 지어주는 장면이다. 왕세자는 서쪽 계단
으로 내려가 뜰에서 남쪽을 향해 서고, 빈은 왕세자 앞에서 자字를
전한다. 이때 세자의 자를 '덕인'德寅으로 지었는데, 국왕이 지은 것
을 빈이 전달하는 방식이었다. 다음은 빈과 왕세자의 대화이다.

> 빈(서용보): 예의禮儀가 갖춰졌습니다. 좋은 달 좋은 날에 자字를 밝게 알립
> 니다. 군자의 마땅한 바로 복을 누리기에 마땅하니, 길이 받아
> 간직하소서. 하교를 받들어 '덕인'德寅이란 자字를 붙입니다.
> 왕세자: 제가 불민하지만 어찌 공경하여 받들지 않겠습니까?

이상으로 관례의식은 끝이 났다. 주인과 빈은 왕세자에게 자字

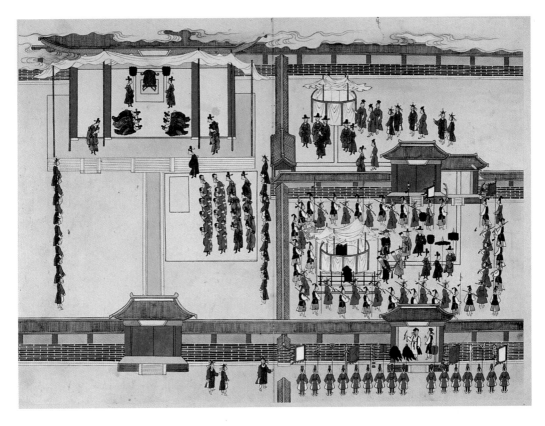

도20 「**수교도첩**」 중 「**조알의도**」 국립문화재연구소 소장.

를 준 다음 정문을 통해 행사장을 나갔다. 『시민당도』에는 이 다음에 왕세자가 사, 부, 빈객에게 절하는 장면, 문무반 2품 이상의 관리에게 답배하는 장면, 3품 이하의 관리들이 절하는 장면을 그린 그림이 추가되어 있다.[도17~19]

## 조알의도朝謁儀圖

효명세자가 관례의식을 거행한 직후 흥정당興政堂으로 가서 국왕에게 인사를 올리는 장면이다. 그림의 오른쪽에 왕세자의 막차와 호위 의장이 있고, 그림 왼쪽의 흥정당 안에 어좌와 부복한 근시近侍들이 보인다. 왕세자가 절하는 자리는 뜰의 동쪽에 있고, 그 뒤에는 시강원과 익위사의 관리들이 도열해 있다. 도승지 윤정렬尹鼎烈이 국왕의 명을 받고 나와 전달했다.[도20]

윤정렬: 어버이를 효로 섬기고, 아랫사람을 사랑으로 대하라. 사람을 의義로 부리고, 사람을 은혜로 길러라.

왕세자: 제가 비록 어리석지만 어찌 공경히 받들지 않겠습니까?

**회빈객의도會賓客儀圖**

관례의식이 끝난 후 주인이 빈객을 맞이하여 술을 마시고 선물을 주는 장면이다. 흰색 차일과 막차가 설치되고 그 중앙에 모란병풍과 술과 음식이 마련되었다. 동쪽에는 주인이, 서쪽에는 빈賓과 찬贊이 마주 서 있으며, 서로 재배한 후 술을 마셨다. 회례會禮가 끝나면 주인은 속백束帛이 든 상자를 빈과 찬에게 전달했다.

3월 21일, 순조는 문무백관들의 하례賀禮를 받아 반교문頒教文을 선포했다. 효명세자의 관례가 거행되었음을 밝히고, 덕을 쌓고 장수하기를 기대하며, 백성들과 친근히 지내기를 바란다는 내용이었다. 반교문은 예문관 제학 김노경金魯敬(1766~1840)이 작성했다.

1819년(순조 19) 3월에 관례를 거행한 효명세자는 그해 10월에 왕세자빈과 가례를 거행했다.

대리청정과 조참의식   효명세자의 조참의식은 1827년(순조 27) 2월 18일에 중희당中熙堂에서 거행되었다. 먼저 순조는 인정전에서 문무백관으로부터 대리청정을 축하하는 인사를 받고 효명세자에게 대리청정을 명령하는 반교문頒教文을 내렸다. 반교문은 대제학으로 있던 김이교金履喬가 작성했다.

하루 종일 번잡한 정무政務에 응하다 보니 오랫동안 조섭하고 보양하는 데에 적합하지 못했다. 왕세자는 백성들이 바라는 바이니 이에 대리청정을 명했다. 이 조치는 임시로 편하게 살자는 데서 나온 것이 아니라 역대 선조께서 돌보아 주시는 것이다. 나는 부족한 덕으로 외람되게도 어렵고 큰 기업基業을 계승했다. 어린 나이에 종통宗統을 이었는데 일찍이 하늘이 돌보지 않으셨고, 20여 년 정치를 했지만 아! 세월만 덧없이 흘러갔다. 오늘날까지 여름 장마와 큰 추위에 대한 근심이 있으니, 비록 넓은 집과 좋은 옷감으로 살고 있지만 봄날에 얼음을 밟는 것과 같았다. 이에 많은 시간을 조섭하는데 쓰다가 보니 국가의 사무가 정체됨을 어이하랴? (중략)

이제 2월 18일에 세자에게 청정聽政을 명하니, 진실로 병사와 형벌의 중요한 일이 아니면 번거롭게 아뢰지 말고, 내외의 서무는 모두 재결裁決하게 하라. …… 이달 18일 새벽 이전의 잡범은 죽을 죄 이하는 모두 용서하여 놓아준다. 아, 산하에 공고함을 더하니 신과 사람이 모두 기뻐할 것이다.[17]

17_『순조실록』 권28, 순조 27년 2월 18일(갑자).

순조에게 축하 인사를 올린 문무백관들은 왕세자가 있는 중희당으로 이동하여 조참朝參을 거행했다. 조참의식은 1717년 왕세자 경종이 대리청정을 할 때 정리된 의식에 따라 진행되었다. 이 의식은 『국조속오례의』에 수록되어 있다.[18]

18_『국조속오례의』 권3, 「가례」 하, '왕세자수조참의' 王世子受朝參儀.

① 하루 전날 액정서에서 왕세자의 좌석을 중희당 동벽에서 서향으로 설치한다.

② 당일에 액정서에서 왕세자 배위拜位를 좌석 앞에, 향안香案 2개를 앞 기둥 좌우에 설치한다. 장악원은 고취鼓吹를 진설한다. 장의掌儀는 종실백숙宗室伯叔과 친왕자군親王子君의 배위를 중희당 안의 북쪽에, 사부師傅 이사貳師 대신들의 배위를 중희당 안의 남쪽에 설치한다. 종친과 문무 1품 이하의 배위는 뜰의 남북에 설치한다.

③ 5각 전에 의장, 군사, 장마杖馬를 행사장에 배치한다. 종친과 문무백관은 상복常服을 입고 직방直房에 모인다.

④ 3각 전에 종친과 문무백관은 행사장 문밖의 자리로 간다. 배위관陪衛官이 무기와 복식을 갖추고 합閤에 가서 효명세자를 맞이하는데, 익위翊衛 2명은 칼을 차고, 사어司禦 2인은 활과 화살을 갖춘다.

⑤ 왕세자가 익선관과 곤룡포를 갖추고 여輿를 타고 나와 좌석에 앉는다. 궁관宮官(시강원과 익위사의 관리), 집사관(상례相禮, 찬의贊儀, 인의引儀, 감찰監察), 종친, 문무 3품 이하의 관리가 들어와 각자의 자리에 선다.

⑥ 종실백숙, 친왕자군이 북쪽 계단을 경유하여 중희당에 오르고, 사부, 이사, 대신들이 남쪽 계단을 경유하여 중희당에 오른다. 왕세자가 배위로 가서 서고, 당에 오른 관리들이 재배再拜하면 왕세자가 답배答拜한다. 왕세자는 이들이 뜰 안으로 들어올 때 좌석에서 일어났다가 이들이 밖으로 나가면 다시 자리에 앉는다.

⑦ 종친, 문무 2품 이상의 관리가 배위에서 재배하고, 왕세자는 답배하지 않는다.

⑧ 필선이 왕세자에게 가서 예가 끝났음을 아뢴다. 왕세자가 좌석에서 내려와 여輿를 타고 안으로 돌아간다.

왕세자의 조참의식을 국왕의 조참의식과 비교하면 몇 가지 차이가 있다. 국왕은 남쪽을 향하는 건물의 북쪽에 앉아 남면南面을 했지만, 왕세자는 서쪽을 향하는 건물의 동쪽에 앉아 서면西面을 했다. 국왕만이 남면을 할 수 있었기 때문이다. 또한 국왕의 조참에서는 건물 안에 국왕의 자리만 있었지만, 왕세자의 조참에서는 건물 안에 종실백숙宗室伯叔, 친왕자군親王子君, 사부師傅, 이사貳師, 1품 이상 대신들의 자리가 있었다. 또한 이들이 왕세자에게 절을 할 때 왕세자도 답배를 했다. 왕세자가 종실의 어른과 스승을 우대하는 조치였다. 또한 관리들은 국왕에게는 네 번 절을 했지만 왕세자에게는 두 번만 절을 했다. 조참은 왕세자가 국왕을 대신하여 정사를 돌보는 존귀한 존재임을 상징적으로 보여주는 의식이었다. 그러나 조참의식에는 국왕과 왕세자 사이에 위상의 차이가 있음이 반영되고, 집안 어른과 스승을 우대해야 한다는 의식이 반영되었다.

효명세자가 중희당에서 정사를 보기 시작하자 대신들이 충언을 아뢰었다. 영중추부사 김재찬金載瓚은 정성과 부지런함을 강조하면서, 학문을 부지런히 하여 몸과 마음이 날로 새로워지고, 이를 바탕으로 정사를 하면 백 가지 법도가 바르게 될 것이라고 말했다. 판중추부사 한용귀韓用龜는 공경함을 강조했고, 판중추부사 김사목金思穆은 사물의 바른 것을 구하고 사람들의 말에서는 중도中道를 취할 것을 강조했다. 효명세자는 다음과 같이 대답했다.

> 나같이 부덕否德한 사람이 이와 같이 대리代理하라는 명령을 받았고, 사양했지만 허락을 받지 못하고 억지로 따르게 되었다. 여러 대신들의 충성과 사랑에서 나온 말들이 이처럼 간곡한데, 감히 명심하지 않겠는가? 재주가 없는 사람으로 이런 중책을 이어받아 두려운 마음이 더욱 간절하다. 조참할 때 연석筵席에서 여러 대신들이 힘쓰기를 권하는 말을 들었는데, 지금 다시 경(우의정 심상규沈象奎)의 차자를 보니 충성과 사랑의 정성이 간곡하다. 소자小子가 어찌 감히 명심하고 깊이 따라 힘쓰라는 훌륭한 뜻에 보답하지 않겠는가? 경은 한결같은 마음으로 나를 보필하여 국사를 함께 다스려 나가도록 하라.[19]

19_ 『순조실록』 권28, 순조 27년 2월 18일(갑자).

대신들의 충언을 명심하고 국왕을 대신하는 정치를 제대로 하는 데 최선을 다하겠다는 다짐이었다.

이상의 절차들을 보면 왕세자는 책봉의식, 입학의식, 관례의식, 조참의식을 거치면서 국왕에 즉위하는 지점으로 점차 다가갔다. 왕세자는 특히 대리청정의 조참의식이 끝나면 이내 국왕을 대행하여 공식적인 집무를 시작했다. 대리청정을 하던 왕세자는 국왕의 유고가 발생하면, 바로 국왕으로 즉위하여 국정을 처리해도 전혀 문제가 없는 상황이었다. 왕세자 관련 의식들은 왕세자가 국왕 자리를 향해 나아가는 통과의례였다.

## 3  이극의 상징들

교명과 책인     왕세자는 공식적으로 인정된 왕의 후계자
로서 오례 중 가례嘉禮의 하나인 세자책봉
례世子冊封禮를 올려 세자로 책봉된다. 세자로 책봉하는 의례의 핵심
은 세자임을 인정하는 일종의 임명서인 죽책문竹冊文을 수여하는 절
차이다. 그와 함께 왕이 왕세자에게 내리는 교훈과 경계의 내용을
담은 교명문敎命文 및 세자임을 상징하는 세자인世子印을 전함으로써
문무백관 앞에 왕세자임을 선언하게 된다.

교명敎命과 책冊, 인印은 해당 관청에서 제작하는데 제작을 마치
면 이를 궁 안으로 들이기 위한 의례를 행한다. 이러한 의례를 '교
명책보내입'敎命冊寶內入이라 한다. 정조 대의 국가 전례서인『춘관통
고』에 그 의례 절차가 상세하게 기록되어 있다. 교명과 책, 보는 작

은 가마인 요여腰輿와 무늬가 있는 가마인 채여彩輿에 담겨 세장細仗(규모를 줄인 의장)과 고취鼓吹(행렬을 위한 악대)가 앞서 인도하는 행렬을 따라 궁 안으로 들어온다. 왕세자를 위한 의장이므로 왕을 위한 의장에 비해 그 규모가 작다. 의장과 악대를 갖추고 궁궐의 정문正門을 통해 들어온 교명, 책, 인은 의례를 행할 전殿의 동쪽 계단 위에 설치된 휘장 안의 안案(상) 위에 놓인 채 의례가 거행될 순서를 기다린다. 대개 의례를 행하기 하루 전에 궁 안으로 들어오는데 도제조都提調가 이를 맞아 받아들인다.

『국조오례의』에 수록된 '책왕세자의'冊王世子儀가 곧 세자 책봉의례로서 궁궐의 정전正殿에서 왕과 왕세자, 종친, 문무백관이 모두 참여한 가운데 의례를 거행한다. 미리 길일吉日을 택해서 사직社稷과 종묘宗廟에 그 사유를 알린 후 액정서掖庭署가 어좌御座와 교명, 책冊과 인印을 올려놓을 안案을 준비해 놓고, 장악원掌樂院은 의례를 행할 때 음악을 연주할 악대樂隊를 갖추는 등, 의례를 위한 모든 준비를 마친 후 의례를 거행한다. 왕세자가 무릎을 꿇은 가운데 전책관傳冊官에 의해 책문의 내용이 선포되고 나면 왕세자가 엎드렸다가 일어나 네 번 절하고 일어나는(부복俯伏·흥興·평신平身) 방식으로 예를 표한다. 이어 죽책竹冊과 교명敎命, 인印을 받은 후 네 번 절하는 사배례四拜禮를 행한 후 의례를 마치게 된다.

왕의 교명문과 죽책문은 대개 대제학, 이조판서, 예조판서, 대사성, 지제교, 예문관 제학 가운데 문장이 뛰어난 문한文翰이 지어 올렸다. 교명은 다섯 가지 빛깔의 견사로 짠 비단으로 만들어 두루마

도21 **장조(사도세자) 교명** 1736년 (영조 12), 국립고궁박물관 소장.

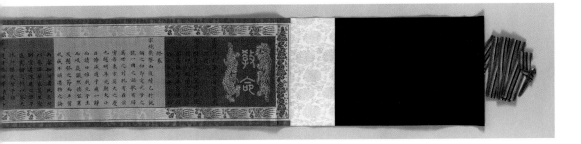

도22 **장조(사도세자) 옥인** 국립고궁
박물관 소장.
영조 12년(1736) 사도세자가 태어
난 다음 해 곧바로 세자로 책봉하
면서 만든 어보이다.

도23 **정조 옥인, 죽책과 함** 국립고
궁박물관 소장.
영조가 1759년(영조 35)에 정조를
왕세손으로 책봉하면서 내린 옥인
과 죽책이다.

리 형태로 말 수 있도록 제작하였다. 조선 초기만 하더라도 교명문
을 종이에 작성했지만 1437년(세종 19) 이후부터는 오색실로 짠 비
단으로 제작하였다. 중국의 제도를 따른 것이기도 하지만 한편으로
는 왕실의 권위를 극대화하기 위한 것이기도 하다. 비단 시작 부분
에는 전문篆文으로 '교명'敎命이라는 두 글자를 수놓아 화려하게 만
들었다. 상의원尙衣院에서 공들여 직조한 비단을 해당 도감에 들여
오면 도감의 제1방에서 이를 문서를 만드는 방식으로 장황을 하고
배접을 하여 교명문을 작성하게 된다.도21, 22

왕세자의 죽책은 대나무로 만든다. 왕과 왕후를 위한 책은 옥으
로 만들어 옥책玉册이라 하고, 조선이 황제국임을 선언한 대한제국
시기에 황제와 황후를 위한 책은 금으로 만들어 금책金册이라 하는
것과 비교된다. 대나무를 써서 책을 만드는 경우는 왕세자 외에도
왕세자빈, 왕세제, 왕세제빈, 왕세손, 왕세손빈 등이 해당된다. 죽
책의 재료인 대나무는 번식력이 강하면서도 항상 푸르다는 점에서
영생과 불변을 상징하고, 곧은 성질은 지조와 절개를 상징한다. 바
로 그러한 특성을 지닌 대나무로 만든 죽편竹片을 엮어 그 위에 책
문을 쓴다. 책문의 성격은 옥책과 크게 다르지 않고 내용상의 차이
가 있을 뿐이다.도23

교명문의 내용은 국본國本으로서 어진 이를 가까이 하고 오직

학문에 힘쓰고 인륜을 도탑게 하라는 당부의 말이 그 핵심이다. 후에 효종이 되는 '봉림대군鳳林大君의 세자 교명문'은 이조판서 이경석李景奭(1595~1671)이 지었는데, 그 내용을 살펴보면 다음과 같다.

많은 어려움을 견디지 못하여 내가 감히 사정私情으로 세자를 세웠지만, 오직 먼 장래를 위한 계획을 도모하느라 마음은 진실로 장군長君을 가림에 있어 공정하였으니, 사직社稷의 복이요, 귀신과 사람이 의지할 곳이 있게 되었다. 아, 너 세자 호淏는 천성이 본래 총명하고 그릇 또한 넓고 커서 궁위宮闈의 안에 있을 때부터 어짊과 효성스러움이 일찍이 드러났다. 또 타국에서 험한 고생을 겪는 상황에 처해 있을 때에도 슬기로운 생각이 더욱 원대했으니, 대개 일찍이 성현의 경전經傳에서 힘입은 바가 있어 능히 스스로 원근에 명예를 떨친 것이다. …… 국본國本을 거듭 세우고 나니, 나의 걱정이 조금 풀린다. 이에 너를 책봉하여 왕세자로 삼노라.

아! 어진 이를 친히 하고 오직 학문에 힘쓰며 행동은 모두 예법에 따라서 하고, 신하들의 잠규箴規를 힘써 받아들여 검소한 덕은 반드시 숭상할 일로 삼고 안일한 욕심은 반드시 경계할 일로 삼으라. 형제들의 자식을 자기 자식처럼 여겨 인륜을 더욱 도탑게 하고, 부모의 마음처럼 마음가짐을 가져 길이 천명을 보존하라. 잠시라도 주의를 기울여 생각하여 밤낮으로 어김이 없도록 하라.[20]

20_ 『인조실록』 권23, 인조 23년 9월 27일(을해).

교명문은 당시 최고의 문한文翰이 작성하여 그 형식 및 내용 면에서 최고의 문장이라 할 수 있다. 내용 면에서 강조하는 것은 역대 교명문이 큰 차이가 있는 것은 아니지만 작성자에 따라 문장의 차이는 있다. 교명문의 앞부분은 세자 개인에 대한 칭송으로 시작하여 세자로 책봉하는 이유를 밝히고 세자 책봉 후 경계해야 할 내용, 세자로서 취해야 할 도리 등의 순으로 내용이 전개된다. 봉림대군의 세자 교명문은 학문에 힘써 모든 행실을 예법에 따라 행하라는 당부의 말과 함께 신하들의 말을 잘 받아들이고 검소한 덕을 숭상하고 안일함에 빠지는 것을 경계하라는 내용으로 되어 있다. 세자가 갖추어야 할 중요한 덕목을 강조하는 내용으로 되어 있음을 알 수 있다.

1784년(정조 8)의 왕세자 책봉 교명문과 책문의 내용을 보자. 먼저 정조 대의 문한文翰인 좌의정 이복원李福源(1719~1792)이 지은 교명문이다.

왕세자는 온 나라를 바로잡는 근본으로서, 왕세자를 미리 세우는 것은 곧 삼대三代 시절부터 영구한 안정을 도모하기 위한 방책이었다. 내가 등극한 지 6년 만에 처음으로 후사가 탄생하는 경사를 보았다. 너는 요람에 싸인 세 살배기 아이인데, 이미 어른다운 모습을 갖추었다. 장차 훌륭한 책문冊文을 더하기에 앞서 먼저 총명寵命의 글을 내려주는 것이다.

생각건대, 너 원자元子는 황천皇天이 내린 풍성한 사랑을 받고 열성조列聖祖에서 상서를 베풀어 주는 기회에 응하여, 듬직하고 의젓한 자질이 진실로 모든 아름다움을 한 몸에 모을 만큼 뛰어나고, 어질고 효성스럽고 온화하고 아름다운 덕성은 아주 어릴 때부터 일찌감치 나타났다. 이미 원량元良의 아름다운 칭호를 정하였으니, 마땅히 세자儲貳에게 성대한 의식을 갖추어야 할 것이다. 키가 나날이 자라자, 자전慈殿과 자궁慈宮이 기뻐하고 즐거워하는 마음과, 도량度量이 자연히 이루어지자, 신민臣民들이 기뻐하고 축하하는 정성은 비록 마음속으로 간절하였지만, 내가 복을 아끼려고 하여 성대한 예식을 조금 늦추려고 하였었다. 그러나 의리상 명분을 바로하는 것이 중요하고 여러 사람들이 진정으로 원하는 마음이 더욱 간절하니 어찌하겠는가? 이에 너를 왕세자로 책봉하도록 명한 것이다. …… 어리다고 노는 것만 일삼지 말 것이며, 높은 위치에 있다하여 태만하고 오만하지 말도록 할 것이다. 오직 덕을 좋아하는 데는 홍범洪範의 오복五福에 근거를 두고, 오롯이 마음을 바르게 할 때는 『대학』大學의 팔조八條를 요령要領으로 삼도록 하라. 명철함과 길吉한 운수를 만나는 것은 처음에 있지 않은 것이 없고, 성덕과 천도를 구하는 것도 이와 같이 하는 데에 달려 있다. 모름지기 훌륭한 아들의 직책에는 종묘사직에 대한 책임이 있고, 부모에게 침선寢膳을 돌봐주는 효성을 다하는 의례가 있다는 것을 알아야 한다. 요컨대, 하루 동안에도 현사賢士와 대부大夫를 접대하는 시간은 많게 하고, 환관宦官이나 궁녀宮女들을 접하는 시간은 적게 하는 것이 필요하다.

아! 새로운 즐거운 소식이 다시 빛나게 들려오니, 어찌 나의 기쁜 마음을 이길 수가 있겠는가? 보기 드문 성대한 전례典禮를 아울러 거행하는 것도 또한 너의 경사에 의한 것이다. 훌륭한 훈계를 힘써 따라 큰 영광을 길이 누릴지어다.[21]

21_ 『정조실록』 권18, 정조 8년 8월 2일(을유).

다음은 역시 정조 대의 대제학 오재순吳載純(1727~1792)이 지은 죽책문의 내용이다.

원량元良의 훌륭한 탄생은 종묘사직에서 내려준 무한한 경사에 힘입은 것이고, 저위儲位를 일찍이 정한 것은 나라의 근본을 공고히 하려는 계책이다. 이에 옛 전장典章을 상고하여 훌륭한 책봉의례를 거행하는 것이다.

아! 너 원자元子의 총명하고 슬기로움이 나날이 이루어지고, 높고 의젓한 자태는 천성이 되었다. 어린 나이임에도 덕과 기량은 보통 사람과 달라 이미 아름다운 자질을 드러내었고, 어린 나이지만 일을 주선周旋함에 법도가 있어서 번거롭게 훈계하는 말이 필요치 않다. 좋은 나무에 꽃이 피는 상서祥瑞를 드러내니, 황천皇天의 도우심을 가히 점칠 수 있다. 태어난 달이 선왕이 출생한 때와 부합되니, 성조聖祖의 드리운 은덕을 더욱 증험證驗할 수 있다. 이에 어질고 착한 성품이 일찍이 드러나게 되니, 진실로 호號를 봉하는 책봉 예식을 제때에 거행하는 것이 마땅하다. (중략)

너는 영원한 복을 받아 커다란 모유謨猷를 힘써 천명하도록 하라. 사師·부傅·빈료賓僚의 관직을 두어 모두 올바르게 세자를 보도하고 양육하게 하고, 이에 시詩·서書·예禮·악樂의 가르침으로 일취월장日就月將하는 학문이 점점 새로워지기를 바라노라. 오직 수신修身할 때에는 어진 이를 친근히 하는 것보다 나은 것이 없고, 오직 이치를 밝힐 때에는 학문을 강론하는 것보다 나은 것이 없다. 효도와 우애가 덕행德行의 첫머리를 차지하지만, 실지로 어릴 때의 양지良知에 바탕을 두며, 성정誠正이 치평治平의 기본이 되는 만큼, 의당 정일精一하라는 성인聖人의 훈계에 힘써 따라야 할 것이다. 일찍 일어나고 밤늦게 잠자리에 들며, 고계誥誡하는 말을 어기지 말고, 바다처럼 젖어들고 별처럼 빛나서 신인神人의 기대에 부응하기를 바란다.[22]

22_ 『정조실록』 위와 같음.

죽책문의 내용 또한 큰 틀이 교명문의 내용과 크게 다르지 않음을 알 수 있다. 저위儲位를 일찍이 정하는 것은 나라의 근본을 공고히 하려는 계책이라는 점을 밝히고 세자의 자질을 칭송한 후 세자로서 길러야 할 덕목, 즉 어진 이를 친히 하고 학문에 전념하여 이치를 밝히며 태만함을 경계하고 공경히 도심道心을 지켜 기대에 부응하기를 바란다는 내용이 주가 된다.

후에 숙종이 되는 원자는 1667년(현종 8), 인정전에서 왕세자 책봉의례를 거행하여 세자로 책봉되었다. 이때의 죽책문 내용을 살펴보자.

왕은 이르노라. 나는 생각건대, 세자를 세워 적통을 수립하는 것은 종조宗祖를 계승하기 위함이요, 지위를 정하여 명분을 바르게 하는 것은 백성들의 희망에 매여 있는 바이다. 이는 진실로 역대로 중하게 여겼던 일이니 어찌 나이가 어리다고 해서 늦출 수 있겠는가. 이에 옛 법을 따라 삼가 아름다운 식전을 펼친다. 아! 너 원자 돈焞은 나면서부터 효경孝敬을 알았고 자질도 총명하여 행동거지가 자연히 절도에 맞았으며 단정하고 영특한 모습은 마치 어른처럼 늠름하였다. 학업이 이미 상당한 문리에 이르렀으며 덕성과 국량은 스승에게 배우지 않아도 될 정도가 되었다. 주周나라의 교육은 반드시 어린이를 가르치는 방법을 먼저 했는데, 한漢나라의 빈틈없는 의절에 어찌 세자를 미리 세우는 것을 늦추었겠는가. 이미 훌륭한 소문이 일찍 전파되었으니 마땅히 책호를 하루 빨리 정해야 하겠다. 그러므로 여러 사람들의 뜻에 따라 이에 세자를 정하고 이제 너를 왕세자로 명한다.

아, 너의 어린 뜻을 버리고 나의 훈계하는 말을 공경히 받들라. 인·의·예·지의 떳떳함은 본래 천성이며, 요·순·우·탕의 도는 인륜을 벗어나지 않았다. 몸을 성실하게 하려면 훌륭한 사람을 친히 하는 것 만한 일이 없으며, 이치를 밝히려면 학문을 강론하는 것 만한 일이 없다. 혹시라도 완호玩好를 일삼지 말며 혹시라도 주색에 빠져들어 즐기는 일을 따르지 말라. 날로 달로 진보하여 시종 학문을 생각하고 밤낮으로 부지런히 하여 태만함을 경계하라. 공경히 도심을 지키면 거의 우리 조상께 욕됨이 없을 것이고, 밝으신 명을 주심이 그 처음에 달려 있지 않음이 없다.[23]

23_ 『현종실록』 권13, 현종 8년 1월 22일(정유).

왕세자는 이와 같은 내용의 죽책문을 받은 후 세자로서 더욱 학문에 힘쓰고 장차 왕이 될 이극二極으로서의 자질을 갖추기 위해 노력한다. 왕세자로서 갖추어야 할 가장 중요한 덕목들 대부분이 죽책문의 내용에 담겨 있음을 알 수 있다.

왕세자로 책봉되는 의례를 행할 때 교명문, 죽책문과 함께 받는 일종의 도장은 '인'印이다. 국왕이 공식적으로 사용하는 도장은 어보御寶이지만 왕세자 이하의 도장은 '인'이라 하여 위격에 따른 구분을 했다. 인은 보와 함께 제작 수요가 있을 때 임시로 설치하는 보인소寶印所라는 기관에서 만들었다. 인을 오래 사용하여 글자가 문드러지거나 특별한 호칭을 사용하기 위해 필요할 때 제작하였다. 인은 손잡이와 판, 끈, 방울, 술로 구성되어 있다. 손잡이는 거북 모양으로 제작하였고 거북의 배 아래쪽을 비워 끈이 통과할 수 있

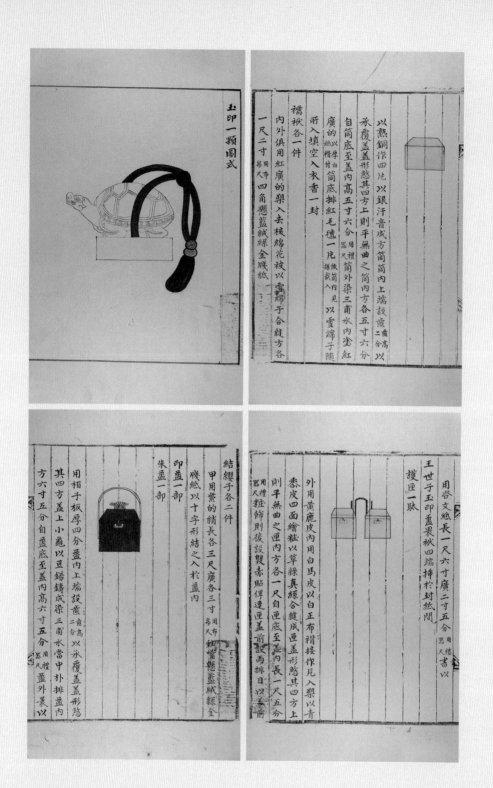

玉印一顆圖式

襯袱各一件
內外俱用紅廣的縏入去核綿花被以雲綿子合縫方各
一尺二寸四角懸藍絨線金戚紙

以熟銅作四片以銀汗音成方筒筒內上端設廣二分以
承覆蓋蓋形恣其四方上則平無曲之筒之筒內方各
自筒底至蓋內高五寸六分
廣的紙楷付筒底排紅毛氈一片
所入填空入衣香一封

結纓子各二件
甲用紫的綃長各三尺廣各三寸
緘紙以十字形結之入於蓋內

印匣一部
朱蓋一部

用栢子板厚四分蓋內上端設蓋形恣
其四方蓋上小龜以豆錫鑄成染三甫水當中朴排蓋內
方六寸五分自蓋底至蓋內高六寸五分

王世子玉印蓋累袱四端挿於封紙間

護匣一朕

外用黃廳皮內用白馬皮以白正布褙接作尼入槊以青
黍皮四面繪粧以草綠真綠合縫成匣蓋形恣其四方
則平無曲之匣內方各一尺自匣底至蓋內長一尺五分

用咨文紙長一尺六寸廣二寸五分

護匣一朕

도록 한 후 그 사이에 끈을 끼우고 끈의 아래쪽에는 방울과 술을 달았다. 또 인을 제작할 때 이를 담기 위한 3종의 통인 통筒과 녹盝, 호갑護匣을 함께 만들어 인이 훼손되지 않고 잘 보관될 수 있도록 하였다.도24

**왕세자의 공간과 기관, 그리고 사람들**  궁궐에서 왕세자를 위한 공간은 동궁東宮이라 한다. 왕이 거처하는 내전內殿의 동쪽에 위치하기 때문이다. 경복궁을 중심으로 동궁을 살펴보자. 경복궁에서 세자의 공식 활동 공간은 자선당資善堂이다. 또 왕세자의 생활은 대개 비현각丕顯閣에서 이루어지는데, 자선당의 부속 건물이다. 이곳은 스승과 만나 개인적으로 학습하는 교실 공간으로 활용하기도 한다. 자선당과 비현각 주위에는 세자를 위한 기관들이 있다. 세자의 교육과 보필의 업무를 담당한 세자시강원世子侍講院(춘방春坊), 세자의 경호 업무를 담당한 세자익위사世子翊衛司(계방桂坊) 등이다. 세자시강원에서는 장차 왕이 되어야 할 존재를 위해 학식과 덕망이 있는 사람들로 하여금 왕세자의 교육을 담당하도록 했고 세자익위사는 왕세자의 안전을 위해 움직인다.

자선당資善堂은 세자의 공식 활동을 위한 공간이다. '자선'이란 '선善을 바탕으로 삼는다'는 뜻으로 송宋대의 태자가 공부하던 서원의 이름에서 따왔다. 명明대에는 태자에게 글을 가르치던 벼슬 이름을 '자선'이라 했다. 자선당은 1427년(세종 9)에 세자 이향李珦(후에 문종)이 시강侍講하고 서연書筵할 장소로 쓰기 위해 처음 지어진 이래 세종 대에는 왕세자가 스승인 사부, 빈객과 상견례하는 장소로 활용되기도 했다. 서연이란 장차 국왕이 될 존재인 왕세자에게 경사經史를 강론하여 유교적 소양을 쌓도록 하기 위해 행해진 것으로 국왕의 재교육으로 행해지는 경연經筵처럼 아침, 점심, 저녁시간에 강의하는 조강朝講, 주강晝講, 석강夕講이 있어 하루에 일정 시간 공부하도록 함으로써 장차 왕이 되기 위해 갖추어야 할 일정 수준

도24 『왕세자책례도감의궤』(문효세자) 중 옥인과 녹, 통, 호갑의 도설 부분 1784년(정조 8), 서울대학교 규장각 한국학연구원 소장.

의 학문을 위한 단계를 밟았다. 그러나 자선당은 임진왜란 때 불타서 고종 대에 다시 지어졌다.

왕세자의 생활공간은 비현각조顯閣으로 왕세자의 집무실이기도 하고 한편 개인적으로 학습하는 공간이기도 하다. 비현각은 원래 세조 대에 내금위 소속 무기창고였던 내상고 두 칸을 고쳐서 연거하는 곳으로 삼고 이름을 비현합조顯閣이라 불렀다가 후에 비현각이라 했다. 중종 대에 와서 세자의 강학을 위해 비현각을 동궁 옆으로 옮겨온 것이다. 중종 대에 비현각은 세자가 공부하는 곳으로도 썼고, 중종 자신이 야간에 일을 처리하는 공간으로도 활용했다. 공간이 협소하여 이곳에서 야대夜對를 할 때면 일을 보기 위해 죽 늘어놓은 서류를 치운 뒤에야 비로소 일을 할 수 있었다고 기록되어 있다. 한여름에 빽빽이 앉으면 찌는 듯이 더워서 야대하는 장소를 옮겨야 한다는 논의가 일기도 했던 곳으로 장소가 협소했다는 것을 알 수 있다.

'비현'조顯이란 '크게 덕을 밝힌다'는 의미로 『서경』書經에서 취해온 말이다. 『서경』의 「태갑」太甲 편을 보면 상나라의 사관인 이윤伊尹이 태갑에게 고한 말 가운데 '비현'이란 말이 나온다. "선왕께서는 새벽 시간에 크게 덕을 밝히시어 앉아서 아침을 기다리시며(昧爽조顯, 坐而待朝), 뛰어난 사람과 훌륭한 선비들을 사방으로 구하여 후세 사람들을 깨우쳐 이끄시었으니 그 명을 무너뜨리지 마소서."[24]에서 '매상비현'昧爽조顯, 즉 '새벽 시간에 크게 덕을 밝힌다'는 말을 취하여 비현각이라 이름 지은 것으로 보인다. 세자라는 존재는 왕이 되기 위해 준비해야 하는 존재이다. 남들보다 일찍 일어나 덕을 밝히며 부지런히 공부하기 위해 앉아서 아침을 기다려야 하는 존재이니, 이극貳極의 자질을 갖추기 위해서는 하루를 온전히 자신을 닦기 위해 써야 하는 존재가 세자임을 알 수 있다.

세자시강원은 동궁의 주요 기관이다. 세조 대에 설립되었는데 세자에게 유교 경전과 역사를 강의하고 유교 도덕을 가르치기 위한

24_ 『서경』「태갑」太甲 "伊尹乃言曰, 先王昧爽조顯, 坐以待旦, 旁求俊彦, 啓迪後人, 無越厥命以自覆."

| 품계 | 『경국대전』「이전」 |
|---|---|
| 정1품 | 사師 1명(영의정), 부傅 1명(의정) |
| 종1품 | 이사貳師 1명(찬성) |
| 정2품 | 좌빈객, 우빈객 각 1명 |
| 종2품 | 좌부빈객, 우부빈객 각 1명 |
| 종3품 | 보덕報德 1명 |
| 정4품 | 필선弼善 1명 |
| 정5품 | 문학文學 1명 |
| 정6품 | 사서司書 1명 |
| 정7품 | 설서說書 1명 |

〈표5-3〉 세자시강원 소속 관리

목적으로 세워졌다. 왕세자의 교육을 담당하므로 그곳에는 여러 품
계를 지닌 왕세자의 스승들이 거처한다. 정1품부터 정7품관에 이르
기까지 왕세자의 교육을 담당한 기관인 만큼 가장 학문적으로 뛰어
난 관리들을 동원한 곳이다. 『경국대전』經國大典에 의하면 세자시강
원의 업무에 대해 "세자를 모시고 경서經書와 사서史書를 강론하며 도
의道義를 바르게 계도한다. 관리는 모두 문관文官을 쓰며 부빈객副賓客
이상은 다른 직무를 맡은 관리로 겸임시킨다"라고 규정하고 있다.

성종 대의 『경국대전』「이전」吏典에 규정되어 있는 세자시강원
소속 관리의 구성을 보면 〈표5-3〉과 같다.

세자시강원은 총 12명의 관리로 구성되며 부빈객 이상은 겸직을
하도록 되어 있다. 이 중에 사와 부는 영의정, 좌의정, 우의정이 당
연겸직을 맡도록 되어 있다. 이러한 구성은 조선 후기 영조 대에
이르러 겸보덕, 겸필선, 겸문학, 겸사서, 겸설서를 더 두었고 산림
직으로 찬선贊善, 진선進善, 자의諮議가 추가되어 총 20명으로 늘게
되었다.[25]

이들 관리에게 주어진 주된 임무는 왕세자를 교육하는 일이지만
이외에도 부과되는 일이 더 있었다. 시강원의 운영과 관련되는 일
로서 보덕은 시강원의 실무를 총괄하고 필선은 각종 의례를 행할
때 이를 돕는 일, 문학은 문장 관련 업무, 사서는 서적의 출입 관련

25_ 『속대전』 권1 「이전」吏典.

일, 설서는 시강원에서 발생하는 대사大事의 기록 등의 업무를 담당하였다.[26]

또 세자가 보아야 할 책을 관리하는 곳도 세자시강원 내에 있었다. 여기에는 세자의 교육을 직접 담당한 세자시강원보다는 하급 관리가 소속되어 서책의 보관 및 관리를 위한 일을 담당했는데, 『시강원지』侍講院志에 의하면 39명의 관리가 소속되어 일을 보았다. 서책을 출납하고 장서를 관리하는 책색서리冊色書吏, 세자가 읽어야 하는 책의 현토懸吐를 전담하는 서사書寫와 같은 관리를 비롯하여 차를 끓이는 관리, 시간이 되면 등불을 붙이는 관리, 필요한 물을 길어오는 관리 등도 왕세자를 위해 세자시강원에서 일을 하였다.

20여 명의 시강원 관리들은 번갈아 입직하면서 세자의 생활공간에 왕세자의 교육을 위해 늘 함께 있었다. 아침 7시~9시경에 행하는 조강朝講, 점심 무렵에 행하는 주강晝講, 저녁 5시~9시의 석강夕講, 그리고 정규로 행하는 것은 아니지만 야간 시간에 수시로 하는 야대夜對 등의 공부를 하도록 되어 있다. 야대 이외에도 세자가 공부하는 가운데 수시로 생길 수 있는 질문이 있을 때마다 늘 질문할 수 있도록 왕세자의 스승들은 왕세자 가까이에서 항상 대기하고 있었다.

여기에 보름에 한 번, 즉 한 달에 두 번씩 치르는 회강會講도 왕세자의 교육을 점검하는 기회로서, 시강원 관리들이 행한 교육이 잘 이루어졌는지 확인하는 시간으로 행해졌다. 회강에는 왕이 함께 자리하여 세자의 교육 상태를 확인하였다. 회강은 20여 명의 스승 전체, 그리고 왕이 함께 하는 자리이다. 일정 기간 동안 배운 내용을 평가하는 자리이며 왕이 세자의 학문이 어느 정도 진전되어 가는지 확인할 수 있는 자리이므로 왕세자에게는 큰 부담이기도 했지만 왕세자의 학문 상태를 가늠하여 그 진도를 생각할 수 있는 자리라는 의미가 있다. 성적은 모두 다섯 단계로 평가되었다. 가장 우수하면 '통'通, 다음으로 '약'略, '조'粗, '불'不, '방외'方外의 순으로

| 1447년 동궁<br>대의장大儀仗: 54개 | 1447년 동궁<br>소의장小儀仗: 33개 | 세조 대: 26개 | 『국조오례의』: 36개 |
|---|---|---|---|
| 청선靑扇　청선靑扇 | 청선靑扇　청선靑扇 | 청선靑扇　청선靑扇 | 청선靑扇　청선靑扇 |
| 청양산靑陽繖 | 청양산靑陽繖 | 청양산靑陽繖 | 청양산靑陽繖 |
| 작선雀扇　작선雀扇 | 작선雀扇　작선雀扇 | 작선雀扇　작선雀扇 | 작선雀扇　작선雀扇 |
| 작선雀扇　작선雀扇 | 작선雀扇　작선雀扇 | 작선雀扇　작선雀扇 | 작선雀扇　작선雀扇 |
| 작선雀扇　작선雀扇 | 청개靑盖　청개靑盖 | 청개靑盖　청개靑盖 | 청개靑盖　청개靑盖 |
| 청개靑盖　청개靑盖 | 금등金鐙　은등銀鐙 | 금등金鐙　은등銀鐙 | 정旌　정旌 |
| 금등金鐙　금등金鐙 | 정旌　절節 | 금횡과金橫瓜　은횡과銀橫瓜 | 모절旄節　모절旄節 |
| 은등銀鐙　은등銀鐙 | 금작자金斫子　은작자銀斫子 | 금립과金立瓜　은립과銀立瓜 | 은립과銀立瓜　금립과金立瓜 |
| 정旌　정旌 | 금횡과金橫瓜　은횡과銀橫瓜 | 금고金鼓 | 금고金鼓 |
| 모절旄節　모절旄節 | 금고金鼓 | 웅골타자　표골타자 | 금장도金粧刀　은장도銀粧刀 |
| 금고金鼓 | 고자기鼓字旗　금자기金字旗 | 熊骨朶子　豹骨朶子 | 금등金鐙　금등金鐙 |
| 금작자金斫子　금작자金斫子 | 영자기令字旗　영자기令字旗 | 현학기玄鶴旗 | 은등銀鐙　은등銀鐙 |
| 은작자銀斫子　은작자銀斫子 | 웅골타자　표골타자 | 령자기令字旗　영자기令字旗 | 영자기令字旗　영자기令字旗 |
| 금횡과金橫瓜　은횡과銀橫瓜 | 熊骨朶子　豹骨朶子 | 백학기白鶴旗　백학기白鶴旗 | 웅골타자　표골타자 |
| 금립과金立瓜　은립과銀立瓜 | 현학기玄鶴旗　백학기白鶴旗 | 기린기麒麟旗　기린기麒麟旗 | 熊骨朶子　豹骨朶子 |
| 금장도金粧刀　은장도銀粧刀 | 각단기角端旗　삼각기三角旗 | | 가구선인기　가구선인기 |
| 가서봉哥舒捧　가서봉哥舒捧 | 용마기龍馬旗　백택기白澤旗 | | 鸞龜仙人旗　鸞龜仙人旗 |
| 고자기鼓字旗　금자기金字旗 | 청도기淸道旗　청도기淸道旗 | | 백학기白鶴旗　현학기玄鶴旗 |
| 영자기令字旗　영자기令字旗 | | | 백택기白澤旗　백택기白澤旗 |
| 웅골타자　표골타자 | | | 기린기麒麟旗　기린기麒麟旗 |
| 熊骨朶子　豹骨朶子 | | | |
| 현학기玄鶴旗　백학기白鶴旗 | | | |
| 가구선인기　가구선인기 | | | |
| 鸞龜仙人旗　鸞龜仙人旗 | | | |
| 각단기角端旗　각단기角端旗 | | | |
| 삼각기三角旗　삼각기三角旗 | | | |
| 룡마기龍馬旗　룡마기龍馬旗 | | | |
| 백택기白澤旗　백택기白澤旗 | | | |
| 청개靑盖 | | | |
| 청도기淸道旗　청도기淸道旗 | | | |

〈표5-4〉 조선 전기 동궁 의장(전거; 『조선왕조실록』)

성적이 매겨졌다. 요즘 식으로 말하면 A, B, C, D, F 학점과 비교할 수 있을 것이다.

세자시강원에서 가장 중요한 관리는 곧 시강관侍講官이다. 세자의 학습은 물론 세자의 인격을 형성하는 과정에서 매우 중요한 영향을 미치는 사람이다. 시강관의 선발이 엄격할 수밖에 없는 것은 곧 이러한 이유에서이다. 시강관의 임명은 국왕이 직접 하기도 했고 시강원 소속 관리가 추천한 사람 가운데 국왕이 선발하기도 했다. 대개 삼망제三望制라 하여 시강원의 사, 부, 빈객이 모여 후보자의 이름에 권점圈點을 쳐서 권점이 가장 많은 3인을 다시 걸러 추천하면 국왕이 그중에서 최종 인물을 선발하는 방식이 가장 일반적이었다. 이때 시강관이 될 수 있는 중요한 조건은 '청렴함'이었고 엄격한 신원 조회를 거쳤으며 상피제相避制라 하여 왕실의 친인척은 그 대상이 되지 못하였다. 세자의 학문을 진전시키고 인격을 닦는 과정에서 어떠한 이권이나 사사로운 감정도 배제하기 위한 장치였다.

왕세자는 장차 왕위에 오르게 될, 왕실의 대통을 이어야 하는 존재이다. 따라서 왕세자를 위한 교육은 조선의 최고를 자랑하는 수준의 학자들을 동원하였다. 이는 왕세자의 교육이 곧 왕실 교육의 정점이자 조선 최고의 교육 시스템임을 의미하는 것이다.


왕세자의 노부의장　　왕세자로 책봉되면서 왕세자도 왕세자의 격에 맞는 가마와 의장을 갖게 된다. 세조 대에 일시적으로 적은 수의 동궁 의장을 사용하기도 했지만 조선시대에 왕세자의 의장은 36개로 정해졌다. 세조 대에 실제 통치권을 가지지 않은 동궁의 의물儀物을 대폭 간소화하도록 하면서 동궁의 의장을 33개에서 23개로 줄이게 되는데, 이 과정에서 용마기는 각단기角端旗, 삼각기三角旗, 백택기白澤旗 등과 함께 동궁 의장에서 제외되었다. 결과적으로 세조 대의 동궁 의장은 무력적 위용을 나타내는 골타骨朶, 립과立瓜, 횡과橫瓜, 금등金鐙, 은등銀鐙의 의장 외에 왕세자의 덕을 표현하는 상징으로는 기린麒麟과 백학白鶴, 현학玄鶴이라는 세 가지의 상징을 쓰게 되었다. 『국조오례의』 단계에서는 다시 세자 의장의 수가 늘었지만 덕이 있는 군주가 사방을 통치하게 되면 나타난다는 백택白澤과 가구선인駕龜仙人이라는 상징으로써

| 영우원 천봉 시 의장(52개) | 효명세자 예장 시 의장(106개) |
|---|---|
|  | 홍개 |
|  | 금 고 |
|  | 홍문대기 홍문대기 |
|  | 주작기 백호기 |
|  | 청룡기 황룡기 현무기 |
|  | 백택기　　　백택기 |
|  | 삼각기　　　삼각기 |
|  | 각단기　　　각단기 |
|  | 용마기　　　용마기 |
|  | 현학기　　　백학기 |
|  | 표골타 천하태평기 표골타 |
|  | 표골타　　　표골타 |
|  | 웅골타　　　웅골타 |
|  | 웅골타　　　웅골타 |
|  | 영자기　　　영자기 |
| 기린기　　　기린기 | 고자기 가구선인기 금자기 |
| 청룡기 황룡기 주작기 | 가서봉　　　가서봉 |
| 백호기　　　현무기 | 가서봉　　　가서봉 |
| 백택기　　　백택기 | 가서봉　　　가서봉 |
| 각단기 벽봉기 용마기 | 금등자 벽봉기 금등자 |
| 현학기　　　백학기 | 금등자　　　금등자 |
| 영자기　　　영자기 | 금등자　　　금등자 |
| 고자기 가구선인기 금자기 | 은장도　　　금장도 |
| 웅골타　　　표골타 | 주작당　　　백호당 |
| 가서봉　　　가서봉 | 청룡당 군왕천세기 현무당 |
| 가서봉　　　가서봉 | 은립과　　　은립과 |
| 은등자　　　은등자 | 금립과　　　금립과 |
| 금등자　　　금등자 | 은횡과　　　금횡과 |
| 은장도　　　금장도 | 금횡과　　　은횡과 |
| 은립과　　　금휭과 | 은작자　　　은작자 |
| 은작자　　　금작자 | 금작자 은교의 금작자 |
| 한　　　　　필 | 한 은각답 필 |
| 정　　　　　모절 | 모절 은관자 모절 |
| 은월부　　　은월부 | 정 은우자 정 |
| 금월부　　　금월부 | 은월부　　　은월부 |
| 작선　　　　작선 | 금월부　　　금월부 |
| 작선　　　　작선 | 봉선　　　　봉선 |
| 용선　　　　봉선 | 봉선　　　　봉선 |
| 청양산 | 봉선　　　　봉선 |
| 청선　　　　청선 | 작선　　　　작선 |
|  | 작선　　　　작선 |
|  | 작선　　　　작선 |
|  | 용선　　　　용선 |
|  | 청양산　　　청양산 |
|  | 청개　　　　청개 |
|  | 홍개 |
|  | 수정장 청양산 소금월부 |
|  | 흑일산 |
|  | 청선 청선 |
|  | 후전대기 현무기 후전대기 |

〈표5-5〉 장헌세자와 효명세자의 의장 비교
(전거: 『영우원천봉도감의궤』永祐園遷奉都監儀軌, 『효명세자예장도감의궤』孝明世子禮葬都監儀軌

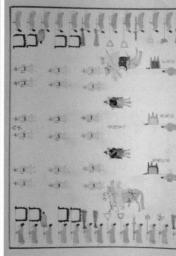
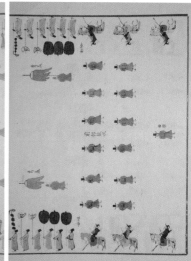

도25~27 『영우원천봉도감의궤』 반차
도 중 왕세자 길의장 부분

왕세자의 무용보다는 덕목을 더 표현할 수 있도록 했다.<sup>도25~27</sup>

청정하는 왕세자는 국왕을 대리하여 통치하는 것이므로 그 다른 위상이 의장으로도 표현되었다. 세종 대 대리청정을 하였던 문종과 영조 대 왕세손으로 대리청정을 한 정조의 경우가 비교될 수 있다. 일반적으로 왕세자의 의장은 36개(산선 제외, 33개)이지만, 대리청정을 했던 문종의 의장은 54개였다. 이 개수는 큰 변화가 없이 조선 후기에도 유지되어 대리청정을 한 사도세자(장헌세자)의 경우 52개의 의장을 사용했다.

19세기가 되어 문효세자의 장례식에 쓰인 의장은 106개인데, 이는 군주의 법가의장에 해당한다. 이러한 의장을 쓴 것은 이때가 처음이 아니다. 정조가 왕세손 시절 처음 청정을 하면서 백관을 만나는 의식을 거행할 때 영조가 "청정하는 왕세손의 지위는 국왕에 버금간다"고 하여 국왕의 평상시 의장보다 한 등급을 낮춘 의장을 쓰도록 한 일이 있었다. 즉 왕세손 정조는 조참을 할 때 국왕의 법가의장과 동일한 수의 의장을 사용하였고, 이것이 19세기에도 계속 이어졌던 것이다. 시각적으로 표현되는 '이극'의 위상이 크게 달라졌음을 볼 수 있는 대목이다.

即位儀禮

## 4 이극에 오르는 의식의 복식

왕세자 책봉과
복식

책봉례冊封禮는 책례冊禮라고도 한다. 왕세자
와 왕세손, 왕세제, 왕비, 왕세자빈에게만
있는 의식이다. 특히 왕세자 책봉은 국왕의 후계 구도를 확실히 하
여 종묘사직을 지키고 왕실을 튼튼히 함으로써 민심을 안정시키기
위한 중요한 국가의례이다.

책봉을 하기로 결정되면 우선 책봉 준비를 위한 도감청都監廳을
설치하여 행사의 거행을 주관한다. 그리고 의궤청儀軌廳을 두어 행
사가 끝난 후에는 행사를 준비하고 진행한 모든 과정을 기록으로
남긴다. 책례를 준비하고 실행하는 과정을 문자로 기록한 의궤와
등록謄錄이 있다. 특히 의궤에는 반차도班次圖라고 하는 의식 행렬
그림을 담고 있다.

이들 기록에 따르면 왕세자를 책봉하는 의례는 몇 단계로 구분
된다. 1784년(정조 8) 문효세자의 책례 과정을 기록한 『왕세자책례
도감의궤』(문효세자)의 의주에 따르면 교명책인내입의教命冊印內入儀,
교명책인내출의教命冊印內出儀, 책왕세자의冊王世子儀, 왕세자자내수책
의王世子自內受冊儀, 책례후백관하왕세자의冊禮後百官賀王世子儀, 친림진
하반교의親臨陳賀頒教儀, 왕대비전백관진치사표리의王大妃殿百官進致辭表

251

裏儀, 혜경궁백관진치사표리의惠慶宮百官進致辭表裏儀, 중궁전백관진치사표리의中宮殿百官進致辭表裏儀 순으로 책봉례가 진행되었음을 알 수 있다.

책례와 관련된 의궤는 대체로 '책례도감의궤'冊禮都監儀軌라고 하는데 현재 규장각에 30건 정도가 남아 있다. 그중 왕세자 책봉에 관한 책례도감의궤는 11건이며 규장각에는 가장 오래된 책례 기록으로 1610년(광해군 2)의 『의인왕후상존호대비전상존호중궁전 책례왕세자책례관례시책례도감의궤』懿仁王后上尊號大妃殿上尊號中宮殿册禮王世子册禮冠禮時册禮都監儀軌가 남아 있는데, 그 안에는 1610년 5월 11일 광해군의 아들 이지李祬가 왕세자에 책봉된 과정의 기록이 있다. 또한 조선시대의 마지막 왕세자 책봉 과정으로 1875년(고종 12) 2월에 거행된 책례의 기록인 『왕세자책례도감의궤』(순종)王世子册禮都監儀軌(純宗)도 보관되어 있다.

책봉의식은 회화로도 남아 있는데 '책례도감의궤'에 실려 있는 반차도와 함께, 병풍그림으로도 남아 있다. 『왕세자책례도감의궤』(순종) 반차도에는 '교명책인내입의'敎命册印內入儀가 기록되어 있는데 이는 왕의 교명과 왕자를 세자로 책봉한다는 문서인 책문册文과 왕세자 도인圖印을 왕에게 보여드리기 위하여 궁궐로 들어가는 모습이다.

반차도는 참여 인물들의 복식을 포함하여 의장물 등 여러 정보를 담고 있다. 특히 참여자들의 다채로운 복식은 흥미를 더한다. 책례도감의 도제조都提調와 제조提調, 도청都廳, 낭청郞廳, 감조관監造官, 감역관監役官, 요석자비褥席差備, 거안집사擧案執事, 옥인집사玉印執事, 죽책집사竹册執事, 독책안讀册案자비, 거안자비, 교명집사敎命執事는 조복을 입고 있으며 의장낭청은 흑단령을 입고 말을 타고 가며 오장자비烏杖差備 역시 흑단령 차림으로 말을 타고 가는데 손에는 오장을 들었다. 별감은 홍의를 착용하였다.<sup>도28~30</sup>

사령과 말을 타고 월도月刀를 들고 가는 월도자비는 흑립에 청의

도28~30 **조복을 입은 도제조**(반차도 2면, 위)**와 흑단령을 입은 의장낭청**(반차도 3면, 가운데), **홍직령을 입은 별감**(반차도 3면, 아래) 『왕세자책례도감의궤』(순종) 반차도의 부분, 1875년(고종 12), 서울대학교 규장각 한국학연구원 소장.

를 입었는데 청의로는 청색 철릭을 입고 있다. 신발은 서로 다른
데, 사령은 운혜를 신은 듯하고 월도자비는 흑화를 신었다.<sup>도31, 32</sup>

　세의장細儀仗과 고취鼓吹가 앞서 가고 도제조와 제조 이하는 그를
따라 대궐로 나아가는 것이다. 청선靑扇과 청개靑蓋, 청일산靑日傘을
든 의장수는 조건皁巾에 청의靑衣를 입고 허리에는 홍목대紅木帶를,
그리고 종아리에는 청행전靑行纏을 치고 운혜雲鞋를 신고 있다. 반면
에 가구선인기駕龜仙人旗 등의 의장물을 들고 가는 의장군은 홍건紅
巾·홍의紅衣를 입고 허리에 홍목대紅木帶를 둘렀으며 청행전을 치고
운혜를 신었다.<sup>도33</sup>

　요석, 배안상, 독책상을 들고 가는 인물들은 조건皁巾에 청의靑衣
를 입고 허리에는 홍목대를, 그리고 종아리에는 청행전을 치고 운
혜를 신고 있다.

　여輿와 평교자平轎子, 옥인채여, 죽책채여를 메고 가는 연배군輦陪
軍은 조건에 흑의, 학창鶴氅을 입고 홍목대를 둘렀으며 청행전에 운
혜를 신고 있다.

　한편 음악을 담당하는 전악은 복두에 녹초의, 흑화를 신었고 악

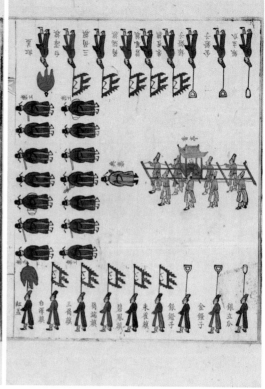

도34 **흑의를 입은 연배군** 『왕세자책
례도감의궤』(순종) 반차도의 부분,
1875년(고종 12), 서울대학교 규장
각 한국학연구원 소장.

도35 **녹초의를 입은 전악과 홍주의
를 착용한 악공들** 『왕세자책례도감
의궤』(순종) 반차도의 부분, 1875년
(고종 12), 서울대학교 규장각 한국
학연구원 소장.

공들은 복두에 홍주의를 착용하고 있는 모습이다.<sup>도34, 35</sup>

장마를 끄는 견마배牽馬陪는 황초립黃草笠에 청의와 청행전, 운혜
를 신고 있다. 그리고 궐달마를 끄는 견마배는 종색립에 흑의를 입
고 청행전에 황색대를 두르고 있다.<sup>도36~38</sup>

한편 서울대학교박물관에는 1784년 8월에 거행된 문효세자(1782
~1786) 3세 때의 책례 과정 장면을 묘사한 《문효세자책례계병》文孝
世子冊禮契屛이 소장되어 있다. 의례도는 총 8폭인데 제1폭에는 서문
이 쓰여 있고 제2~4폭에는 창덕궁 인정전에서 거행된 책례 모습을
그렸다. 그리고 제5~7폭은 중희당重熙堂에서 거행한 '왕세자수책
도'王世子受冊圖이며 마지막 제8폭에는 세자시강원 소속 관원 25명의

좌목이 적혀 있다.<sup>도39</sup>

왕세자 책례에 참여한 이들의 복식은 『국조오례의』 「가례」 4에
보이는 책왕세자의冊王世子儀와 『춘관통고』 권56 「가례」, 의궤, 계병
등을 통하여 확인할 수 있다.

책례 의식에 참여하는 왕은 면복冕服을 착용하며 왕세자 역시 면
복을 착용하되, 왕이 구류면九旒冕에 구장복九章服을 입는 반면 왕세
자는 팔류면八旒冕에 칠장복七章服을 착용한다. 왕세자가 관례 전이
면 쌍동계雙童髻에 공정책을 쓰고 칠장복을 입는다.

문관은 조복朝服, 무관은 기복器服을 착용한다. 한편 교명과 책,
인의 안案을 들고 따르는 집사자는 공복公服을 착용한다. 조선 후기
에는 집사자가 공복을 입는 대신 조복을 입게 되었다. 임란 이후
공복의 사용례가 점차 줄어들면서 나타난 현상이다.

도39 《문효세자책례계병》(8폭 병풍)
중 〈책봉도〉 부분 창덕궁 인정전에
서 왕세자 책봉을 알리는 교명을
선포하는 장면. 서울대학교박물관
소장.

그리고 왕을 호위하는 호위 관원과 사금司禁은 기복을 갖춘다. 반차도나 병풍그림에 묘사된 호위 관원과 사금은 융복과 갑주甲胄를 착용하고 있다. 익위翊衛는 흑단령에 검을 차고佩劍 사어司禦는 궁시弓矢를 갖춘다. 산선繖扇과 시위侍衛도 평상시 의식과 같이 하는데 그들은 흑단령을 착용한다.

노부鹵簿는 정계正階와 전정殿庭에 반장半仗으로 설치한다. 반장이란 법가의장法駕儀仗과 같은 것으로, 의장물을 들고 있는 의장군은 홍의紅衣와 청의靑衣를 착용한다. 조선 후기의 청의와 홍의는 소매가 좁고 양 옆이 트인 소창의형小氅衣刑의 옷이다. 전정 중앙에는 왕이 타고 온 소여小輿와 대련大輦을 설치하는데 도병에는 여연을 메는 군사는 보이지 않는다. 그러나 실제 가마를 멜 때 왕의 담련군은 홍의·홍건을 착용한다. 반면에 왕세자의 여연을 메는 가마군은 청건에 청의를 착용함으로써 왕의 가마와 왕세자의 가마를 구분하였다. 전정 중앙에 배치한 여연의 좌우에는 어마御馬와 장마仗馬를 펼쳐 놓는데 황초립黃草笠에 황의黃衣를 착용한 견마배가 함께한다.

행사의 음악을 담당하는 전악典樂과 공인工人, 협률랑協律郞도 참여하는데 전악은 복두幞頭에 녹초삼綠綃衫을 착용하고 공인은 복두에 홍주의紅紬衣를, 협률랑은 문무백관과 마찬가지로 조복을 착용한다.

왕세자 입학과 복식
고려대학교박물관 소장의 『왕세자입학도첩』은 1817년 3월 갑인甲寅 일에 거행된 익종翼宗(효명세자, 1809~1830)의 세자 시절 거행되었던 입학례 행사와 관련된 그림과 기록이다. 왕세자가 소학小學을 배울 수 있는 나이가 되어 성균관의 문묘文廟에서 작헌례酌獻禮를 올리고 명륜당明倫堂에서 입학례入學禮를 치른 후, 다음 날 수하례受賀禮를 치르기까지 일련의 의식 과정을 그린 것이다. 회화사적인 가치를 지니고 있을 뿐만 아니라 궁중의식 중의 하나인 세자의 입학례 절차와 행사 참여 인물, 인물들의 복식, 관련 의물儀物 등에 대한 다양한 역사적 자료를 제공해 주는 귀중한 자료이다.

효명세자의 입학 행사를 그린 기록화는 고려대학교박물관 소장본 외에도 국립중앙도서관 소장의 〈춘궁강학도〉春宮講學圖, 연세대학교 소장의 〈왕세자입학도〉王世子入學圖, 장서각藏書閣 소장의 〈왕세자입학도〉王世子入學圖, 서울대학교 규장각 소장의 〈익종대왕입학도〉翼宗大王入學圖 등 다수가 남아 있다. 이외에도 경남대학교에는 초대 조선 총독이었던 데라우치 마사타케가 수집했던 『정축입학도첩』丁丑入學圖帖이 남아 있다. 각 화첩은 등장인물의 위치나 수, 의복의 색채에 있어 농담 등에 약간의 차이가 있으나 전반적으로는 유사한 구도와 내용으로 구성되어 있다. 동일 행사를 묘사한 화첩이 많이 제작되었다는 것은 입학례를 중요한 행사로 여겼기 때문일 것이다. 이 가운데 고려대학교박물관에 소장되어 있는 『왕세자입학도첩』의 「출궁도」出宮圖를 중심으로 절차별로 참여한 인물들의 복식을 살펴본 후, 다시 참여자별로 복식을 살펴보기로 한다.

### 절차별 참여자들의 복식 구성

#### ① 출궁의出宮儀 참여자 복식

궁관들 중 문관은 흑단령, 무관은 기복器服을 갖춘다. 배위지관陪衛之官인 익위翊衛 2인은 흑단령에 운검雲劍을 차고, 사어司禦 2인은 흑립과 철릭 차림에 궁시弓矢를 찬다. 예모관겸보덕禮貌官兼輔德은 흑단령을 착용하며 왕세자는 쌍동계雙童髻와 공정책空頂幘, 곤룡포袞龍袍를 갖추어 입고 여輿를 타고 나간다. 산선繖扇은 상시처럼 사모에 흑단령을 착용하며 묘사廟司는 흑단령을, 유생儒生은 청금복靑衿服을 입는다.

#### ② 작헌례酌獻祭禮 참여자 복식

작헌례를 행할 시간이 되면 상복을 착용한 예모관이 편차 앞에 나아가 꿇어앉고 내엄하라고 청한 후, 작헌례를 행하시길 청한다. 왕

세자가 학생복學生服을 갖춰 입고 나가고 배위는 상시처럼 한다. 예
모관이 앞에서 인도하여 동문東門으로 들어가 배위를 취하여 서향
으로 선다. 산선 및 배위 등 들어가지 못하는 자는 문밖에서 기다
린다. 의례에 참여하는 자들은 신분에 따라 각자의 복식을 입는데
관원들은 상복 흑단령을 착용하고 집사자나 의례에 참여하는 학생
들은 유건에 도포를 입는 유생복을 착용한다.

### ③ 입학의入學儀 참여자 복식

입학의는 성균관의 관원들과 학생인 유생, 세자궁의 시강원 관원들
이 이끄는 행사이다. 왕세자는 학생복을 입고 예모관(종3품)과 보덕
(종3품)은 사모에 흑단령을, 집사자와 장명자는 학생복을, 그리고 정
2품의 박사는 복두幞頭·홍포紅袍·야자대也字帶의 공복公服을 착용한다.

### ④ 수하의受賀儀 참여자 복식

수하의를 행할 시간이 되면 궁관들은 각각 자기에게 맞는 복장을
착용한다. 즉 종친과 문관은 흑단령, 무관은 기복을 입는다. 배위지
관陪衛之官인 익위 2인은 운검雲劍을 차고 사어 2인은 궁시를 찬다.
그리고 왕세자는 원유관과 강사포를 갖추어 입으며 의장군은 청건
에 홍의를 입고 청목대를 두른다.

## 참여자별 복식

### ① 왕세자의 복식

왕세자는 출궁도의 주인공이지만 조선시대의 다른 궁중행사를 그
린 그림들과 마찬가지로 실제적인 모습은 나타나 있지 않다. 그러
므로 행사도에서 왕세자의 복식을 확인할 수는 없으나 관련 기록자
료에는 행사마다의 복식이 명확하게 거론되어 있다.

　「출궁도」에는 왕세자의 여輿와 궁관들의 모습만 그려져 있어 왕
세자의 모습을 구체적으로 확인할 수는 없다. 그러나 「출궁도」의

서문序文과 입학례 행사의 내용를 기록한 『순조실록』에는 세자가 쌍동계에 공정책을 쓰고 곤룡포袞龍袍를 갖추고 수레에 올라 이극문을 나섰다고 하였다. 왕세자가 쌍동계에 공정책을 사용하였다는 것은 왕세자가 아직 관례 전임을 말해준다. 세자가 관례 전에 입는 서연복書筵服을 착용한 상태에서 출궁을 시작한 것을 알 수 있다.도40

공정책은 중종 대에 왕세자의 관례 전 관모로 사용하기 위하여 중국으로부터 그 제도를 들여왔으며 관례 후에는 왕과 동일한 익선관을 착용하였지만 관례 전에는 공정책을 착용하였다.

왕세자의 곤룡포는 아청색鴉靑色이었다. 아청색이라는 왕세자의 복색은 중종 대에 정해졌다. 임란 당시 왕의 복색과 같은 다홍색이 사용되기도 하였음을 짐작할 수 있는 기록이 보이지만, 광해군 대 재차 왕세자의 복색을 아청색으로 규정하면서 조선 말기까지 변화 없이 왕세자의 복색으로는 아청색이 사용되었다. 아청색은 흑색黑色으로 기록되기도 하였으며 간혹 아청색 대신 자적紫的이라는 색상이 사용되기도 하였다. 가슴과 등, 양 어깨에는 사조룡四爪龍의 무늬를 금사金絲로 수놓은 사조룡보四爪龍補를 달았다. 허리에는 흑색 바탕의 조각 없는 옥대玉帶를 사용하고 흑피화黑皮靴를 신었다. 곤룡포의 복색과 용보의 문양, 옥대의 바탕색과 옥 띠돈의 조각 여부 등에서 왕과 왕세자의 차이가 드러났다.도41

문묘에 술을 올리는 작헌례酌獻禮에서는 『왕세자출궁도첩』의 서문에 기록되어 있듯이, 왕세자는 학생복學生服을 착용하였다. 역시 왕세자의 자리만 그려져 있고 모습은 보이지 않는다. 『국조오례의』에는 작헌례 때 학생은 청금복靑衿服을 입는다고 하였는데 『경국대

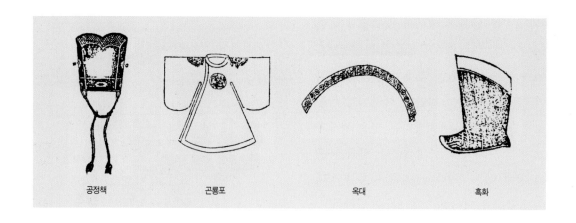

| 공정책 | 곤룡포 | 옥대 | 흑화 |

도41 **왕세자의 출궁 시 복식** 『국조
속오례의보서례』國朝續五禮儀補序
例에 수록.

전』에 학생은 치포건緇布巾(學內用, 검은색 베로 만든 두건)에 단령團領(유
학용儒學用 청삼靑衫)과 실띠(條兒)를 착용한다고 하였다. 정조 대에 편
찬된 『태학지』太學志에 따르면 왕세자는 상의원에서 올린 유생복,
즉 연건軟巾 · 청사후수청금복靑紗後垂靑衿服에 세조대細條帶, 늑백勒帛,
흑화黑靴를 착용하고, 생원 · 진사는 연건軟巾 · 후수청삼포後垂靑衫袍,
흑화자黑靴子를 착용하였다. 이처럼 왕세자가 다른 유생과 동일한
복식을 착용한다는 것을 통해 성균관 학생으로서 왕세자의 지위를
확인할 수 있다.

　연건이란 연두건軟頭巾이라고도 하였는데 백세저포白細紵布에 매
칠每漆을 하여 만든 유건儒巾을 말한다. 후수청금복은 청색의 도포
로 짐작되는데 영조 대의 『상방정례』尙方定例에는 청금복이라 하여
아청색 소사素紗로 만든 상의와 남색 소사로 만든 가문라加文刺, 초
록필단으로 만든 내의內衣가 일습으로 장만되었다. 그리고 자적색
세조대와 남색 세조대가 함께 마련되었는데 입학례에 어떤 것을 사
용하였는지는 불확실하다.

　수하의受賀儀는 왕세자가 종친 및 백관들의 축하를 받는 의례인
데 이때 왕세자는 원유관에 강사포를 입었다. 왕세자의 원유관과
강사포 제도는 1446년(세종 28)에 명나라로부터 원유관복 일습을 사
여받음으로써 시작되었다. 영조 대의 『국조속오례의보서례』 권2

도42 박사의 홍색 공복 차림(「수폐도」 부분)

도43 박사의 상복 차림(「입학도」 부분)

「가례」嘉禮 '왕세자원유관복도설'王世子遠遊冠服圖說에 명시되어 있다.

## ② 박사의 복식

왕세자 입학례 행사의 참여자는 왕세자 작헌의 제관齊官으로 필선·종관 4인(시강원 관원)·집사자(학생)·박사(성균관 지사)·장명자將命者(학생)·집사자 9인(학생)이 있으며 박사 이하는 입학집사가 참여하였다. 또한 입학의의 집사관은 박사, 장명자 1인(학생), 집사자 6인(학생)으로 구성되어 있다. 이외에 문묘와 성균관에 봉직하는 관원, 행사 참관 및 축하 인사로서 성균관 학생, 백관 등이 있다.

세자의 스승인 박사 성균관 지사는 정2품으로, 왕세자 입학에 관한 일정이 결정되면 곧 임명된다. 3월에 입학의를 치를 것을 정월에 결정한 후 남공철南公轍을 홍문관 대제학, 예문관 대제학으로 임명하였으며 대제학이 박사를 맡았다. 박사는 왕세자의 사師·부傅로서 성균관에서 입학의를 치르는 동안인 왕복의往復儀와 수폐의受幣儀 때에 공복을 입었으며 당에 올라가 왕세자가 소학을 읽고 해석하는 입학의에서는 상복을 입었다. 홍색 공복에 모라복두冒羅幞頭를 썼으며 야자대也字帶를 착용하고 흑화자를 신었다.

「입학도」 장면 중에 당에 올라 앉아 경서를 읽는 듯한 모습에서 사모와 흑단령을 착용하고 있음이 확인된다. 흉배 문양은 정확히 보이지는 않지만 박사가 문관 정2품이기 때문에 흑단령에 쌍학흉배를 부착하고 허리에는 삽금대를 둘렀을 것으로 짐작된다.<sup>도42, 43</sup>

### ③ 학생의 복식

『왕세자입학도첩』의 「작헌도」, 「왕복도」, 「수폐도」, 「입학도」에서 다수의 학생들이 보인다. 특히 왕세자가 성균관에 입학할 때 학생들은 작헌례 및 입학의에 집사자와 장명자로서 의식의 진행상 실무적인 역할을 담당하였다.

앞서 왕세자의 학생복에서 언급한 바와 같이 작헌례 시 집사자와 학생은 청금복을 입었다. 또한 「출궁도」 서문에도 왕세자가 성균관에 이르면 묘사廟司는 흑단령, 유생은 청금복으로서 왕세자를 맞이한다는 설명이 있다. 『태학지』에 기록된 왕세자의 후수청금복과 생원·진사의 후수청삼포에서 말하는 '후수'後垂란 도포의 뒷자락을 지칭한 것이다. 또한 유생이 착용하는 도포의 명칭은 청금포, 청삼포 등 다양하게 사용되었음을 알 수 있다. 그림에서 볼 수 있듯이, 학생들은 유건에 도포를 착용하고 허리에 세조대를 둘렀으며 흑화를 신고 있다.<sup>도44</sup>

### ④ 시강원 관원들의 복식

「출궁도」의 서문에 의하면 궁관들이 때에 맞추어 모이는데 "각각 자기에게 맞는 복장을 한다" 하면서 "문관은 흑단령, 무관은 기복器服"이라고 되어 있다. 문관은 상복, 무관은 융복이나 군복을 갖추어 입는 것을 말한다. 그러나 별감 이외에 융복을 착용한 인물은 보이지 않으며 특히 왕세자가 문무백관의 하례를 받는 「수하도」에 보이는 백관의 모습은 사모를 쓰고 흉배를 부착한 흑단령에 흑피화를 신고 있다. 허리에는 각자의 품계에 따른 품대를 사용하고 있다. 1품은 서대, 정2품은 삽금대, 종2품은 소금대, 정3품은 삽은대, 종

3품 이하 4품까지는 소은대를, 그리고 그 이하는 흑각대를 사용하였다.<sup>도45</sup>

⑤ 차비별감과 수복守僕의 복식

「출궁도」와 「수폐도」, 「입학도」, 「수하도」에는 자적두건紫的頭巾에 홍직령紅直領을 입은 차비별감이 보인다. 자적두건은 앞이 낮고 뒤가 올라간 자색의 평정건平頂巾을 말한다. 그리고 홍직령은 관리들이 착용하는 단령과 거의 비슷하지만 둥근 깃 대신 곧은 깃을 단 붉은 옷을 말한다. 허리에는 남색 광다회(藍廣多繪)를 두르고 행전을 치고 운혜를 신었다.

한편 「작헌도」의 대성전 안에도 차비별감과 비슷해 보이는 인물이 보인다. 이들은 대성전의 청소나 제사와 관련된 잡역을 하는 수복인데, 성균관 관련 기록인 『반중잡영』泮中雜詠에 전자건典字巾에 진홍색 단령을 입는다고 하였다. 전자건은 자적두건과 형태는 같지만 검은색이다. 뒷모습은 차비별감과 동일하다.

⑥ 의장군의 복식

「출궁도」의 왕세자 출궁 의장에는 대열의 앞부분에서 의장을 받들고 가는 의장수와 그 뒤로 왕세자를 호위하는 호위 대열이 있다.

기치旗幟와 의물儀物을 들고 가는 의장군儀仗軍은 청건靑巾에 홍목의
紅木衣를 입고 허리에 청목대靑木帶를 두르고 있으며, 종아리에는 청
행전靑行纏을 치고 운혜雲鞋를 신고 있다.도46

### ⑦ 견마배의 복식

의장수 가운데로 화전華氈으로 덮은 낙인烙印을 찍은 마필을 양쪽에
서 부지扶持하는 2인과 그 뒤를 따르는 안장을 갖춘 궐달마 2필을
끄는 4인의 견마배가 있다. 이들은 모두 황초립黃草笠에 황의黃衣를
입고 흰색 행전에 운혜를 착용하고 있다.도47

### ⑧ 무예별감 복식

출궁의의 의장대 뒤를 따르는 호위대 중간에 보이는 황초립·홍철
릭·조총 인물은 무예별감으로 짐작된다. 별감은 액정서에 소속된
관원으로 왕, 세자의 행차 시 어마御駕 옆을 시위한다. 이들이 비록
품관이 낮은 잡직이었으나 궁중의 대소 행사에 참여하므로 그 복식
이 화려했고 왕과 세자를 시위하는 직책이었던 만큼 그 위의는 당
당했다.도48

도48 황초립·홍철릭을 입은 무예별
감(「출궁도」 부분)

도49 흑립·철릭을 입은 사어(「출궁
도」 부분)

⑨ 사어司禦의 복식

의장 뒷부분의 월도를 든 인물 4인 중 2인과 호위대 중간 부분의
궁시와 동개를 찬 인물, 그리고 여輿 앞부분의 궁시, 동개를 찬 2인
의 좌·우 사어이다. 사어는 익위와 함께 세자시강원 소속으로 왕세
자의 좌우에서 호위하는 임무를 수행한다. 흑립에 철릭을 착용하였
다.도49

⑩ 근장군사의 복식

「출궁도」의 의장 행렬 앞과 중간 부분에서 씩씩하게 걸어가는 모습
의 근장군사는 궁궐을 지키고 거둥 시 경호하는 일을 맡은 병조의
군사이다. 『한양가』에는 '가죽 등채 손에 쥐고 이리 뛰며 저리 뛰니
기상이 호특하다'라는 모습으로 묘사되어 근장군사가 의장 대열에
서 매우 인상적인 모습이었음을 짐작할 수 있다. 손에 등채를 쥐고
창의로 보이는 좁은 소매의 흰색 협수挾袖에 뒷중심의 허리 이하가
터진 청색의 전복을 입고 있으며 벙거지 즉 전립戰笠을 썼다.도50

⑪ 호위군사의 복식

의장 뒤를 이은 호위 대열 앞부분에는 8명씩 양쪽으로 나뉘어 맨

도50 전립·전복의 근장군사(「출궁도」 부분)

도51 전건·흑의·호의·청목대를 입은 호위군사(「출궁도」 부분)

앞은 월도月刀, 그 다음에는 오장과 창을 든 모습으로 번갈아 서서 행진하고 있다. 전건戰巾을 쓰고 흑의黑衣 위에 약간 짧은 호의號衣를 입고 청목대靑木帶를 둘렀다.<sup>도51</sup>

왕세자 관례 복식    조선시대의 왕세자 관례는 책봉례와 입학례 등의 선후 관계에 따라 순서가 달라졌다. 관혼상제冠婚喪祭의 통과 의례 중 태어나서 가장 먼저 치르게 되는 의례인 만큼 중요한 의식으로 인식은 되었으나, 왕세자는 왕통을 잇게 될 인물이었기 때문에 책봉이라는 것이 더욱 중요시되었던 것이 사실이다. 책봉이 이루어진 후에야 비로소 왕세자로서의 입학례도 가능한 것이었고 관례도 의미가 있었기 때문이다.

조선시대에 왕세자의 신분으로 관례를 거행한 이는 모두 13명이다. 『소학』에는 입학을 8살에 하고 관례는 12살에 한다고 하였으나 정상적인 단계로 세자가 된 경우 대체로 10세를 넘기지 않고 관례를 행한 것으로 보인다. 17세기까지는 왕세자가 치른 책봉과 입학례, 관례 등의 순서가 일정하지 않았다. 인조와 효종 대에는 세자의 관례를 먼저 행한 후 책례와 입학례를 치렀으나 17세기 후반 현종 대에 이르러 숙종의 왕세자 시절에 관례를 치르면서부터 비로소 그 순서가 어느 정도 일관성을 갖게 되었다. 책봉과 입학, 관례 그리고 가례의 순으로 진행되었다.

## 왕세자 관례와 화첩

왕세자의 관례 과정을 그린 것으로『시민당도』와『수교도첩』이 있는데 이 화첩의 각 장면을 통하여 왕세자 관례에 참여한 인물들의 복식을 살펴볼 수 있다.『시민당도』는 좌목에 의해 1670년 3월 9일 10세의 세자였던 숙종(1661~1720)의 관례의식을 그린 것임을 알 수 있다. 숙종은 1667년(현종 8) 7세로 왕세자에 책봉되고 1669년에 입학례를 치렀으며 1년 후인 1670년에 관례를 치렀다. 한편『수교도첩』은 근래의 한 연구를 통하여 이 화첩이 관례 절차를 묘사한 것임이 밝혀졌다. 1819년 3월 20일에 행해진 익종의 관례 행사를 그린 13폭의 그림으로만 구성된 화첩인데, 연초록색 모란만초문(牧丹蔓草紋) 비단 바탕에「수교도」受敎圖라는 흰색의 비단 표제가 붙어 있다.

　『국조오례의』「가례」'왕세자관의'王世子冠儀에 실린 왕세자의 관례의식은 크게 네 과정으로 나뉜다. 하나는 왕세자의 관례에 앞서 종묘에 왕세자의 관례를 고하는 의식이고 뒤따르는 의식은 사師, 부傅 등을 모시고 왕세자의 관례를 실제 거행하는 의식이다. 그리고 관례 후 행하는 회빈객會賓客 절차와 조알朝謁 절차가 있다.

　『수교도첩』에는『국조오례의』에 제시된 종묘에 고하는 절차는 생략되고 왕이 정전에서 빈과 찬에게 왕세자 관례를 행할 것을 명령하는 장면부터 묘사되어 있다. 제1장면인「임헌명빈찬의도」臨軒命賓贊儀圖와 제12장면인「조알의도」朝謁儀圖를 제외한 나머지 그림에 나타나는 인물들은 거의 비슷한 복장을 하고 있다. 대체로 사·부·빈객, 빈과 찬, 그리고 시강원과 익위사 등의 궁관과 집사를 묘사하고 있는데 조복이나 흑단령을 착용하고 있으며 자건紫巾에 홍직령을 착용한 차비별감과 평정건平頂巾에 홍단령을 입고 있는 익위사 서리들의 모습이 묘사되어 있다.

## 관례 전 왕세자의 상복

제2장면인 「세자수궁관급집사배도」世子受宮官及執事拜圖는 동궁인 경현당에서 공정책과 곤룡포를 착용한 왕세자가 시강원의 관원과 집사관, 익위사 관원 등의 재배를 받는 모습을 그린 것이다. 이때 왕세자는 『국조속오례의 보서례』에 제시된 관례 전 세자의 상복인 서연복書筵服을 착용하였을 것이다. 관례 전에 입는 왕세자의 서연복이란 공정책에 흑색 곤룡포를 입고 수정대水晶帶와 흑화를 착용하는 것을 말한다. 공정책은 쌍상투라고도 하는 쌍동계 위에 쓰는데 쌍옥도雙玉導를 사용한다. 즉 비녀 2개를 좌우의 상투에 각각 꽂는다. 공정책에 대한 논의는 일찍 있었는데 1667년(현종 8)에 공정책의 도형이 없고 주소註疏에도 명백하게 나타난 곳이 없어 여러 문헌을 참조하여 형태를 추정하게 되었다. 동자의 책幘에는 덮개(屋)가 없다고 한 『진서』晉書 기록에 의거하여

도52 공정책을 쓴 영친왕의 모습

양관을 모방하되, 덮개가 없는 형태로 만들게 되면서 『국조속오례의보서례』에서 볼 수 있는 공정책의 형태가 된 것으로 짐작된다. 국말 영왕의 사진이나 광화당光華堂 소생의 고종 왕자 육堉(1914~1916)의 사진에서 공정책의 모습을 볼 수 있는데 『국조속오례의보서례』의 공정책과는 약간 다른 형태이다. 비녀도 2개를 사용하던 것에서 1개만 사용하게 되었다.도52

왕세자의 흑색 곤룡포는 아청색이나 자적색을 사용하였는데 안감은 다홍색을 사용하였다. 겉감의 아청색은 중종 때 결정되었고 안감 다홍색은 광해군 때 결정되었다. 그리고 곤룡포의 가슴과 등, 양 어깨에는 금사로 수놓아 만든 사조원룡보四爪圓龍補(발톱이 4개인 용)를 달아 세자의 위엄을 드러냈다.

한편 수정대는 1648년(인조 26) 8월 원손(현종)의 장복을 논의하면서 인조가 제안한 허리띠이다. 대신들은 수정대를 사용한 전례가

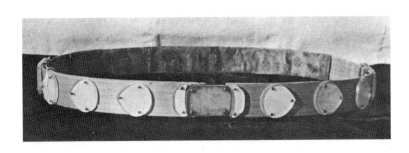

도53 **수정대** 석주선, 『한국복식사』
(1980)에 수록.

없어 사용하기 어렵다고 하면서 세자의 옥대와 구별이 없는 것은
미안하니 청옥靑玉을 사용하여 세자의 옥대와 구별하자고 하였으나
결국 인조의 의도대로 원손이 수정대를 사용하게 되었다. 그러나
원손만이 수정대를 사용한 것은 아니었다. 헌종의 후궁인 경빈 김
씨를 비롯하여 흥선대원군도 수정대를 사용하였다는 기록이 보인
다. 따라서 세자 다음의 신분으로 간주될 수 있는 인물들이 사용하
였던 품대라고 할 수 있다. 왕세자 역시 관례를 치르기 전에는 수
정대를 사용하도록 규정되어 있었다. 그 내용은 『국조속오례의보서
례』 권2 「가례」에 실려 있다. 띠의 바탕은 흑색 비단으로 싸고 그
위에 금색으로 다섯 줄을 그린 후 수정 띠돈을 달았다.도53

　신발은 흑피화를 신었다. 겨울철엔 흑궤자피黑麂子皮로 만든 것
을 신고 여름엔 흑서피黑黍皮로 만든 화를 신는데 재료는 왕과 왕세
자 모두 동일하였다.

　제3장면은 종친과 2품 이상의 관원이 조복과 흑단령의 차림으로
배례하는 모습을, 제4장면은 3품 이하 관원이 조복과 흑단령 차림
으로 배례하는 모습을 그린 것이다. 제5장면은 왕세자가 사·부·빈
객을 맞이하는 그림이다. 제6장면은 주인과 세자가 답배하는 장면
이다. 제7장면은 세자가 교서를 받는 장면이고 제8장면은 세자가
동서東序에 들어가는 장면이며, 제9장면에 비로소 세자의 삼가례 관
례가 치러지는 장면이 묘사되어 있다. 가장 중요한 장면이라고 할
수 있다. 여기에 왕세자의 모습은 묘사되어 있지 않지만, 관례 절
차에 따른 복식의 변화가 이 절차를 통해 이루어졌다. 따라서 이

장면에서의 왕세자 관례복을 살펴볼 필요가 있다. 제10장면은 세자가 감주를 받는 장면이고 제11장면은 빈이 세자에게 자字를 지어주는 모습이다. 제13장면은 세자 관례에 참여한 인물들의 회빈객을 묘사한 것이다.

### 「임헌명빈찬의도」에 보이는 참여자들의 복식 유형

제1장면인 「임헌명빈찬의도」와 제12장면인 「조알의도」에는 다양한 인물들이 등장함에 따라 다채로운 복식 유형을 확인할 수 있다. 『순조실록』에 따르면 1819년 3월 20일 숭정전崇政殿에서 원유관과 강사포를 갖춘 순조는 왕세자 관례를 명하였다. 제1장면에 세자의 관례를 명하고 있는 왕의 모습은 생략되었으나 산선과 승지, 시위관 등의 자세나 위치로 보아 국왕 순조가 어좌에 앉아 있음을 짐작할 수 있다.

어탑 주위에는 사모와 흑단령을 입은 보검寶劍과 청선靑扇이 서 있으며 그 뒤로 흑단령을 입은 내시는 좌우에서 어시御矢와 어궁御弓을 들고 있다. 좌우의 시위侍衛로는 갑주를 입은 별군직이 있으며 주립朱笠과 남철릭의 융복을 착용한 당상관의 별운검別雲劍과 병조 당상관이 좌우에 겹으로 늘어서 있다. 그 뒤로는 황초립에 홍의를 입고 조총을 들고 있는 무예별감들이 줄지어 있다.도54

55 56 57
58 59

도55 융복 차림의 병조 당상관과 무예별감(「임헌명빈찬의도」부분)

도56 융복 차림의 충찬위와 홍의를 착용한 군사(「임헌명빈찬의도」부분)

도57 황초립과 황의를 착용한 견마배(「임헌명빈찬의도」부분)

도58 청건·홍의 차림의 의장군(「임헌명빈찬의도」부분)

도59 모라복두·녹초삼의 전악과 화화복두·홍주의 차림의 악공(「임헌명빈찬의도」부분)

어탑 앞에는 조복 차림의 승지와 사관이 부복하고 있으며 당 끝 부분에서 월대에 걸쳐 조복을 착용한 협률랑과 통례, 전의가 보인다. 좌우로 둑과 황룡기를 들고 있는 인물들이 있는데 동쪽 둑을 들고 있는 충찬위와 서쪽 교룡대기를 들고 있는 선전관은 흑립에 남철릭의 융복을 입고 있으며 그들 좌우 곁에서 줄을 잡고 있는 부지인負持人들은 홍건에 홍의를 입고 있다.

당하에는 동서에 4품 이상의 종친과 문무백관이 조복을 착용하고 있는데 동쪽 자리에는 빈과 찬이 서향, 남향으로 서 있다. 그리고 4품 이하의 관원은 흑단령을 착용하고 있다.

중앙의 어로 좌우에는 어마御馬와 황초립黃草笠에 황의黃衣를 입은 견마배가 서로 마주하고 있으며 좌우 담 아래에 의물儀物을 들고 줄지어 있는 의장군은 청모에 홍의, 청행전, 운혜를 착용하고

있다. 한편 중앙의 문 안쪽에는 좌우로 화화복두花畵幞頭에 홍주의紅
紬衣를 착용한 악공들이 늘어서 있으며, 그 중앙에 2인의 전악典樂
은 모라복두冒羅幞頭에 녹초삼綠綃衫을 입고 허리에 야자대也字帶를
늘이고 있다.[도55~59]

## 「삼가도」를 통해 본 관례 참여자들의 복식 유형

제9장면 「삼가도」는 앞서 언급하였듯이, 세자 관례의 하이라이트
장면이다. 경현당 위에는 조복을 착용한 사·부·빈·빈객, 주인의 찬
관과 빈의 찬관 등이 순서에 따라 관례를 진행하고 있다. 왕세자는
초가례初加禮에 익선관과 곤룡포를 입고 재가례再加禮에 원유관과 강
사포를 입게 되며 삼가례三加禮에 면류관과 면복을 입게 된다.

　『순조실록』에 의하면 왕세자는 초출복으로 공정책에 도포道袍를
착용하였다.[도60, 61] 평소 같으면 공정책에 흑곤룡포, 수정대, 흑화를
신었겠지만 관례 시 초가례에서 흑곤룡포를 입기 때문에 흑곤룡포
이전에 입었던 동자복으로 도포를 입은 것이다. 이전의 세자들은
대체로 아청색 직령을 초출복初出服으로 입었다.[도62~64]

　주인의 찬관贊冠이 왕세자를 인도하여 관석冠席으로 나아가 섰
고, 왕세자가 자리로 올라 꿇어앉아 빗질을 하고 빈이 축사를 하고
초가관初加冠, 즉 익선관翼善冠을 세자에게 씌운다. 주인의 찬관이

도60 **초출복 공정책(재현품)** 단국대
학교 석주선기념박물관 소장.

도61 **초출복 도포의 뒷모습** 단국대
학교 석주선기념박물관 소장.

도62 **초가복(익선관·곤룡포 재현)**
**공정책(재현품)** 한국전통한복문화원.

도63 **재가복(원유관·강사포 재현)**
한국궁중복식연구원.

도64 **삼가복(면류관·면복 재현)** 박
성실, 『조선시대 우리옷의 멋과 유
행』(2006)에 수록.

왕세자를 인도하여 동서東序 장막 안으로 나가 곤룡포를 입힌 후 나
오면 다시 빈은 재가례再加禮를 행한다. 축사를 한 후 빈의 찬관이
자리 앞으로 나아가 익선관을 벗긴다. 빈은 꿇어앉아 재가관인 원
유관을 씌운다. 주인 찬관의 인도로 동서東序의 장막 안으로 나아가
강사포를 입고 규를 잡고 나와 다시 삼가례를 행한다. 빈이 축사를
하면 빈의 찬관이 왕세자의 원유관을 벗긴다. 빈이 꿇어앉아 삼가
관, 즉 면류관을 씌우면 왕세자가 일어나 주인의 찬관 인도로 동서
장막 안으로 나아가 면복을 입고 규를 잡고 나와서 자리로 나아가
남쪽을 향하는 것으로 삼가례가 끝난다. 이어 빈은 축사를 하고 예
주醴酒를 올리고 다시 자字를 올린다.

### 「조알의도」를 통해 본 조알의 참여자들의 복식 유형

왕세자의 관례를 마치고 순조에게 조알하는 절차는 흥정당興政堂에
서 이루어졌다. 『순조실록』에는 순조가 익선관과 곤룡포를 갖추고
자리에 올랐고 왕세자는 면복을 갖추고 당으로 나아갔다고 기록되
어 있다. 어좌 좌우에는 흑단령 차림의 청선이 서 있고 어교의 앞
에는 승지가 부복하여 있으며 그 앞에 흑단령 차림의 내시와 근시

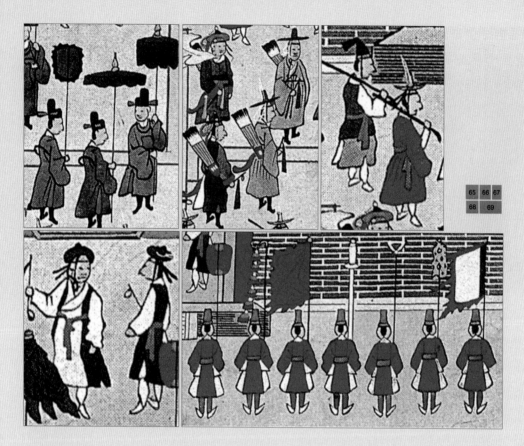

도65 왕세자 산선

도66 익위사 관원들

도67 협려군과 무예별감

도68 근장군사

도69 의장군(도65~69, 「조알의도」 부분)

들이 간소하게 배치되었다. 당 아래에 왕세자의 배위가 그려져 있고 그 뒤로 조복과 흑단령 차림의 관례에 참여하였던 관원들이 배열되었다. 실록에는 도승지 윤정렬尹鼎烈이 선교宣敎를 하였는데 당아래 동쪽에 조아린 흑단령의 인물일 것으로 짐작된다. 홍정당 밖에는 왕세자의 산선과 익위사 관원들, 무예별감 등이 있는데 산선은 흑단령을 착용하였으며 익위사 관원들은 군복과 융복을 착용하고 있다. 또 전건에 호의를 착용한 협려군과 전립에 호의를 착용한 근장군사, 흑단령 차림의 세자시강원 관리들과 융복 차림의 익위사 관원들, 청건에 홍의를 착용한 의장군들이 의례가 끝나기를 기다리고 서 있다.<sup>도65~69</sup>

대리청정
조참 복식

『국조속오례의』 권3 「가례」에는 왕세자가 조참을 받는 의식의 절차가 실려 있다. 숙종 때인 1717년에 경종이 동궁으로 대리청정할 때의 의식을 기록한 것이다. 이 의식에 참여하는 인물들의 복식을 살펴보면 다음과 같다. 『춘관통고』 권48에도 『속오례의』에 실린 내용이 그대로 실려 있다.

**왕세자 복식**

왕세자는 익선관과 곤룡포를 착용한다. 이 차림은 왕세자의 상복으로, 서연복書筵服이라고도 한다. 이 차림은 익선관과 곤룡포 외에 옥대와 흑화를 갖춘다.

『국조속오례의보서례』에 왕세자의 익선관은 전하의 것과 같다고 하였고 왕의 익선관에 대한 설명에는 모라毛羅로 싸고 대각大角 1쌍과 소각小角 1쌍을 위를 향하도록 하여 뒤에 붙인다고 하였다. 곤룡포의 제도는 왕의 것과 동일하지만 왕의 곤룡포와 색상으로 구별하였다. 왕의 곤룡포는 대홍색을 사용하는 것에 반하여 세자의 곤룡포는 흑단黑緞으로 만든다. 여름철에는 시원하도록 흑사黑紗로 만들었다. 왕세자 곤룡포에 대한 기록 중에는 흑색에 근접한 아청색이나 자적색 등이 확인된다. 세자의 곤룡포에는 사조원룡보를 가슴과 등, 양 어깨 네 곳에 장식한다. 왕의 용보와 같으나 용의 발톱 개수를 달리하여 구별하였다. 즉 왕은 오조룡을 사용하는 것에 반하여 왕세자는 사조룡을 사용하였다.

그리고 옥대 역시 구조는 왕의 옥대와 같지만 띠 바탕의 색상에서 차이를 두었다. 왕은 왕의 곤룡포 색상과 동일한 다홍색 비단을 싼 홍정紅鞓을 사용하였으나 세자는 세자의 곤룡포 색상과 같은 흑색 비단으로 싼 흑정黑鞓을 사용하였다. 흑단 위에는 금니金泥를 사용하여 5줄을 둘렀다. 그 위에 띠돈 20개를 장식하였다. 옥으로 만든 띠돈을 장식하기 때문에 옥대라고 하는 것인데 왕은 용무늬를 투조로 정교하게 조각한 옥판(雕玉)을 사용하는 대신, 세자는 조각을 하지 않은 부조옥不雕玉 띠돈을 사용하는 점에 차이를 두었다.

한편 흑화는 왕의 것과 동일한 것을 사용하였는데 흑궤자피黑麂子皮로 만들었다. 그러나 여름철엔 흑서피黑黍皮로 만든 것을 사용하였다. 흑궤자피의 경우, 안에는 흰색의 녹피(白鹿皮)를 사용하였으며 아랫장식(下粧)과 깃(衿), 회리回伊에 모두 흑궤자피를 사용하였다.

그리고 흑화 안에는 일반 버선 외에 정精 또는 청淸이라고 하는 버선을 신었는데, 겨울에는 백양모정白羊毛精을 사용하였고 여름에는 백당피양정白唐皮凉精을 사용하였다.


### 종친 이하 문무백관, 궁관과 집사관

상복을 착용한 종실의 백숙을 비롯하여 친왕자군, 사부師傅와 이사貳師, 대신大臣 등이 참여한다. 그 외에 세자궁의 궁관이나 행례를 주관하는 집사관 모두 동일한 상복 흑단령을 착용한다. 상복은 사모를 쓰고 품계에 따른 흉배를 부착시킨 흑단령을 입고 허리에는 품대를 띠고 흑화를 신는 차림새이다. 사모는 두 층으로 모체가 구성되고 뒤쪽에 좌우로 뿔을 꽂은 것이다.

흑단령은 1446년(세종 28) 임금에게 조회할 때 반드시 조의朝衣를 입었다고 하는 옛 제도에 의거하여 조복과 공복을 착용하는 나머지 의례와 조계朝啓, 그리고 동궁에게 조참하는 의례에 착용할 통일된 색상의 단령을 구상하면서 만들어졌다. 명나라의 제도를 따라 흑염을 한 조의朝衣 1건을 만들어 입도록 하였는데 당상관 이상은 단자段子나 사紗·라羅를 사용하도록 하였고 당하관 이하는 국내산 옷감을 사용하도록 하였다. 즉 당상관은 수입해 온 무늬 있는 옷감을 허용한 것이며 당하관은 무늬가 없는 옷감을 사용하도록 한 것이다. 여름에는 모시(苧布)나 삼베(麻布)를 사용하도록 하였다. 품계에 따라 흑단령에 무늬가 있고 없음은 19세기 말까지 변함없이 지켜지는 중요한 제도로 유지되었다.

8년 후인 1454년(단종 2)에 단령에 흉배를 부착하도록 하는 제도가 새로이 마련되었다. 모든 단령에 흉배를 달도록 하였으나 흉배 장만하는 일이 쉬운 일이 아니었기에 세조(1455~1468) 때부터는 흑단령에만 흉배를 부착하는 관행이 생겨났다. 그 이후 흑단령에만 흉배를 다는 제도가 정착되었으며 흉배의 문양은 품계에 따라 정해진 것을 사용하였다. 문관은 날짐승 무늬를, 무관은 길짐승 무늬를 사용하였는데 17세기 명나라가 멸망한 이후 명나라 1품이 사용하던 운학흉배제도를 수용하게됨에 따라 문관은 운학흉배와 백한흉배를 사용하였고 무관은 해치와 사자, 호랑이 흉배를 사용하였다. 그 후 18세기 말엽 비로소 당상관의 쌍학흉배와 당하관의 단학흉배제도가 정착되어 19세기 말까지 유지되었으며 무관 흉배 역시 정확한 시기를 알 수는 없으나 19세기 초부터는 쌍호흉배와 단호흉배로 정착되었다. 익종이 조참을 받던 시기에는 대략 이러한 흉배제도가 정착되었을 것으로 짐작된다.

품대는 품계에 따라 띠돈의 종류가 구분되어 있었기 때문에 품대라고 한다. 백관이 사용하는 품대의 띠 바탕은 명나라의 제도에 따라 청색 혹은 흑색을 사용하도록 하였다. 1품은 서대를 띠었는데 청정에 서각 띠돈을 장식한 것이다. 2품은 금대를 사용하였는데 금대라 함은 띠돈을 금으로 사용한 경우도 있었으나 대체로 도금을 한 것이었다. 그러다 세종 때 띠돈에 두른 테에 한정시켰다. 정2품은 삽금대鈒金帶를 하였는데 조각을 한 띠돈에 금테를 둘러 장식한 것이었다. 종2품은 소금대素金帶를 사용하였는데 조각이 안된 띠돈에 금테를 둘러 장식한 것이다. 소금대 중에 가장 즐겨 사용된 것이 학정대鶴頂帶이다. 3품과 4품은 은대銀帶를 사용하였다. 그중 정3품은 삽은대鈒銀帶를, 종3품과 정4품, 종4품은 소은대素銀帶를 사용하였다. 그리고 그 이하는 흑각대黑角帶를 사용하였다.

### 산선繖扇과 시위侍衛

산선과 배위는 평상 의례와 같이 하는데 익위翊衛 2인은 좌우에 나누어 서고 사어司禦는 왕세자좌 뒤에 나누어 선다고 하였다. 산선은 흑단령을 착용하며 익위사 관원 역시 상복 흑단령을 착용하는데 검을 찼다. 사어는 흑립에 청철릭으로 구성되는 융복을 입으며 궁시와 동개를 갖추었다.

병조에서는 소속 부대를 동원하여 장위仗衛를 평상시처럼 진열하였다. 황초립에 홍의를 입고 오장을 갖춘 무예별감과 전건에 호의를 입은 군사가 참여하였다.

### 의장군儀仗軍과 견마배牽馬輩

사복시 관원은 장마를 평상시처럼 벌여 놓는다. 왕세자의 의장군은 의장물에 따라 홍의紅衣에 청건靑巾을 착용하거나 청의靑衣에 조건皂巾을 착용하였다. 왕세자 의장에서 인마印馬와 궐달마闕達馬를 끄는 견마배는 황초립에 청의를 입는다고 하지만 1817년 3월 익종의 입학례 과정을 그린 「출궁도」에서는 황초립에 황의를 착용하고 청색대를 두른 것으로 확인된다.

### 전악典樂과 악공樂工

장악원은 고취를 벌여 놓는다고 하였다. 고취는 전악과 악공으로 구성된다. 전악은 모라복두에 녹초삼을 착용하고 야자대를 둘렀으며 악공은 화화복두에 홍주의紅紬衣를 입고 오정대烏鞓帶를 둘렀다.

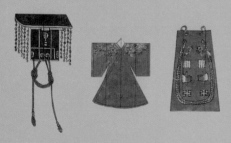

즉위의례는 조선시대 유교문화의 정신이 담긴 국가의례이자 무형의 문화유산이다. 즉위의례는 나라를 다스리는 통
치행위를 선포하는 의식이지만, 도덕적 교화를 대내외적으로 표방한다는 점에 특징이 있다. 그런 점에서 즉위의례는
한국의 유교적인 전통문화와 왕실문화의 진수를 담고 있는 상징적인 의례라고 할 수 있다. 실제로 즉위의례는 한국
문화의 정체성을 가장 잘 담고 있는 무형문화이자 상징 체계이다. 조선왕조의 국가의례는 통치 원리를 반영하는 중
추적인 규범인 동시에 조선왕조가 추구했던 성리학적 이상사회의 가치를 담고 있다.

# 제 6 부

# 국왕 즉위식의 활용과
# 현대적 의미

即
位
儀
禮

# 1 국왕 즉위식의 의례적 특성

전근대 왕조국가에서 국왕의 즉위식은 나라의 가장 중요한 행사였다. 국왕의 즉위의례를 '대례'大禮라고 불렀던 까닭도 그 때문이다. 흔히 왕위 계승권자가 새 국왕이 되는 것을 즉위卽位라 하지만, 보다 구체적으로는 국왕의 지위를 확보하여 어좌御座에 나아가 앉는 행위를 즉위라고 하였다. 임금으로 추대된 사람이 예식에 따라 자리에 오르는 즉위식은 어극御極·등극登極·이조履祚·즉조卽祚라고도 불렀다. 이때 어극과 등극은 군주를 상징하는 북극성 혹은 황극의 자리에 오른다는 뜻이고, 이조와 즉조는 새 군주가 즉위할 때 오른쪽 계단을 이용한다는 뜻이다.

즉위와 등극을 같이 쓰기도 했지만, 엄밀히 말하면 즉위가 왕의 즉위를 나타내는 용어라면 등극은 황제의 즉위를 뜻하는 용어였다. 그러한 사실은 명나라의 황제가 등극을 하면 축하하기 위해 파견한 조선의 사신을 '하등극사'賀登極使라고 부른 데서 쉽게 확인된다. 또한 고종황제가 황제에 오르는 의식을 '등극의'登極儀라고 한 점도 이를 뒷받침한다. 서양의 군주들이 머리에 왕관을 쓰는 '대관식'戴冠式을 통하여 공식적인 왕위를 계승하는 것과 달리 동아시아 유교사회의 군주들은 '용상'龍床으로 불리는 어좌御座에 오름으로써 비로소 새 국왕이 되었다.

어떠한 의례이든지 간에 의례는 의례행위의 주체, 의례행위의 신념 체계, 의례행위의 대상, 의례행위의 절차 등 4가지로 구성된다. 이 4가지 요소가 유기적으로 결합하면서 의례의 형식을 이룬다. 그리고 그 형식을 통해 의례의 의미를 담아낸다. 즉위식의 경우는 새로운 권력자나 계승자가 그 통치의 정당성을 확보하고 피지배층의 자발적인 협조를 이끌어내기 위해 고안한 제도이자 상징체계이다.

따라서 새 왕조의 개창이든 선왕의 계승이든 즉위식은 새 왕이 즉위하는 명분과 정통성을 반영하는 첫번째 국가의례라는 점에서 중요한 의미를 갖는다. 특히 유교사회에서의 즉위식은 천명天命을 양도받는 의례인 동시에 왕위 계승의 정당성을 확보하고 백성의 지지를 이끌어내는 국가행사였다. 이를 실현하기 위해 국왕 즉위식은 다양한 의식과 절차로 이루어졌다. 조선왕조 국왕 즉위의례에 나타난 의례적 특성을 몇 가지로 구분해 보면 다음과 같다.

첫째, 조선왕조의 국왕 즉위식은 개국開國, 선양禪讓, 사위嗣位, 반정反正 등으로 이루어졌으며, 이는 동아시아의 유교이념에 입각한 즉위의례의 특성을 잘 반영한다. 유사 이래 즉위식은 크게 두 가지의 기본 형태가 있었다. 하나는 왕조 교체 내지 역성혁명易姓革命에 의한 즉위의례이다. 여기에는 자발적 양보에 의한 선양禪讓과 무력적 정복에 의한 방벌放伐이 있었다. 태조 이성계의 경우는 고려의 공양왕을 쫓아내는 방벌의 형태로 권력을 장악했음에도 불구하고 선양에 의한 것처럼 즉위하고 있다. 명백한 덕행德行을 바탕으로 계승한다는 상징성을 통해 조선왕조 건국의 정당성 내지 정통성을 강조하고자 했기 때문이다. 다른 하나는 한 왕조 안에서의 계승과 권력 장악을 둘러싼 즉위의례이다. 이는 선위에 따른 즉위, 사위에 따른 즉위, 반정에 따른 즉위로 구분된다. 이처럼 권력 이양에 따른 조선시대 왕들의 즉위 사례를 도식화하면 〈표6-1〉과 같다.

| 구분 | 권력이양 | 성격 | 즉위 사례 | 비고 |
|---|---|---|---|---|
| 왕조 개창<br>(역성혁명) | 선양禪讓 | 자발적 양보 | 태조(개국) | 1명 |
| | 방벌放伐 | 무력적 정복 | | |
| 왕조 계승 | 사위嗣位 | 선왕 사후 계승 | 문종, 단종, 성종, 연산군, 인종, 명종,<br>선조, 광해군, 효종, 현종, 숙종, 경종,<br>영조, 정조, 순조, 헌종, 철종, 고종 | 18명 |
| | 선위禪位 | 선왕 생전<br>왕위 계승 | 정종, 태종, 세종, 세조, 예종, 순종 | 6명 |
| | 반정反正 | 선왕 폐위 후<br>왕위 계승 | 중종, 인조 | 2명 |
| 계 | | | | 27명 |

〈표6-1〉 권력 이양에 따른 조선 국왕의 즉위 사례

이에 따르면, 국왕 즉위식은 조선왕조를 개창한 태조의 즉위, 선왕이 죽음에 따라 사위로 즉위한 사례가 문종을 비롯한 18명, 선왕이 생전에 왕위를 넘겨주는 선위로 즉위한 사례가 정종을 비롯한 6명, 전왕을 폐위한 후 반정으로 즉위한 사례가 2명으로 확인된다. 이 결과는 조선시대 대부분의 즉위 형태가 선왕이 사망한 후에 후계자가 이를 계승한다는 명분을 갖고 보위에 오르는 사위였음을 말해준다.

원래 선왕이 생전에 왕위를 넘겨주는 선위는 후계자의 정치적 안정을 도모하기 위한 방법이었다. 그러나 세종과 예종을 제외한 나머지는, 선위가 정치적 안정을 도모하기 위한 방편이 아니었다. 정종과 태종은 왕자의 난으로 권력을 장악하여 선위를 받았으며, 세조 역시 계유정난으로 권력을 확보한 후 선왕으로 하여금 강제로 선위하게 하였다. 순종 역시 고종의 퇴위 속에서 일제의 강압에 의해 이루어진 비정상적인 선위였다.

반정反正으로 왕위에 오른 군주는 중종과 인조이다. 원래 1차 왕자의 난으로 보위에 오른 정종과 계유정란으로 권력을 장악한 세조도 반정에 의한 즉위에 해당한다. 하지만 15세기만 해도 반정이라는 용어보다는 '정사'定社 또는 '정란'靖亂이라고 하였다. 중종반정의 사례처럼, 반정의 용어는 성리학적 질서가 강조되고 사림이 집권하는 16세기에 들어와서 뚜렷하게 정착된 것으로 이해된다.

둘째, 조선왕조 국왕 즉위식의 특징은 흉례 속에 이루어진 사위嗣位라 할 수 있다. 조선 국왕의 가장 많은 경우가 사위를 통해서 즉위한 사례에서 알 수 있듯이, 사위는 즉위식에서 가장 큰 비중을 차지하였다. 조선왕조의 국가 의례서인 『세종실록』「오례」나 『국조오례의』, 『대한예전』에는 유일하게 사위 의식만 규정하고 있다. 이러한 사실은 사위가 조선왕조 즉위식의 골격이라는 점을 잘 말해준다. 오례五禮의 규정 가운데 사위가 유일한 즉위식으로 기록된 것은 중국이나 고려의 경우도 마찬가지였다. 역대 즉위식이 다양한 유형으로 존재했음에도 즉위의례가 흉례 속의 사위로만 한정된 까닭이 무엇인지는 자세하지 않다. 다만, 사위가 천리와 인륜을 중시하는 유교사상에 부합되는 의식이라는 판단이 작용한 것으로 보인다. 또한 여러 형태의 즉위식을 정리하는 것이 곤란했을 뿐 아니라 자칫 권력 장악의 빌미가 될 것을 우려했기 때문으로 추정된다.

선왕의 상중인 흉례 절차 속에 즉위가 이루어진 까닭은 "임금은 천하 국가의 체통이고 종묘와 사직, 그리고 백성을 돌봐야 했기 때문에 대위大位를 비울 수가 없고 대권大權을 잠시도 나눌 수 없다"는 인식 때문이었다. 이에 따라 상례를 빨리 끝내기 위해 달수를 날수로 바꾸어 계산하는 이일역월以日易月로 삼년상이 아닌 단상短喪을 치른 뒤에 즉위식을 진행하였다. 『세종실록』「오례」(1451) '흉례'에 처음 정비된 사의는 『국조오례의』(1474) 「흉례」에 거의 그대로 명문화되어 조선 말까지 이어졌다.

〈표6-2〉에서 보듯, 『국조오례의』에 따르면 사위에 의한 즉위의례는 흉례 가운데 사위嗣位, 반교서頒敎書, 고부告訃·청시請諡·청승습請承襲 등 크게 3가지 절차로 이루어졌다.

사위嗣位는 선왕이 승하한 후 6일째 되는 날 성복成服의 예(최복을 입고 제사를 지내는 절차)를 마친 뒤에 진행되었다. 그 절차는 대보를

| 절차＼근거 | 「국조오례의 흉례」 | 비고 |
|---|---|---|
| 사위<br>嗣位 | • 수보受寶의식<br>- 여차廬次: ①상복을 벗고 면복冕服을 입음<br>- 찬궁欑宮: ②봉유교奉遺敎 ③수보受寶 | - 승하 6일 뒤 상복 입음<br>- 최복, 9장면복 |
| | • 수하受賀의식<br>- 근정문: ④승좌陞座 -⑤하례賀禮<br>- 여차廬次: ⑥면복을 벗고 다시 상복을 입음 | - 헌현軒懸<br>(진이부작陳而不作) |
| 반교서<br>頒敎書 | • 즉위교서 반포<br>- 근정문: ⑦즉위교서 선포<br>- 각도에 교서 전달: 개독開讀 의식 시행<br>- 지방 2품관 전문箋文으로 하례賀禮 | - 흰색 어좌 설치<br>- 전하殿下 불참 |
| 고부告訃<br>청시請諡<br>청승습請承襲 | • 고부, 청시 의식<br>- 근정전: ⑧고부표문告訃表文,청시전문淸諡箋文 배례拜禮<br>- 도성문 밖: 사자使者 환송 후 상복喪服<br>• ⑨청승습<br>- 왕위 계승을 청함: 신정申呈) | - 외교의례<br>- 헌현軒懸<br>(진이부작陳而不作) |

〈표6-2〉 사위嗣位에 의한 즉위의례의 절차(「국조오례의」 권7, 「흉례」 의거)

받는 수보受寶와 신료들의 축하를 받는 수하受賀의식으로 구성되었다. 먼저 수보의식을 살펴보면, 선왕의 시신이 모셔진 빈전殯殿 밖에 있는 여차廬次(상중에 임금이 옷을 갈아입는 임시 공간)에서 왕세자가 ①상복을 벗고 면복(면류관, 곤룡포)를 입은 후, 찬궁欑宮(빈전 안에 관을 안치한 방)에서 영의정에게 ②선왕이 남긴 말씀인 유교遺敎를 받고 좌의정에게 ③대보大寶를 인수받아 비로소 임금이 되었다. 이때 선위에 의한 유교는 선왕의 전위교서나 구전하교口傳下敎(구두로 전위하는 교서)로 받은 반면에 선왕이 갑자기 죽을 경우에는 미처 유교를 받들지 못하는 경우가 많았다. 하지만 그들 대부분 왕세자·왕세제·왕세손이어서 책봉에는 문제가 발생하지 않았다. 유교가 없을 경우에는 영의정이 대보만을 전달하였다. 이어서 수하의식을 위해 곧바로 경복궁 근정문으로 이동하였다.

다음으로 수하受賀의식은 ④근정문 한가운데 놓인 어좌에 오르는 의식인 승좌陞座를 통하여 이제 국왕이 되었음을 만천하에 선포하면, ⑤종친과 문무백관들에게 즉위를 축하하는 하례賀禮를 받는 절차다. 조하朝賀라고도 하는데, 평소 조하의식과 마찬가지로 근정문 앞 뜰에 군사·노부·의장과 종친·문무백관이 도열하고, 소여小輿·소연小輦·대연大輦·어마御馬·장마仗馬 등이 배치된 가운데 진행되었다. 또한 즉위를 축하하기 위해 궁중 악대인 헌현軒懸도 배치되었지만, 연주하지는 않았다. 상중喪中에는 연주하지 않는 것이 원칙이었기 때문이다. 다만, 선왕이 죽은 후에 즉위하는 사위가 아닌 개국, 선위, 반정일 경우에는 연주했던 것으로 보인다. 종친·문무 관료들이 절을 할 때 이마를 세 번 땅에 대는 삼고두三叩頭와 천세千歲를 외치는 산호山呼를 마치면 하례가 끝이 난다. ⑥의식을 마치면 전하는 여차로 돌아와 면복을 벗고 상복으로 다시 갈아입었다.[51]

하례를 마치면 ⑦즉위교서를 선포하는 반교서頒敎書 의식이 진행된다. 근정문 중앙에 흰색 어좌를 놓고 상복을 입은 종친과 문무관이 도열한 가운데 즉위교서를 선포하는데, 국왕은 참석하지 않았다. 그 대신 상중喪中의 국왕을 상징하는 흰색 어좌를 놓은 상태에서, 국왕을 대리하여 선교관宣敎官이 즉위교서를 반포하였다. 즉위교서는 서울의 궁궐에서 반포하는 것으로 그치지 않고 전국의 곳곳에 알리도록 하였다. 이때 각 지방에서는 즉위교서를 정해진 원칙에 따라 공개적으로 읽는 개독開讀의식을 거행하였다. 그 후 전국의 감사, 절도사, 목사 이상은 새 임금의 즉위를 축하하는 전문箋文을 올려 하례하였다. 2품 이상의 외관外官은 목사牧使가 아니라도 하례하였다.

마지막으로 ⑧고부告訃와 청시請諡는 선왕의 죽음을 중국에 알리고 시호를 청하는 일종의 외교의례이다. 당시 부음訃音을 중국에 알릴 때 쓰는 글을 표문表文이라고 했고, 죽은 왕의 시호를 청할 때 쓰는 글을 전문箋文이라고 하였다. 고부와 청시 절차에서는 사신을 보내기에 앞서 먼저 근정전에서 문무백관이 모여 황제에게 올리는 표문과 전문에 예를 표하는 배례의식을 거행하였다. 당시 관료들은

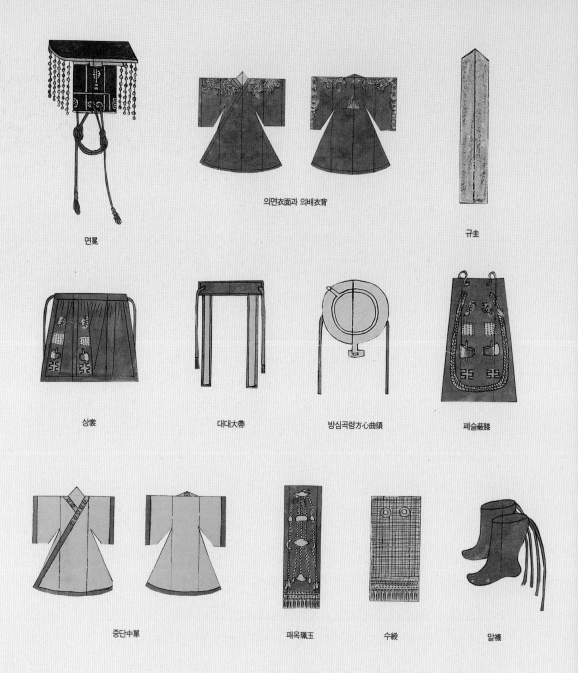

의면衣面과 의배衣背

면류冕旒

규圭

상裳

대대大帶

방심곡령方心曲領

폐슬蔽膝

중단中單

패옥珮玉

수綬

말襪

도1 **즉위 시 왕 면복의 구성**
『정조국장도감의궤』(1800년) 2책 (『嘉慶五年庚申六月日國葬都監二房儀軌』) 「복완질」腹玩秩에서 인용. 왕은 입고 있던 상복을 잠시 벗고, 길복인 면복을 입고 즉위식을 거행했다. 즉위식이 끝나면 면복을 벗고 다시 상복을 입었다.

중국으로 가는 사신들을 배웅하기 위해 도성 밖까지 환송하는 것이 관례였다. 환송을 마치면 관료들은 다시 상복으로 갈아입었다. 이어서 ⑨새 국왕의 왕위 계승을 중국에 알리는 절차인 청승습請承襲을 위해 별도의 사신을 파견했는데, 이때 작성한 글을 신정申呈이라고 하였다.

이와 같이 조선 국왕의 즉위식은 선왕의 죽음으로 흉례 절차 속에서 사위, 반교서, 고부·청시·청승습 등 3가지 의식으로 이루어졌다. 그 의식 속에는 ①~⑨로 이어지는 절차가 포함되었다. 그 가운데 선왕의 전위교서를 받는 봉유교奉遺敎·대보를 받는 수보受寶·어좌에 오르는 승좌陞座·신하들의 축하를 받는 수하受賀, 그리고 반교서와 청승습은 다른 즉위식에도 그대로 적용되었다. 이 점에서 알 수 있듯이, 흉례 절차 속에 포함된 사위의식은 조선시대 모든 즉위의례의 기본 골격이 되었다. 다만, 사위는 선왕이 사망한 6일째 되는 날에 거행한 데 비해, 개국·선위·반정에 의한 즉위식은 대보를 전수받은 그날 또는 이틀 이내에 거행하였다.

셋째, 조선왕조의 즉위식에서 국왕으로 공식 인정하는 의식은 대보를 받는 수보受寶의식이었다. '전하'殿下 또는 '상'上이라는 국왕의 호칭은 바로 대보를 받은 후 사용되기 시작하였다. 대보를 받는 것이 국왕의 탄생을 공식적으로 인정하는 의식이라는 사실을 잘 말해준다. 이어서 어좌에 오르는 승좌의식은 국왕이 탄생한 사실을 만천하에 공개적으로 선포하는 자리였던 것이다. 이를 좀 더 구체적으로 살펴보면 〈표6-3〉과 같다.

여기서 주목되는 사실은 사위의 절차가 진행되는 과정에서 왕세자의 호칭이 달라진다는 점이다. 사위는 선왕의 유교를 받기 위해 상복을 벗고 면복을 입는 것에서 출발한다. 다만, 왕세자가 면복을 입기 전까지는 그대로 '왕세자'라고 하였다. 왕세자는 '거상사'居上嗣라는 표현처럼, 왕위 계승에서 첫번째 승계자를 말한다. 그러나 면복을 입은 후에는 왕세자 대신 '사왕'嗣王이라는 칭호를 썼다. 왕

| 절차 구분 | 사위嗣位 | | | | 반교서 |
|---|---|---|---|---|---|
| | 수보受寶 | | 수하受賀 | | 반교서頒教書 |
| | 상복→면복 | 유교→대보 | 승좌→하례 | 면복→상복 | 교서 반포 |
| 장소 | 여차 | 찬궁 | 근정문 | 여차 | 근정문 |
| 복장 | 상복→면복 | 면복 | 면복 | 면복→상복 | 상복(흰 어좌) |
| 호칭 | 왕세자→사왕 | 사왕→전하 | 전하 | 전하 | 전하 |
| 성격 | 계승자→예비 왕 | 예비 왕→국왕 | 국왕 | 국왕 | 국왕 |

〈표6-3〉 사위 절차에 따른 왕세자의 호칭 변화(『국조오례의』 권7, 「흉례」에 의거)

위를 계승할 왕이라는 뜻이다. 면복을 입는 단계가 곧 국왕이 되는 첫 출발인 셈이다. 하지만 정식으로 전하殿下라는 호칭을 쓰지 않았기 때문에 아직 정식 왕이 된 것은 아니었다.

사왕은 면복을 입고 찬궁에 나아가 영의정에게 선왕의 유교를 받고, 좌의정에게 임금의 징표인 대보를 받았다. 이때부터 '사왕' 대신 비로소 '전하'殿下라는 칭호를 썼다. 사왕의 지위에서 벗어나 정식으로 한 나라의 임금이 된 것이다. 이제 면복을 입고 유교와 대보를 받은 전하가 근정문으로 나아가 신료들이 참석한 자리에서 어좌에 오르게 된다. 어좌에 오르는 승좌에 이어 문무백관들에게 축하를 받는 수하의식은 국왕으로 즉위했음을 만천하에 알리는 의식이자, 이를 공고히 하는 절차였던 셈이다.

즉위의례는 최복(왕세자)→면복(사왕)→유교(사왕)→수보(전하)→승좌(전하)의 절차에 따라 왕세자에서 사왕으로, 사왕에서 전하로 호칭을 획득하는 과정이었다. 철저한 의식과 절차에 따라 국왕의 칭호를 부여한 까닭은 새로운 임금의 권위와 존엄을 보장하고 막중한 책임감을 부여하기 위해서였다. 즉위의례는 '하늘에 두 개의 태양이 없고 백성에게는 두 임금이 없다'는 명분을 엄격히 준수하는 신성한 의식이었던 것이다.

사위는 이처럼 국왕 즉위식의 골격이 되는 의식으로 기능하였다. 그 까닭은 개국, 선위, 반정의 즉위식도 사위와 같이 기본적으로 수보의식(면복-유교-대보)과 수하의식(승좌-하례), 반교서, 청승습의 절차를 모두 거쳤기 때문이다. 다만, 상중이 아니므로 부고와 청시의 절차가 없다는 점이 달랐다. 그런 점에서 볼 때, 선왕이 승하한 뒤에 흉례 절차 속에 포함된 사위는 조선왕조 국왕 즉위식의 특징을 잘 보여준다. 군왕제 아래에서 보통 왕세자로 미리 책봉된 왕위 계승권자가 선왕의 죽음과 동시에 새 왕으로 즉위하는 것은 지극히 당연한 일이다. 하지만 흉례 속의 즉위식을 제도화한 것은 슬픔 속에도 군주의 자리를 잠시도 비울 수 없다는 유교적인 의례의 진면목을 잘 보여준다.

넷째, 즉위식은 권력 이양의 유형에 따라 시기와 여건에 따라 즉위 장소가 다르다는 특징을 갖는다. 조선시대에 즉위식이 거행된 장소는 개성의 수창궁과 서울의 경복궁·창덕궁·창경궁·경희궁·경운궁(덕수궁), 환구단, 그리고 대군의 사저 등으로 확인된다. 조선 전기에는 주로 법궁인 경복궁이 의례의 공간으로 사용되었다. 실제로 1474년(성종 5)에 편찬된 『국조오례의』는 바로 경복궁을 염두에 두고 정비한 의례서였다. 하지만 임진왜란 때 경복궁의 소실로 인하여 조선의 법궁이 창덕궁으로 옮겨지자 의례 공간의 중심은 창덕궁으로 바뀌었다. 1774년(영조 20)에 다시 편찬된 『국조속오례의』는 바로 창덕궁을 염두에 두고 정비한 의례서이다. 그러다가 1897년 대한제국을 세운 뒤 고종이 황제가 되자, 경운궁의 즉조당을 태극전으로 고친 후 황제의 즉위식을 거행하였다. 황제례에 맞게 편찬한 『대한예전』(1897)은 경운궁을 염두에 두고 정비한 의례서였다.

같은 공간이라도 즉위식은 개국, 사위, 선위, 반정에 따라 장소가 달랐다. 특히 대보를 받는 장소와 어좌에 오르는 장소가 구분되었다. 사위의 경우는 선왕의 시신이 모셔진 빈전과 정전 문 앞에서 즉위식이 거행된 데 비해, 개국·선위·반정은 정전에서 이루어졌다. 태조와 태종은 개성의 수창궁에서 즉위식을 거행하였다. 경복궁의 근정전에서 즉위한 첫 임금은 정종이며, 정전이 아닌 문에서 즉위식을 거행한 것은 단종 때부터였다. 단종은 문종이 경복궁 천추전에서 승하하자, 4일 뒤 근정문에서 즉위하였다. 이 뒤로는 사위에 의해 즉위하는 경우는 예외 없이 정전의 문에서 즉위하였다. 이 밖에 문종은 세종이 사망한 영응대군의 사저에서 즉위하였다.

다섯째, 즉위식에는 면복冕服, 대보大寶, 어좌御座, 홍양산紅陽繖, 주장朱杖, 여輿·연輦, 어마御馬, 장마仗馬 등 국왕을 상징하는 다양한 복식과 의물들이 등장한다. 면복은 면류관과 곤룡포로서 상복常服(익선관, 곤룡포), 조복朝服(원유관, 강사포)보다도 더 격이 높은 최고의 국왕 복식이다. 따라서 국왕 즉위식은 왕세자가 면복을 착용하는 것으로부터 국왕이 보위寶位에 오르는 절차가 시작된다. 다만, 황제가 12류관과 12장 면복인 데 비해 제후에 해당하는 조선의 국왕은 9류관, 9장 면복을 착용하였다. 9장 면복은 용龍, 산山, 화火(불꽃무늬), 화충華蟲(꿩), 종이宗彝(제기), 초(藻, 수초), 분미粉米(쌀), 보黼(도끼), 불黻(亞자 무늬)의 9가지 상징이 새겨져 있다. 이 9가지 상징은 국왕의 권위와 정통성을 강화하는 정치적 상징물이다. 황제복인 12장 면복은 9장 면복에 태양(日), 달(月), 별(星辰)이 추가되었다. 태양, 달, 성신은 황제의 상징이었던 것이다. 그런데 역대 국왕이 즉위식 때 모두 9장 면복을 착용한 것은 아니었다. 선왕의 선위에 의해 즉위한 정종이나 세종의 경우는 면복보다 한 단계 아래인 원유관과 강사포를 착용하고 즉위식에 참가하였다. 선왕의 선위로 마지못해 즉위함에 따라 면복 대신 한 등급 아래의 조복을 입어 황송한 마음을 표현하고자 한 것이다.

즉위의례에는 통치 권리를 획득한 것과 정치적 권력의 연속성을 상징하는 의미에서 군주권의 표상인 대보를 이양하는 절차가 수반된다. 일명 국보國寶로 불리는 대보는 그 소유자를 보호하고, 국가의 안정을 보증하며, 개인이나 정권보다 오래 견디고, 권력의 이동을 보장하며, 정치적 계승을 정당화한다. 대보의 전달은 실질적인 권력을 이양하는 것을 나타내며, 계승 문제가 종결되었음을 알리는

징표가 된다. 따라서 왕위 계승의 관건은 사실상 대보의 획득 여부에 달려 있었다.

원래 보實는 국가와 왕권을 상징하는 국새인 대보大寶, 어명의 발동에 사용된 어보御寶, 각종 의례에 사용된 어보 등으로 나뉜다. 특히 대보大寶는 국왕의 권위와 정통성을 상징하며 왕위 계승이나 중국과의 외교문서에 사용하였다. 중국은 조선 국왕의 즉위나 왕후·왕세자 책봉 시 이를 승인하는 고명誥命과 조선국왕지인朝鮮國王之印을 보내고, 조선은 이 인장을 국가와 제왕을 상징하는 대보大寶로 사용하였다. 세종 대부터는 중국이 보내온 국새國璽를 대체할 국왕행보國王行寶, 국왕신보國王信寶, 시명지보施命之寶, 소신지보昭信之寶, 과거지인科擧之印, 유서지보諭書之寶, 선사지기宣賜之記의 7가지 어보御寶를 자체 제작하여 사용하였다. 영조 대 이후에는 중국과의 외교문서에 쓴 대보大寶, 교명敎命·교서敎書·교지敎旨에 쓴 시명지보施命之寶, 관찰사·절도사의 임명 교서에 쓴 유서지보諭書之寶, 시권試券 및 과거 합격증 홍패紅牌·백패白牌에 쓴 과거지보科擧之寶, 어제御製에 쓴 규장지보奎章之寶 등 열 가지의 어보御寶가 있었다.

이와 같이 대보는 국왕이 즉위의식을 하기에 앞서 전수받는 국도3 **어좌** 왕의 상징인 용무늬가 금칠로 정교하게 그려져 있다. 국립고궁박물관 소장.

왕의 상징물이었으며, 실제로 국왕 즉위식에서 어보를 받는 의식은 즉위의례의 중심이 되어왔다. 면복을 입고 어보를 인수하는 과정을 통해 사왕嗣王이 되었고, 이 절차를 통해 어좌에 오를 수 있는 자격을 얻었다. 그러므로 어보는 즉위의 정당성을 담보하는 절대적 도구이자 군주권의 상징이었다.<sup>도2</sup>

즉위식에서 어보와 함께 가장 주목받는 대상은 어좌御座였다.<sup>도3</sup> 임금의 자리를 상징하는 어좌는 용 문양이 새겨져 있다 하여 용상龍床, 옥좌玉座, 보좌寶座라고도 하였다. 즉위식의 최종 절차는 어좌에 오르는 승좌陞座이다. 즉위의식에 면복을 입고 유명을 받들고 어보를 받아 어좌에 오르는 절차였다. 어좌의 뒤에는 나무로 만든 곡병曲屛(병풍)을 치고 그 뒤에 왕실의 무병장수와 번영을 축원하는 일

도4, 5 **경복궁 근정전의 어좌와 창 덕궁 인정전의 어좌** ⓒ김성철

월오악병日月五嶽屛을 둘렀는데 일월오악도日月五嶽圖에는 해와 달, 5 대 명산 5악五嶽, 폭포, 파도, 소나무가 그려져 있어 국왕의 신성과 위엄을 상징하였다.

　전정 내에 어좌御座를 놓는 공간에는 당가唐家(닫집)가 설치되어 있었다. 당가는 대좌부(좌탑座榻)·어좌·옥개부(보개寶蓋)로 구성되어 있다. 당가 위에 보개寶蓋를 세웠는데 보개의 천장에는 쌍용雙龍을 새겨 놓았다. 어좌 위에 떠 있는 옥개부인 보개를 부당가浮唐家, 어 좌를 받치고 있는 대좌부를 좌탑座榻이라고 한다. 하지만 사위를 할 경우에는 정전 문 앞에서 즉위를 했으므로 이때는 당가와 보개를 제외하고 일월오악도와 어좌만을 놓고 즉위식을 거행하였다. 어좌 는 정전에 항상 놓인 것이 아니라 즉위식 행사 전날 액정서掖庭署(궁 궐 내의 물품을 조달하던 부서)에서 설치하는 것이 원칙이었다. 또한 어 좌는 평소에 붉은색 어좌를 사용하였으나, 상중喪中에는 흰색 어좌 를 썼다. 근정문에서 즉위교서를 반포할 때 흰색 어좌를 사용한 것 이 그 예이다.도4, 5

　또한 국왕을 상징하는 의장물로는 홍양산과 주장朱杖(붉은색 지팡 이), 여輿(덮개 없는 가마)·연輦(덮개 있는 가마) 등을 들 수 있다. 이때 홍 양산과 주장은 세자가 청양산과 오장烏仗(검은색 지팡이)을 사용했던 것과 구별된다. 태종 18년(1418)에는 태종이 세종에게 전위할 때 대보를 준 다음 홍양산과 주장을 넘겨준 사례가 확인된다. 국왕의 수레인 여·연은 모두 세 가지로, 대연大輦·소연小輦·소여小輿가 있다. 이밖에 즉위식에는 어마御馬와 장마仗馬가 등장하였다. 임금의 말을 어마라 하는데, 전정의 가운데 서는 두 마리를 어마라 하고, 동서로 나누어 세우는 16마리 말을 장마 또는 입장마立仗馬라고 하였다. 하지만 세종 30년(1448)부터는 어마와 장마의 구분을 없애고 모두 어마라고 불렀다. 즉위식에 어마 2마리와 장마 16마리가 등장하는 것은 대가노부大駕鹵簿의 규정에 따른 것이다. 따라서 즉위식에 어마는 임금의 행차 때 사용하는 가장 큰 규모의 대가노부를 기준으로 삼았음을 알 수 있다.

여섯째, 국왕 즉위식은 신성하고 경건하게 치러졌으며 '친만민'親萬民이라는 유교적 이상을 실천하는 행위로 여겨졌다. 즉위교서의 반포, 대사면, 포상의 수여, 조하朝賀의식은 그러한 의도가 깔린 의식 절차였다. 특히 대역죄에서 강도에 이르는 죄를 제외한 죄인들의 사면은 새 임금의 자비심을 명백히 드러내고 죄수들에게 새로운 삶의 기회를 제공함으로써 천하의 질서를 회복하는 통합 능력을 보여주는 행위였다. 이어지는 공신의 책봉, 관료의 임명 및 포상, 그리고 백성들에 대한 세금 감면 또한 군주의 너그럽고 어진 정사를 베푼다는 의도가 깔린 것이었다. 이와 같이 즉위식을 통하여 은사恩赦와 포상, 관직 수여를 함으로써 새 통치자와 정권에 대하여 폭넓은 지지와 기대를 확보하고자 애썼다. 아울러 국왕을 중심으로 왕비의 책봉을 비롯한 왕자·공주·부마 등 왕실 가족의 새로운 호칭과 직책이 주어졌다.

〈표6-4〉에서 알 수 있듯이, 즉위식은 권력 이양의 형식에 따라 절차는 물론이고 분위기나 성격에서 차이가 났다. 사위의 경우에는 선왕의 죽음에 대한 극도의 슬픔을 애써 참아가며 상중에 즉위식이 거행되었다. 그러나 사위와 달리 개국, 선위, 반정에 의한 즉위식은

| | | 개국 | 사위 | 선위 | 반정 |
|---|---|---|---|---|---|
| 즉위식 절차 | | - 대비폐위교서<br>- 감국국사<br>- 수보<br>- 반교서(대사령) | - 봉유교<br>- 수보<br>- 수하<br>- 반교서(대사령) | - 수보<br>- 전위교서<br>- 수하<br>- 반교서(대사령) | - 반정<br>- 대비 하교<br>- 옥새 환수<br>- 대비 교서 반포<br>- 수하<br>- 반교(대사령) |
| 특징 | 하례 | ? | 간략한 의식 | 축하글(전문箋文)<br>낭독 | ? |
| | 참가 | 종친, 문무백관 | 종친, 문무백관 | 종친, 문무백관<br>백성, 승려, 외국인 | 반정 참여자 |
| | 복식 | 구장 면복 | 구장 면복 | 원유관, 강사포 | 익선관, 곤룡포 |
| | 음악 | 연주 | 설치만 함 | 연주 | ? |
| | 장소 | 수창궁 | 근정문(인정문) | 근정전 | 근정전 |
| | 교서 | 국왕 반포 | 선교관 반포 | 국왕 반포 | 국왕 반포 |
| | 분위기 | 경건, 축하 | 슬픔 | 경건, 축하 | 창졸, 축제 |
| 전거 | | 『태조실록』 | 『국조오례의』 | 『세종실록』 | 『중종실록』 |

〈표6-4〉 조선시대 즉위의례의 유형과 특징

새 임금이 자리에 오르는 새로운 시대가 열리는 것으로 간주하였다. 그리하여 개국, 선위, 반정의 즉위식은 두렵고 조심스러우면서도 새로운 시대의 개막을 예고하는 분위기가 뚜렷하였다.

특히 즉위식의 식후 행사로 정전에서 베풀어진 하례賀禮는 새 군주의 등장을 대내외에 선포하는 절차였다. 이는 권력 계승에 따른 정통성과 정당성을 도모하는 동시에 임금에 대한 지지와 결속을 다짐하여 정치사회적 안정을 도모하는 데 그 의미가 있었다. 실제로 하례식은 많은 종친, 문무백관과 군사, 그리고 백성들의 참여 속에서 진행되었다. 조선 초기에는 한량, 기로, 성균관 학생 등의 백성과 함께 여진인, 왜인, 회회인回回人(위구르인) 등도 참여하여 국제적인 행사로 성대하게 거행하였다. 다만 상중인 사위嗣位 때에는 백성들의 참여가 불가능하였다. 또한 국왕의 즉위를 축하하기 위한 행사로 증광시增廣試(국가의 큰 경사 때 시행하는 과거)가 베풀어졌다. 이 과거는 전국의 인심을 수습하고 새로 즉위한 임금에게 충성할 수 있

| 의례 절차 | | 개국 | 선위 | 사위 | 반정 |
|---|---|---|---|---|---|
| 협의<br>개념 | 봉유교奉遺敎 | | | ○ | |
| | 수보受寶 | ○ | ○ | ○ | ○ |
| | 수하受賀 | ○ | ○ | ○ | ○ |
| | 반교서頒敎書 | ○ | ○ | ○ | ○ |
| 광의<br>개념 | 고묘사告廟社 | ○ | ○ | ○ | ○ |
| | 고부告訃·청시請諡 | | | ○ | |
| | 청승습請承襲 | ○ | ○ | ○ | ○ |

〈표6-5〉 즉위 유형에 따른 의례 절차와 개념

는 새로운 인재를 선발한다는 의미를 갖는다. 결국 새 국왕의 즉위식은 '유신維新의 경사慶事'라는 표현처럼, 군주권의 쇄신으로 사회 전체가 새로워지는 국가적인 행사로 평가되었다.

이상에서 살펴본 바와 같이 조선시대의 즉위의례는 협의의 의미와 광의의 의미로 구분된다. 먼저 즉위의례는 새 왕이 어보를 받고 어좌에 올라 신하들로부터 하례를 받고 나서, 즉위교서를 반포함으로써 끝이 난다. 이는 '협의의 즉위의례'라고 할 수 있다. 그러나 즉위의례는 왕실과 조정 차원의 의례일 뿐 아니라 중대한 국가의례의 하나였다. 이에 즉위 사실을 종묘와 사직에 고하는 절차뿐 아니라 중국에 알려 고명과 인장을 받는 외교의례까지 포함되어 있다. 이는 '광의의 즉위의례'라고 할 수 있다.

## 2 조선시대 국왕 즉위식 재현의 현황

국가 성립 이후 수천 년 동안 지속되었던 국왕의 즉위식은 1907년 순종황제를 끝으로 역사의 무대에서 사라졌다. 1910년 한일합병이 강제로 체결됨에 따라 대한제국이 막을 내렸기 때문이다. 이에 따라 우리나라는 조선왕조 건국 후 27대 519년 만에, 대한제국이 세워진 지 18년 만에 일제의 식민지가 되었다. 이 사건은 한국 역사의 출발점이라 할 수 있는 고조선 이래 수천 년간 내려온 군주정의 종말을 의미한다.

이에 대한제국 황실의 위상은 '이왕가'李王家라 하여 일본 천황의 친족 수준으로 격하되었다. 일본의 황실 봉작제封爵制를 기준으로 할 때 이왕가의 등급은 천황의 4세까지 적용되는 유복친有服親 밖의 친족에 해당하였다. 이러한 처지는 독립국이던 조선의 주권적 지위가 박탈된 데에 따른 결과였다. 결국 예의 정점이었던 황실의 몰락에 따른 식민지로의 전락은 조선 사회의 가장 크고 중요한 국가적 기틀의 붕괴를 가져왔다. 나아가 주체적이고도 합리적인 전통문화의 계승·발전을 불가능하게 만드는 결정적인 계기로 작용하였다.

국왕 즉위식에 대해 관심을 기울이게 된 것은 그로부터 100여 년이 지난 뒤의 일이었다. 1990년대 중반부터 정부는 서울의 고궁을 활용하기 위한 정책의 일환으로 궁중문화 재현 행사를 추진하기 시작하였다. 1995년 종묘에 이어 1997년 창덕궁과 수원화성이 세계문화유산으로 등재되면서 우리 문화유산에 대한 사회적 관심이 급속히 확산된 데 따른 것이었다. 그리하여 조선왕조의 법궁인 경복궁을 활용한 궁중문화의 첫 재현 행사로 세종대왕 즉위식을 주목하였다. 이를 위해 1997년 문화재관리국(1999년 문화재청 승격)은 『조선시대의 즉위의례와 조하의례』(1996, 민현구 외)라는 연구 보고서를 토대로 세종대왕 즉위의례 재현 행사를 추진하였다. 이 재현 행사는 경복궁의 근정전을 활용하여 찬란한 민족문화의 황금기를 열었던 세종대왕을 기리기 위한 행사의 일환이었다. 당시 즉위식은 대보 전달, 전위교서 반포, 즉위식, 하례의식, 즉위교서 반포 순으로 진행되었다.

2003년에는 고종황제 즉위식이 경복궁 근정전에서 재현되었다. 2000년부터 3년에 걸친 경복궁 근정전(국보 제223호) 보수 공사를 마친 후 보수 준공식을 기념하기 위해 문화재청이 주관한 행사였다. 행사의 구성은 1897년 대한제국 황제의 등극에 앞서 하늘과 땅에 제사 지내는 친사원구의親祀圓丘儀, 황제로 즉위하는 의식인 등극登極儀, 환궁하는 모습을 재현하는 어가행렬御駕行列 등 왕국에서 황제국으로 바뀐 것을 대외적으로 선포하는 반조의頒詔儀의 순서로 이루어졌다.

그 후 문화관광부와 서울시를 중심으로 고궁 활용을 통한 관광과 축제 행사의 일환으로 즉위식 재현을 추진해 왔다. 그 가운데 세종대왕 즉위식은 2004년부터 서울시 축제 행사의 일환으로 매년 시행되어 현재에 이르고 있다.

〈표6-6〉과 같이, 1990년 중반부터 정부와 지자체를 중심으로 조선시대 세종과 고종황제 즉위식 재현 행사가 이루어졌다. 서울은 조선왕조의 수도로서 궁궐을 비롯하여 종묘와 사직, 성곽, 청계천까지 전통의 유산들을 잘 갖추고 있는 역사도시이다. 여기에 더하

| 연도 | 일시 | 행사명 | 장소 | 주최 | 비고 |
|---|---|---|---|---|---|
| 1997 | 10.18 | 세종대왕 즉위식 | 경복궁 근정전 | 문화재관리국 | |
| 1999 | 9.4~11.3 | 세종대왕 즉위식 | 경복궁 근정전 | 문화관광부 | |
| 1999 | 10.17 | 왕세자 책봉의 | 경복궁 근정전 | 문화재청 | |
| 2002 | 5.25~6.26 | 국왕즉위식 | 창경궁 명정전 | 문화재보호재단 | |
| 2003 | 11.14 | 고종황제 즉위식 | 경복궁 근정전 | 문화재청 | 근정전 보수 준공식 기념 |
| 2004 | 4.30~5.1 | 세종대왕 즉위식 | 경복궁 근정전 | 서울시 | 하이서울행사 |
| 2005 | 4.30~5.1 | 세종대왕 즉위식 | 경복궁 근정전 | 서울시 | 하이서울행사 |
| 2006 | 5.5 | 세종대왕 즉위식 | 경복궁 근정정 | 서울시 | 하이서울행사 |
| 2007 | 5.5 | 세종대왕 즉위식 | 경복궁 근정전 | 서울시 | 하이서울행사 |
| 2008 | 5.3 | 세종대왕 즉위식 | 경복궁 근정전 | 서울시 | 하이서울행사 |
| 2009 | 5.10 | 세종대왕 즉위식 | 경복궁 근정전 | 서울시 | 하이서울행사 |

〈표6-6〉 조선시대 국왕 즉위식 재현 행사 현황(문화재청 2009.1 궁능주요업무통계 참조)

여 세계기록유산인 의궤의 기록에 나타난 궁중 행사들이 역사와 문화 공간인 궁궐이나 종묘 등에서 활발하게 재현된다면, 우리만의 독특하면서도 품격 있는 왕실문화를 내외국인들에게 널리 보급할 수 있을 것으로 기대된다.

서울의 궁궐 공간을 활용하여 국왕의 즉위식 재현 행사를 추진하는 것은 조선왕조의 역사와 전통문화를 현장에서 체험할 수 있는 소중한 기회가 될 수 있다. 하지만 현재 매년 추진되는 국왕 즉위식 재현 행사는 여러 가지 여건상 원래의 역사적 가치와 의미를 이해할 수 있는 자리가 되기에는 어려운 실정이다. 국왕 즉위식 재현 행사에서 나타난 문제점을 보완하는 일도 뒤따라야 하리라고 본다.

먼저 재현 행사 내용에 대한 철저한 고증과 함께 이에 기초한 재현 작업이 필요하다. 현재 진행되는 내용으로는 조선의 빛나는 국왕 즉위식으로 느끼기 어려운 상황이 계속되고 있다. 예산과 인력의 문제로 인해 충분한 의식이 제대로 드러나지 않을 뿐 아니라 당시와 맞지 않는 의상, 의물, 소품들이 등장하는 경우가 자주 발생한다. 실제로 그동안 추진해 온 국왕 즉위식은 다른 궁중의례 재현 행사와 마찬가지로 사실과 거리가 먼 경우가 적지 않다. 그 하나의 예로, 고종황제의 경우 실제 즉위의례가 덕수궁 태극전과 환구단에서 이루어졌음에도 불구하고 경복궁 근정전에서 재현 행사를 시행하였다. 이러한 사례는 일반인으로 하여금 역사적 사실을 오해 내지 왜곡하는 문제를 낳을 수 있다는 점에서 신중한 접근이 필요하다. 사실 그동안 진행되어 온 국왕의 즉위식은 주로 서울의 고궁을 활용하기 위한 이벤트 행사로 이용되어 왔다. 빈 궁궐의 공간을 활용한다거나 시민을 재현 행사에 참여시키는 등 긍정적인 측면이 있는 것도 사실이다. 따라서 이러한 행사는 살려 나가되, 국왕의 즉위식 자체가 갖고 있는 의례의 원형적 가치와 의미를 제대로 되살릴 기회가 함께 추진될 필요가 있다. 이는 향후 격조 있는 전통문화를 되살리는 것은 물론 국가의 이미지 제고에도 크게 기여하리라고 생각한다.

다음으로 즉위식 대상에 대한 변화가 필요해 보인다. 그동안 즉위식이 대부분 세종대왕과 고종황제에 한정되어 있었다. 최고의 성군으로 평가받는 세종대왕과 최초로 황제 자리에 오른 고종황제의 즉위식을 재현하는 것은 의미 있는 일이라고 생각한다. 다만, 네가지 유형에 맞게 다양한 형태의 즉위식을 복원하고 재현하는 노력이 필요해 보인다. 특히 조선의 국왕 즉위식이 대부분 사위에 의한 즉위식이었던 만큼 이에 대한 복원은 조선 국왕의 즉위문화를 종합적이고 균형적으로 이해하는 데 도움이 될 수 있으리라 기대한다.

# 3 즉위의례 복원의 현대적 의미

국왕의 즉위식은 군주정을 상징하는 대표적인 의식이다. 그것은 한 나라의 국왕으로서 통치권을 행사할 수 있는 자격을 부여받아 새 임금이 되었음을 모든 신료와 백성들로부터 인정받고 온 천하에 선포하는 의미를 지닌다. 유교사회를 기치로 내건 조선왕조는 『국조오례의』라는 전례서 속에 즉위의례를 잘 정비해 놓았다. 흉례의식의 절차 속에 즉위하는 사위의가 그것이다. 선왕의 죽음으로 말할 나위 없이 슬프지만, 정사政事는 백성을 위한 것으로 하루도 임금이 없을 수 없고 만기萬幾는 하루도 폐할 수 없다는 성리학적 이념이 상중에도 즉위식을 거행하는 배경이 되었다.

이 같은 즉위식의 전통은 이미 동아시아 유교사회가 예치禮治와 법치法治의 조화를 통해 국가를 이끌어 온 통치운영의 원리에 따른 것이었다.

국왕의 즉위식은 이를 목표로 삼아 시행하는 첫번째 국가 의례이다. 즉위의례는 새로운 정권이 통치의 정당성을 확보하고 피지배층의 자발적인 협조를 끌어내기 위해 문화적인 방법으로 고안된 상징체계이다. 역대 왕조의 관습으로 혈연적인 세습에 기초하여 국왕이 되었을지라도, 계승자들은 자신의 자질과 도덕적 가치가 혈연을 초월하는 능력에 있음을 강조하기 위해 최선을 다하였다. 유교사회를 기치로 내건 조선왕조의 즉위의례는 천명天命에 따른 원리에 기초하면서도 제후례에 의한 자질과 도덕적 가치를 둘러싼 상징들이 잘 반영된 특징을 갖는다.

조선왕조는 의식적이고 상징적인 행위에 기초해 역성혁명의 정당성을 강조함으로써, 권력 행사에 대한 백성들의 동의를 얻어내고자 하였다. 조선 초기에 환구단을 통해 하늘에 새 임금의 즉위를 알리는 의식도, 왕의 즉위가 천명에 따라 이루어졌다는 명분과 정통성을 강조하기 위함이었다. 단 하나의 최고신에 대한 개념인 호천상제에 제사 지냄으로써 현실정치에서 국왕을 전능한 신에 비견한다는 점에서, 국가체제를 정당화하기 위한 우주론적 근거를 마련하고자 하였다. 물론 조선왕조는 천명이 아닌 황제의 명에 따른다는 명분 아래 세조 때부터 환구제를 폐지하였지만, 이념적으로 천명에 입각해 국가를 다스린다는 명분은 포기하지 않았다.

국왕의 권위와 위엄은 그것에 사용되는 어좌, 어보, 어복, 의장 등의 기물을 통하여 잘 드러난다. 각종 의장과 기물들은 국왕의 정통성과 군주권을 표상하는 정치적 상징물의 하나였기 때문이다. 유교사회였던 조선에서 국왕의 즉위의례는 기본적으로 군신관계를 돈독히 하고, 지배자와 피지배자 간의 질서를 유지하는 가운데 새로운 시대를 열어간다는 사실을 대내외적으로 선포하는 국가적 행사였다. 과거 왕조시대의 산물인 즉위식이 오늘날 우리에게 주는 의미는 무엇일까? 여러 가지가 있겠지만, 그 가운데 몇 가지만 간추려 보면 다음과 같다.

첫째, 즉위의례는 조선시대 유교문화의 정신이 담긴 국가의례이자 무형의 문화유산이다. 즉위의례는 나라를 다스리는 통치행위를 선포하는 의식이지만, 도덕적 교화를 대내외적으로 표방한다는 점에 특징이 있다. 그런 점에서 즉위의례는 한국의 유교적인 전통문화와 왕실문화의 진수를 담고 있는 상징적인 의례라고 할 수 있다.

실제로 즉위의례는 한국문화의 정체성을 가장 잘 담고 있는 무형문화이자 상징 체계이다. 조선왕조의 국가의례는 통치 원리를 반영하는 중추적인 규범인 동시에 조선왕조가 추구했던 성리학적 이상사회의 가치를 담고 있다.

둘째, 국왕 즉위식의 복원은 서울의 고궁을 활용한 전통문화 체험의 장으로 활용될 가능성이 크다. 특히 서울의 고궁인 경복궁의 근정전과 근정문, 창덕궁의 인정전과 인정문, 경희궁의 숭정문, 덕수궁의 대조전 등은 조선의 제왕들이 즉위한 장소들이다. 무형문화유산의 하나인 유교의례의 복원은 단절된 전통문화를 되살리는 동시에 새로운 문화가치를 창조하는 의미를 담고 있다. 하비 콕스 Harvey Cox(1929~)가 『바보제』The Feast of Fools(1966)에서 지적한 것처럼, 과거에 대한 회상은 과거를 기록함으로써 이루어지는 것이 아니라 과거를 되살아 봄으로써 이루어지는 것이다. 고궁을 활용한 즉위의례의 복원은 우리에게 역사를 추체험할 수 있는 친절한 안내자가 되는 동시에 생생한 역사교육의 장으로 활용될 가능성이 크다.

따라서 현재 서울의 5대 궁궐별로 그 공간을 활용하여 제왕의 즉위의식을 재현하는 방안이 필요해 보인다. 즉위식은 궁궐의 정전正殿뿐 아니라 정전의 문門에서도 행사가 베풀어졌다는 점에서 특색이 있다.

원래 선왕의 승하 후에 계승하는 상중喪中의 즉위식인 사위嗣位의 경우에는 궁궐의 내문內門에서 즉위하는 것이 원칙이었다. 선왕의 죽음이라는 애통한 상황 속에서 부득이 즉위할 수밖에 없었기 때문에 정전의 문에서 즉위식을 진행하였다. 이에 따라 조선의 역대 제왕들 가운데 사위에 의해 즉위할 경우에는 경복궁의 근정문, 창덕궁의 인정문, 창경궁의 수강궁 중문, 경희궁의 숭정문에서 즉위식을 거행하였다. 따라서 5대 궁궐의 정전과 문의 공간을 활용한 즉위식 복원 행사는 전통문화 체험의 장으로 활용될 훌륭한 콘텐츠가 된다. 더구나 문 앞에서 즉위식을 재현할 경우에는 정전 내에서

| | 궁궐 | 즉위 공간 | 왕 | | 비고(인원) |
|---|---|---|---|---|---|
| 개경 | 수창궁 | 강안전 (터) | 태조(개국), 태종(선위) | 2 | 2명 |
| 한양 | 경복궁 | 근정전 | 정종(선위), 세종(선위), 세조(선위), 중종(반정) | 4 | 9명 |
| | | 근정문 | 단종(사위), 성종(사위), 명종(사위), 선조(사위), 경종(사위) | 5 | |
| | 창덕궁 | 인정전 (처마) | 연산군(사위) | 1 | 8명 |
| | | 인정문 | 효종(사위), 현종(사위), 숙종(사위), 영조(사위), 순조(사위), 철종(사위), 고종(사위) | 7 | |
| | 창경궁 | 명정전 (처마) | 인종(사위) | 1 | 2명 |
| | | 수강궁 중문 | 예종(선위) | 1 | |
| | 경희궁 | 숭정전 | | | 2명 |
| | | 숭정문 | 정조(사위), 헌종(사위) | 2 | |
| | 경운궁 (덕수궁) | 행궁서청(西廳) 즉조당 태극전 | 광해군(사위), 인조(반정), 고종황제(개국) | 3 | 4명 |
| | | 돈덕전 | 순종황제(선위) | 1 | |
| | 기타(빈전) | 영릉대군 사저 | 문종(사위) | 1 | 1명 |
| 계 | | | | | 28명 |

* 28명 가운데 1명은 고종과 고종황제로 중복됨.

**〈표6-7〉 조선 국왕의 즉위 공간**

국왕의 즉위식을 재현하는 경우와 달리, 국왕의 모습을 직접 만날 수 있다.[도6, 7]

5대 궁궐의 정전과 정전의 문에서 진행된 여러 가지 국왕 즉위식의 유형을 복원하여 이를 재현함으로써, 조선 초기에서 중기, 그리고 후기에 이르는 시기의 다양한 즉위식을 체험할 수 있다. 또한 대한제국의 성립과 함께 이루어진 고종의 황제 즉위식은 황실문화를 이해하는 데 귀중한 기회를 제공하리라고 생각한다. 아울러 고려왕조의 궁궐인 개경 수창궁의 강안전은 뒷날 태조 이성계나 태종 즉위식을 재현하는 공간으로 활용될 수 있을 것이다.

셋째, 조선시대의 국가의례 가운데 하나인 국왕 즉위식은 오늘날 한국의 대통령 취임식과 같은 의전 체계를 한국적으로 현대화하는 데 귀중한 기반이 되리라고 생각한다. 조선왕조의 국왕 즉위식

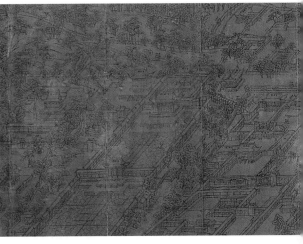

을 단순히 과거의 유물로 치부하기보다는 새로운 한국문화를 만들어가는 토대로 전환하는 지혜와 노력이 필요하다. 그동안 한국의 대통령 취임식 행사가 고유한 개성과 전통적 요소가 없이 시행되어 온 것을 감안해 본다면, 즉위식에서의 의식과 절차는 아마도 한국적인 대통령 취임식을 새롭게 일신하는 데 커다란 도움을 줄 수 있으리라 기대한다.

어느 나라를 막론하고 국가의전은 한 나라의 문화적 특성을 드러내는 기반인 동시에 문명사회의 수준을 가늠하는 척도로 인식되어 왔다. 특히 현대사회에서 국가 의전은 한 국가의 이념을 정당화하고 주권국가로서의 권위와 위상을 드러내는 상징성을 반영한다. 또한 문화적 정체성을 통해 국민 통합의 구심체로서 기능해왔을 뿐 아니라 한국문화의 개성을 드러냄으로써 국가 이미지 내지 국가 경쟁력을 제고시키는 데 기여해왔다. 그러한 관점에서 볼 때, 대통령 취임식은 현재 한국의 문화적 정체성을 드러내는 대표적인 국가의식이라고 할 수 있다.

그러나 해방 이후 지금까지 대통령 취임식을 비롯한 한국의 국가적인 의전 체계들은 문화적 정체성이나 상징성을 충분히 반영하지 못하고 있는 실정이다. 그 결과 행사 주체자나 참여자 외에는

도6 **정조, 헌종이 즉위했던 경희궁 숭정문 전경** ©김성철

도7 **〈서궐도안〉에 그려진 경희궁 숭정전 전경** 고려대학교박물관 소장.

국민적 관심과 동참을 거의 이끌어내지 못하고 있다. 특히 국내외의 관심 속에서 진행되는 대통령 취임식이 한국의 격조 있는 문화적 전통을 보여주는 데에는 커다란 한계를 갖는다. 여러 가지 요인이 있겠지만 무엇보다 국가 행사에서 문화적 정체성과 상징성을 담은 의전 체제가 마련되어 있지 않은 것이 가장 큰 문제로 보인다. 이러한 문제를 해결하기 위해서는 조선시대 국왕의 즉위식에 담겨 있는 보편적 가치와 의미를 현대화하는 작업이 필요하다고 판단된다. 무엇보다 한국사 속에서 발전해 온 국왕 즉위의례는 천명을 양도받는 의례인 동시에 왕위 계승의 정당성을 확보하고 백성의 지지를 이끌어 내어 국민을 통합시키기 위한 국가행사였다는 점에서 특성을 갖는다. 이러한 점은 민주주의사회인 오늘날까지도 여전히 유효한 가치와 의미로 연결될 가능성이 크다. 만일 그것이 가능하다면 전통 즉위식에서의 의례와 절차, 그리고 상징들을 새롭게 현대화하여 취임식에 접목시키는 작업은 필수적인 과제가 되리라고 생각한다.

마지막으로 오늘날 우리는 세계화의 도도한 흐름 속에서 전통에 담겨 있는 지혜와 정신을 통해 새로운 한국문화를 만들어가야 할 시점에 와 있다. 사실 그 동안 우리는 우리의 장점을 스스로 발견하기보다는 남을 통해 우리 문화의 우수성을 뒤늦게 깨닫는 경우가 적지 않았다. 이제는 더 이상 남을 통해 우리 문화를 인정하고 새롭게 이해하는 방식이 아니라 우리 스스로 민족문화의 우수성과 가치를 발굴하여 계승·발전시키고 나아가 인류문화의 발전에 기여하기를 기대한다. 국왕 즉위식을 비롯한 국가의례의 발굴과 재현은 한국 궁중문화의 위상을 제고시키는 한편, 장차 세계무형문화유산으로의 탐색을 모색하는 데 기여하리라고 생각한다.

지나간 옛 의례를 복원하려는 까닭은 단순히 전통을 되살리려는 것이 아니다. 오히려 단절되었던 전통문화의 원형과 상징을 통해 선조들의 삶과 정신을 이해하고, 그 속에 담긴 보편적인 가치와 의

|  | 즉위식 | 대통령 취임식 | 비고 |
|---|---|---|---|
| 일시 | 승좌일升座日<br>택일단자擇日單字에 의거 | 2월 25일<br>헌법부칙 제1조에 의거 | - 사위: 선왕 사후<br>死後 6일 |
| 장소 | - 정전正殿(개국, 선위, 반정)<br>- 문門(사위) | 국회의사당 광장 | - 대통령이 국회의원<br>출신일 경우 |
| 주관 | 예조, 의정부<br>(액정서, 상서사, 상서원) | 행정자치부<br>(인수위원회) | 취임식은<br>이벤트기업 기획 |
| 권력 | 유교遺敎 | 국민투표 |  |
| 의식 | 수보受寶-수하受賀-반교서頒敎<br>書-알묘謁廟-청승습請承襲 | 보신각 타종-국립묘지 참배-국회<br>광장 즉위식-취임 연설-식후 행사 | - 즉위식은<br>『국조오례의』의거<br>- 취임식은 행사 근거<br>취약 |
| 음악 | 악대는 설치하지만 연주 안함 | 합창, 연주 | 취임식 예포 21발 발사 |
| 참가<br>인원 | 국왕, 종친·문무백관<br>성균관 유생, 백성, 외국인 | 대통령 내외, 삼부 요인<br>국민, 외국 사절 |  |
| 성격 | 신성하고 경건함 | 국민 축제형 |  |
| 사면 | 대사령 | 특별 사면 |  |

〈표6-8〉 즉위식과 취임식의 의례 비교 현황

미를 찾아 오늘을 사는 우리의 지혜로 활용하는 데 있다. 전통문화를 복원해 나가는 과정은 실제로 우리 민족 스스로의 정체성을 확보하는 일이고 국가적으로는 한국 문화의 개성을 지키는 일이며, 세계적으로는 문화적 다양성을 키우는 의미를 함축한다. 그런 점에서 조선왕조의 통치 규범이자 운영 원리인 즉위의례는 한국의 전통문화 가운데 품격 있고 격조 높은 무형문화유산으로서의 가치와 특성을 지닌다.

이와 관련하여 지난 1991년 종묘제례와 종묘제례악이 세계무형유산으로 선정된 사실은 조선시대의 국가의례가 단순히 한국 전통문화의 복원 차원이 아니라 인류문화에 중요한 유산이 될 수 있음을 보여준 귀중한 사례이다. 또한 조선왕조 의궤가 세계기록문화유산에 등재된 사실도 의례 속에 담긴 왕실문화의 기록적 가치를 또

다시 세계가 인정했음을 잘 보여준다. 이 같은 사실은 조선시대 국가의례의 발굴과 재현을 통해 다양한 한국 궁중문화의 우수성을 계승 발전시켜야 할 의무와 과제를 우리에게 분명히 제시한 셈이다. 조선시대 국가의례 가운데 궁중의례는 우리의 소중한 전통문화일 뿐 아니라 세계인에게 선보여도 좋을 자랑스런 민족문화의 하나이다. 이를 위해서는 국왕 즉위식을 비롯한 다양한 궁중의례의 발굴과 재현이 필요하다. 아울러 현 단계 대통령 취임식에서 가장 필요한 과제는, 대통령 취임식을 전통의 즉위의례를 토대로 한 현대적 의전 체계로 확립하는 일이라고 생각한다. 이를 위한 성찰과 지혜가 필요해 보인다.

부 록

# 참고문헌_

## 1. 원전原典

『경모궁의궤』景慕宮儀軌
『국조속오례의』國朝續五禮儀
『국조오례의』國朝五禮儀
『(고종)대례의궤』(高宗)大禮儀軌
『대한예전』大韓禮典
『명성황후국장도감의궤』明成皇后國葬都監儀軌
『사직서의궤』社稷署儀軌
『삼봉집』三峰集
『수교도첩』受敎圖帖
『시민당도』時敏堂圖
『영조국장도감의궤』英祖國葬都監儀軌
『예복』禮服
『왕세자입학도첩』王世子入學圖帖
『왕세자책례도감의궤』王世子冊禮都監儀軌(문효세자文孝世子)
『왕세자책례도감의궤』王世子冊禮都監儀軌(효명세자孝明世子)
『왕세자책례도감의궤』王世子冊禮都監儀軌(순종純宗)
『임인진연의궤』壬寅進宴儀軌
『정조국장도감의궤』正祖國葬都監儀軌
『조선왕조실록』朝鮮王朝實錄
『증보문헌비고』增補文獻備考
『춘관통고』春官通考

(漢)司馬遷撰, 『史記』「封禪書」, 北京, 中華書局, 1997.
(漢)鄭玄注, (唐)孔穎達 等正義, 『禮記正義』, 北京大學出版社, 2000.
(漢)鄭玄箋, (唐)孔達穎 疏, 『毛詩正義』, 北京大學出版社, 2000.
(漢)班固撰, 『漢書』「郊祀志」, 北京, 中華書局, 1997.
(晉)陳壽, 『三國志』, 北京, 中華書局, 1997.
(晉)孔晁注, 『逸周書』, 北京, 中華書局, 1985.
(北齊)魏收撰, 『魏書』, 北京, 中華書局, 1923.
(唐)孔穎達疏, 『尙書正義』, 北京大學出版社, 2000.
(唐)蕭嵩 等撰, 『大唐開元禮』, 東京, 三貴文化社, 影印本, 1998.
(後晉)劉昫 等撰 『舊唐書』「禮儀志」, 北京, 中華書局, 1997.
(元)脫脫 等撰, 『宋史』「禮志」, 北京, 中華書局, 1997.
(元)陳澔, 『禮記集說』, 上海, 上海古籍出版社, 1996.
(明)徐一夔 等撰, 『大明集禮』, 『文淵閣四庫全書』臺灣, 商務印書館 影印本.
(明)李東陽 等撰, 申明行等重修, 『大明會典』,臺北, 東南書報社, 影印本, 1964.
(淸)張廷玉 等撰, 『明史』「禮志」, 北京, 中華書局, 1997.

## 2. 논저論著

강제훈, 「조선시대 朝參儀式의 구성과 왕권」『조선 왕실의 가례』 1, 한국학중앙연구원, 2008.
고려대학교 박물관, 『조선시대 기록화의 세계』, 2001.
고부자, 「상암동 출토 全州李氏 益姃(1699~1782) 유물연구」, 『韓國服飾』19, 2001.
국립고궁박물관, 『영친왕 일가 복식』, 2010.
국립고궁박물관, 『왕실문화도감: 조선왕실복식』, 2012.
국립문화재연구소, 『조선왕실행사기록화』, 2011.
국립중앙박물관, 『조선시대 초상화 I』, 2007.
국립중앙박물관, 『조선시대 초상화 II』, 2008.
국립중앙박물관, 『한국 박물관 개관 100주년 기념 특별전』, 2009.
국립중앙박물관, 『조선시대 궁중행사도 I』, 2010.
국립중앙박물관, 『조선시대 궁중행사도 II』, 2011.
국사편찬위원회 편, 『옷차림과 치장의 변천』, 두산동아, 2006.
권오영, 「조선 왕실 冠禮의 역사적 추이와 그 의미」, 『조선 왕실의 가례』 1, 한국학중앙연구원, 2008.
김문식·김정호, 『조선의 왕세자 교육』, 김영사, 2003.
김문식, 「조선 왕실의 입학례 연구」, 『조선 왕실의 가례』 2, 한국학중앙연구원 출판부, 2010.

김문식, 『왕세자 입학례』, 문학동네, 2010.

김영숙, 『朝鮮朝末期王室服飾』, 民族文化文庫刊行會, 1987.

김영숙, 『朝鮮朝後期 宮中服飾』, 辛酉, 2002.

김지영, 「조선후기 국왕 행차 연구」, 서울대학교박사학위논문, 2005.

김지영, 「근대기 국가의례의 장과 동교」, 『서울학연구』 30, 2009.

김지영, 「조선시대 嗣位儀禮에 대한 연구」, 『조선시대사학보』 61, 2012.

김해영, 『朝鮮初期 祭祀典禮 研究』, 집문당, 2003.

나희라, 『신라의 국가제사』, 지식산업사, 2003.

단국대학교 석주선기념박물관, 『名選 中』, 2004.

단국대학교 석주선기념박물관, 『名選 下』, 2005.

단국대학교 석주선기념박물관, 『조선시대 우리옷의 멋과 유행』, 2006.

단국대학교 석주선기념박물관, 『정사공신 신경유公 墓 출토복식』, 단국대학교출판부, 2008.

목수현, 「한국 근대전환기 국가 시각 상징물」, 서울대학교 박사학위논문, 2008.

문화재청, 『문화재대관 중요민속자료 2 복식·자수편』, 2006.

민현구 외, 『조선시대 즉위의례와 조하의례의 연구』, 문화재관리국·고대민족문화연구소.

박례경, 「圜丘祭 형성과정의 예학적 함의」, 『한국실학연구』 16, 2008.

박례경, 「德治의 상징체계로서 유교국가의 即位儀禮」, 『한국실학연구』 21, 2011.

박성실, 「서울 상암동 출토 全州李氏 密昌君 服飾 考察」, 『韓國服飾』 22, 2004.

박성실, 「숙종·인현왕후의 가례복식」, 『조선조 숙종·인현후 가례의식 연구』, 문화재청·한국문화재보호재단, 2004.

박정혜 등, 『조선 왕실의 행사그림과 옛지도』, 민속원, 2005.

박정혜, 『조선시대 궁중기록화 연구』, 一志社, 2000.

서울대학교박물관, 『마지막 황실, 잊혀진 대한제국』, 2006.

서울역사박물관, 『흥선대원군과 운현궁 사람들』, 2007.

석주선, 『冠帽와 首飾』, 檀國大學校 附屬 石宙善紀念民俗博物館, 1993.

석주선, 『韓國服飾史』, 寶晉齋, 1980.

손윤혜, 『조선후기 왕세자 입학례 복식 고증』, 안동대학교 석사학위논문, 2012.

송지원 외, 『음악, 삶의 역사와 만나다』, 국사편찬위원회, 2011.

송혜주, 『조선시대 중인 복식 연구』, 이화여자대학교석사학위논문, 2004.

안지원, 『고려 불교 국가의례와 문화』, 서울대학교 출판부, 2005.

안현주, 『朝鮮時代 即位儀禮 研究: 高宗皇帝 登極儀禮 再現을 中心으로』, 단국대학교 석사학위논문, 2003.

오영교 편, 『조선건국과 經國大典 체제의 형성』, 혜안, 2004.

연세대학교 국학연구원 편, 『한국 중세의 정치사상과 周禮』, 혜안, 2005.

유송옥, 『朝鮮王朝宮中儀軌服飾』, 修學社, 1991.

유송옥, 『韓國服飾史』, 修學社, 1998.

윤기(1790), 이민홍 역주, 『朝鮮朝 成均館의 校園과 太學生의 生活像』, 성균관대학교 출판부, 1999.

이민주, 「조선시대 왕세자 冊禮 복식의 추이—『춘관통고』와 『관례책저도감의궤』를 중심으로」, 『조선 왕실의 가례』 1, 한국학중앙연구원, 2008.

이민주, 「효명세자의 일생을 통해 본 가례복식」, 『조선 왕실의 가례』 2, 한국학중앙연구원 출판부, 2010.

이범직, 『韓國中世禮思想研究』, 일조각, 1991.

이범직, 『朝鮮時代 禮學 研究』, 국학자료원, 2004.

이윤상, 「대한제국기 국가와 국왕 위상 제고사업」, 진단학보 95, 2003.

이욱, 「대한제국기 환구제에 관한 연구」, 『종교연구』 30, 2003.

이욱, 『조선시대 재난과 국가의례』, 창작과 비평, 2009.

이은주, 「조선시대 백관의 時服과 常服 제도 변천」, 『服飾』 55(6), 2005.

이은주, 「조선시대 무관의 길짐승흉배제도와 실제」, 『服飾』 58(5), 2008.

이은주, 「조선시대 품대의 구조와 세부 명칭에 관한 연구」, 『服飾』 61(10), 2011.

이은주, 「궁궐 안 사람들의 특별한 옷차림 제1편 왕의 면복」, 『월간 문화재』 328, 한국문화재보호재단, 2012.

이은주 등, 「「王世子出宮圖」의 服飾 研究 I」, 『服飾』 28,

1996.

이은주 등, 『길짐승흉배와 함께하는 17세기의 무관 옷 이야기』, 민속원, 2005.

이인호, 『사기』, 서울, 사회평론, 2004.

이태진, 「대한제국의 皇帝政과 '民國' 정치이념」, 『한국문화』 22, 1998.

임민혁, 「대한제국기 『대한예전』의 편찬과 황제국 의례」, 『역사와 실학』 3, 2007.

임민혁, 「조선시대 왕세자 冊封禮의 제도화와 의례적 성격」, 『조선 왕실의 가례』 1, 한국학중앙연구원, 2008.

임재영 등, 「「王世子出宮圖」의 服飾 硏究 II」, 『服飾』 31, 1997.

장재천, 『조선 성균관 교육 문화』, 교육과학사, 2012.

장정윤, 『朝鮮時代 文武百官 朝服에 關한 硏究』, 단국대학교 석사학위논문, 2005.

정약용, 박종천 역주·해설, 역주 『국조전례고』, 심산, 2010.

지두환, 『朝鮮前期 儀禮硏究』, 서울대출판부, 1994.

최영선, 『朝鮮時代 文武百官 祭服에 關한 硏究』, 단국대학교 석사학위논문, 2004.

한영우, 『정도전사상의 연구』, 서울대출판부, 1983.

한영우, 「대한제국의 성립과정과 대례의궤」, 『한국사론』 45, 2001.

한형주, 『朝鮮初期 國家祭禮 硏究』, 일조각, 2002.


甘懷眞, 『皇權禮儀與經典詮釋—中國古代政治史硏究』, 臺大出版中心, 2004.

羅家湘, 『逸周書 硏究』, 上海古籍出版社, 2006.

孫星衍, 『尙書今古文注疏』, 中華書局, 1998.

王健文, 『奉天承運—古代中國的國家槪念及其正當性基礎』, 臺北: 東大圖書公司, 1995.

原瑞棻, 『大明會典 硏究』, 中國社會科學出版社, 2009.

中國國家博物館, 『文物秦漢史』, 中華書局, 2009.

中國國家博物館, 『文物明淸史』, 中華書局, 2009.

陳戌國, 『中國禮制史·魏晉南北朝』, 湖南敎育出版社, 1995.

秦惠田, 『五禮通考』, 臺北, 聖環圖書公司, 1994.

貝塚茂樹, 李東爛 譯, 『中國의 歷史』, 一角書林出版社, 2002.

皮錫瑞, 『今文尙書考證』, 中華書局, 2004.

도판목록_

도34_ 부분, 1875년(고종 12), 서울대학교 규장각 한국학연구원 소장.